智能网联汽车

技术及仿真实例

微课版

崔胜民 卞合善 ◉ 主编

杨果仁 张春蓉 毕然 ◉ 副主编

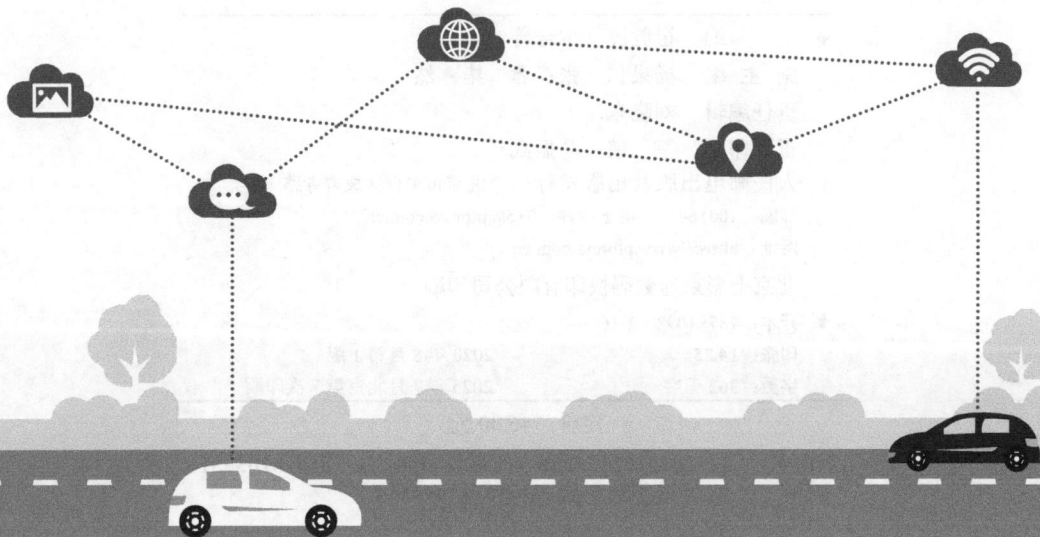

人民邮电出版社

北 京

图书在版编目（CIP）数据

智能网联汽车技术及仿真实例：微课版 / 崔胜民，
卞合善主编. -- 北京：人民邮电出版社，2020.8
智能网联汽车系列教材
ISBN 978-7-115-53960-1

Ⅰ. ①智… Ⅱ. ①崔… ②卞… Ⅲ. ①汽车－智能通
信网－教材 Ⅳ. ①U463.67

中国版本图书馆CIP数据核字(2020)第077776号

内 容 提 要

本书以 16 个项目和 45 个学习任务的形式介绍了智能网联汽车技术、相关函数和模块，并配以
41 个仿真实例，帮助读者快速掌握智能网联汽车技术。本书不仅讲授知识，更注重知识的实际应用，
以培养读者的实践能力。本书涉及的仿真实例都提供全部的源程序，并对程序进行了注释，读者可
以根据仿真实例进行练习，快速理解智能网联汽车技术及应用，并掌握 MATLAB 自动驾驶仿真技术。

本书内容丰富，既有理论，又有实践，实用性强，可作为职业院校汽车类相关专业和本科院校
车辆工程专业的教材，还可供智能网联汽车开发的工程技术人员学习参考。

◆ 主　　编　崔胜民　卞合善
　　副 主 编　杨果仁　张春蓉　毕　然
　　责任编辑　刘晓东
　　责任印制　王　郁　马振武

◆ 人民邮电出版社出版发行　　北京市丰台区成寿寺路 11 号
　　邮编　100164　电子邮件　315@ptpress.com.cn
　　网址　https://www.ptpress.com.cn
　　北京七彩京通数码快印有限公司印刷

◆ 开本：787×1092　1/16
　　印张：14.25　　　　　　　　2020 年 8 月第 1 版
　　字数：362 千字　　　　　　　2025 年 7 月北京第 7 次印刷

定价：46.00 元

读者服务热线：(010)81055256　印装质量热线：(010)81055316
反盗版热线：(010)81055315

党的二十大报告提出："推进新型工业化，加快建设制造强国"和"推动制造业高端化、智能化、绿色化发展"。当前我国已将智能网联汽车与节能汽车、新能源汽车并列作为我国汽车产业发展的重要战略方向。大力发展智能网联是深化供给侧结构性改革，推动新旧动能持续转换，建设制造强国、网络强国、交通强国的重要支撑，是培育经济发展新动能的重要引擎。

随着智能网联汽车的快速发展，面向传统汽车的知识体系和技术已不能满足智能网联汽车快速发展的需要，汽车人才的培养也从传统汽车转向智能网联汽车，汽车类相关专业和车辆工程专业学生应学习智能网联汽车的知识，掌握智能网联汽车的开发技术。为了提高学生的实践能力，将理论应用于实践，智能网联汽车仿真将成为汽车类相关专业和车辆工程专业学生必备的技能。

本书将智能网联汽车技术与自动驾驶仿真技术相结合，用 16 个项目覆盖了智能网联汽车的主要内容，并与实际密切结合。全书共有 41 个仿真实例，所有仿真实例的程序都经过编者调试并运行通过，方便 MATLAB 零基础者阅读和使用。

通过 16 个项目的学习和 41 个仿真实例的训练，学生不仅能够掌握智能网联汽车的主要知识和仿真技术，而且能够了解 MATLAB 在智能网联汽车中的全面应用，为将来从事智能网联汽车方面的工作奠定基础。

本书的参考学时为 48～64 学时，建议采用理论和上机一体化教学模式，在安装有 MATLAB2019b 的计算机机房授课。各项目的参考学时参见下面的学时分配表。

学时分配表

项目	课程内容	学时
项目 1	驾驶场景	4～5
项目 2	视觉传感器	4～5
项目 3	毫米波雷达	4～5
项目 4	激光雷达	2～3
项目 5	车辆识别技术	4～5
项目 6	行人识别技术	2～3
项目 7	道路识别技术	2～3
项目 8	交通标志识别技术	2～3
项目 9	交通信号灯识别技术	2～3
项目 10	导航定位技术	2～3
项目 11	汽车运动控制技术	2～3
项目 12	前向碰撞预警系统	4～5
项目 13	车道保持辅助系统	4～5
项目 14	自动制动辅助系统	4～5
项目 15	自适应巡航控制系统	4～5
项目 16	路径跟踪系统	2～3
学时总计		48～64

本书由哈尔滨工业大学汽车工程学院崔胜民、柯柏文（深圳）科技有限公司卞合善任主编，成都师范学院杨果仁、长春职业技术学院张春蓉和毕然任副主编。

在本书编写过程中，柯柏文（深圳）科技有限公司提供了有关资料，在此表示诚挚的谢意。

由于编者学识有限，书中不当之处在所难免，恳盼读者给予指正。

编 者

2023 年 5 月

项目 1
驾驶场景

一、驾驶场景的定义

驾驶场景是指为满足智能网联汽车或无人驾驶汽车某种测试需求而构建的虚拟交通场景，可以包括道路（车道边界、车道线、中心线等）、交通元素（交通信号灯与交通标志）、交通参与者（机动车、非机动车与行人）、道路周边元素（包括路灯、车站、垃圾箱、绿化带、建筑物）等。

基于驾驶场景的仿真是智能网联汽车自动驾驶仿真的主要特点，构建驾驶场景是自动驾驶仿真的前提。

应用于自动驾驶的仿真软件较多，如 CarSim 软件、PreScan 软件、CarMaker 软件、VTD 软件、51Sim-One 软件、Vissim 软件、Pro-SiVIC 软件、PanoSim 软件、百度 Apollo 仿真平台和 MATLAB 自动驾驶工具箱等，这些自动驾驶仿真软件都能够构建驾驶场景，部分软件构建的驾驶场景如图 1-1 所示。

（a）PreScan 软件构建的驾驶场景　　　　（b）CarMaker 软件构建的驾驶场景

（c）Vissim 软件构建的驾驶场景

图 1-1　驾驶场景

二、驾驶场景的构建方法

MATLAB 驾驶场景的构建主要有 3 种方法，即采用编程方法构建驾驶场景、通过图形化界面构建驾驶场景、通过场景库构建驾驶场景。

1. 采用编程方法构建驾驶场景

MATLAB 提供了构建驾驶场景的函数，利用这些函数可以构建所需要的驾驶场景。

图 1-2 所示为利用 MATLAB 编程方法构建的 8 字形立交桥，其程序如下。

```
1   scenario=drivingScenario;                                    %创建驾驶场景
2   roadCenters=[0,0,0;20,-20,0;20,20,8;-20,-20,8;-20,20,0;0,0,0];
                                                                 %道路中心
3   road(scenario,roadCenters,'lanes',lanespec([1,2]));          %添加道路
4   plot(scenario,'roadCenters','on');                           %绘制道路
5   view(30,24)                                                   %观测视角
```

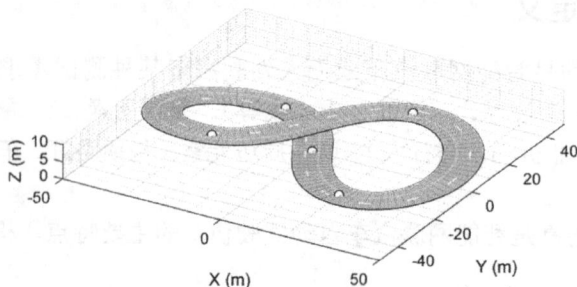

图 1-2　利用 MATLAB 编程方法构建的 8 字形立交桥

2. 通过图形化界面构建驾驶场景

图 1-3 所示为 MATLAB 的驾驶场景设计界面。界面上侧是工具栏，左侧窗格用来设置道路（Roads）和交通参与者（Actors）属性，中间是驾驶场景设计区（Scenario Canvas），即显示场景图，右侧是"方块式"驾驶场景区（Ego-Centric View），即显示追逐图。

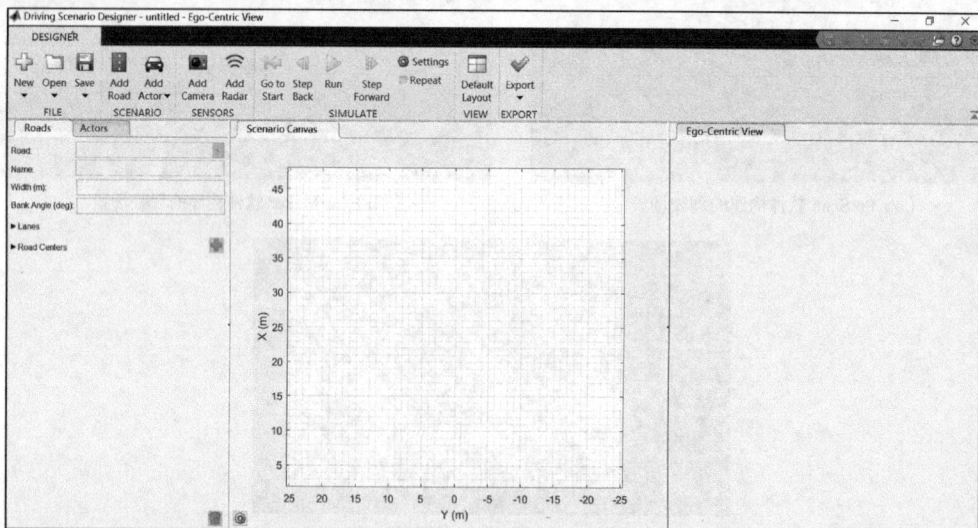

图 1-3　MATLAB 的驾驶场景设计界面

在驾驶场景设计界面的工具栏（以下简称 App 工具栏）中，有添加道路（Add Road）图标、添加交通参与者（Add Actor）图标、添加相机（Add Camera）图标和添加雷达（Add Radar）图标。

（1）添加道路。添加道路有以下 3 种方法。

① 在 App 工具栏中单击"Add Road"选项，然后依次单击场景设计区中若干个位置，单击右键生成道路，道路依次穿过在场景设计区中单击过的点。

② 鼠标右键单击道路，添加道路中心点并拖曳该点，使道路成为需要的形状。

③ 在 App 工具栏中单击"Add Road"选项，然后在左侧道路中心栏中输入道路中心点，生成需要的道路形状。

例如：单击 App 工具栏中的"Add Road"选项，在场景设计区任意选择 5 个中心点，单击右键生成道路，如图 1-4 所示。添加完道路以后，可以再设置道路信息。

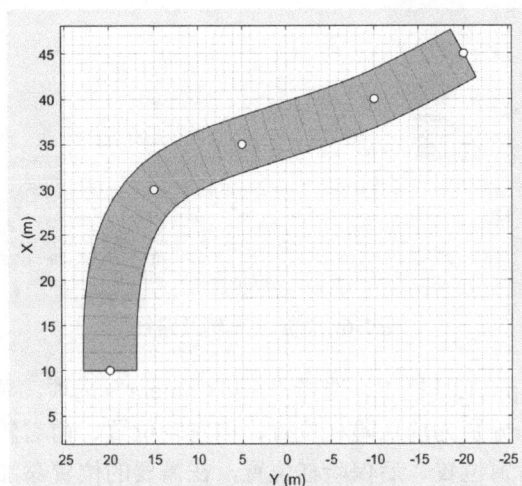

图 1-4　通过图形化界面添加道路

（2）添加交通参与者。单击 App 工具栏中的"Add Actor"下拉菜单，可以在驾驶场景中添加的交通参与者有小型汽车（Car）、卡车（Truck）、自行车（Bicycle）、行人（Pedestrian）和障碍物（Barrier）等，如图 1-5 所示。

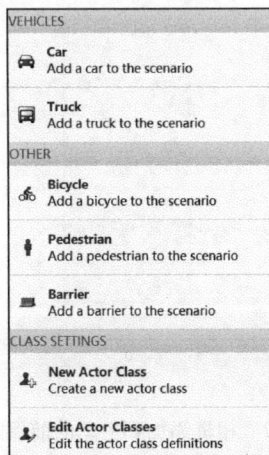

图 1-5　添加交通参与者

例如：单击 App 工具栏中的"Add Car"选项，添加主车辆；为了确定车辆的行驶路径，右键单击车辆，选择"Add Waypoints"（添加路径点），并沿着道路添加车辆所要经过的路径点；添加最后一个点后，按"Enter"键或右键单击，车辆会自动旋转并朝向第一个路径点，如图 1-6 所示。为了精确表达驾驶路径，可以调整或添加新的路径点。添加完主车辆后，可以对车辆属性进行设置。

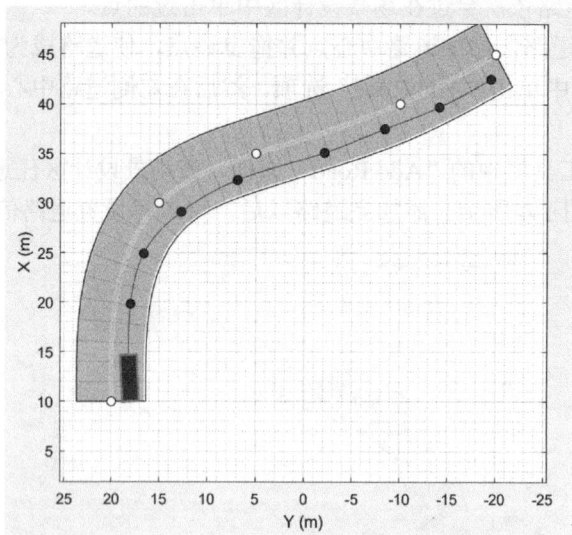

图 1-6　添加主车辆及路径

（3）添加相机。在 App 工具栏中，选择"Add Camera"选项，显示传感器在车辆的标准位置，主要有 8 个位置，分别为前保险杠位置、前左轮位置、前右轮位置、前窗位置、后左轮位置、后右轮位置、后窗位置、后保险杠位置，在需要的位置添加相机。

例如：在前保险杠位置添加相机，单击前保险杠位置的相机，单击鼠标右键，再单击"Add Camera"选项，相机添加到主车的前保险杠，如图 1-7 所示。

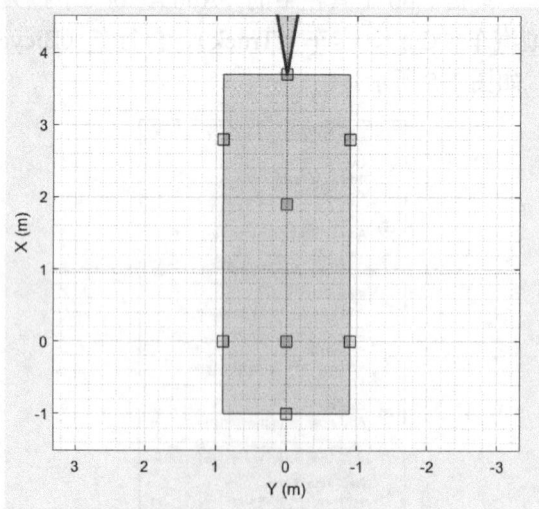

图 1-7　相机添加到主车的前保险杠

（4）添加雷达。在 App 工具栏中选择"Add Radar"选项，可以添加雷达。

例如：将鼠标放在右前轮传感器位置，单击鼠标右键并选择"Add Radar"选项，将雷达传感器添加到右前轮位置。在覆盖范围内移动光标，单击并拖曳角度标志，可以使雷达旋转。再添加一个相同的雷达传感器到左前轮。右键单击右前轮的传感器后选择"复制"（Copy），接着右键单击左前轮后选择"粘贴"（Paste），复制的雷达朝向会镜像另一侧传感器。添加雷达后的场景如图 1-8 所示，相机和雷达给主车前方双重覆盖。

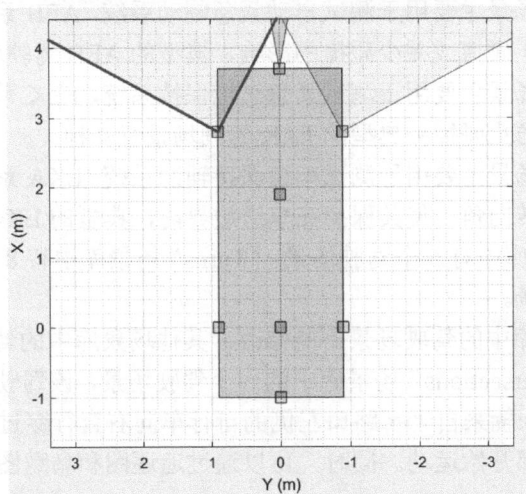

图 1-8 添加雷达

根据需要，可以在左侧窗格中的"Sensors"中选择"Radar"选项，对雷达的位置、识别参数等进行设置。

3. 通过场景库构建驾驶场景

MATLAB 自动驾驶工具箱提供了驾驶场景库，库中有常用的驾驶场景，可以从场景库中选择驾驶场景或者重新构建驾驶场景。

在 MATLAB 命令行窗口输入 Driving Scenario Designer 进入驾驶场景设计界面。打开 App 工具栏中的"Open"选项，选择"Prebuilt Scenarios"，出现 4 个文件夹，如图 1-9 所示。

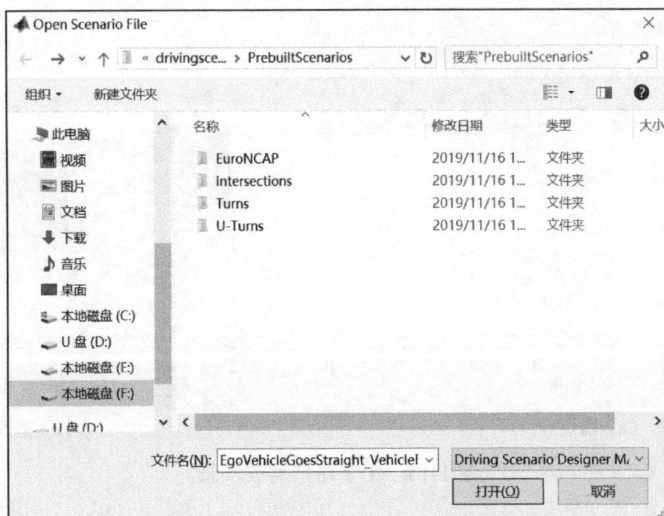

图 1-9 驾驶场景库中的文件夹

其中，"EuroNCAP"表示欧洲新车安全评价需要的驾驶场景；"Intersections"表示十字路口场景；"Turns"表示车辆转弯场景；"U-Turns"表示车辆掉头场景。

"EuroNCAP"场景库中有 3 个文件夹，分别是自动紧急制动（Autonomous Emergency Braking，AEB）驾驶场景、紧急车道保持（Emergency Lane Keeping，ELK）驾驶场景和车道保持辅助（Lane Keep Assist，LKA）驾驶场景。

自动紧急制动驾驶场景主要用于测试自动紧急制动系统，AEB 系统警告驾驶员即将发生碰撞，并自动制动以防止碰撞或减少碰撞的影响，典型的 AEB 驾驶场景有 6 种。

紧急车道保持驾驶场景主要用于测试紧急车道保持系统，ELK 系统通过警告驾驶员即将发生的意外车道偏离来防止碰撞，典型的 ELK 驾驶场景有 4 种。

车道保持辅助驾驶场景主要用于测试车道保持辅助系统，LKA 系统识别到无意的车道偏离，并自动调整车辆的转向角，使其保持在车道边界内，典型的 LKA 驾驶场景有 6 种。

"Intersections"场景库中有 5 个驾驶场景；"Turns"场景库中有 8 个驾驶场景；"U-Turns"场景库中有 6 种驾驶场景。

"EuroNCAP"场景库中的驾驶场景不能修改，其他场景库中的驾驶场景可以修改。

图 1-10 所示为"Intersections"场景库中的一个驾驶场景，该驾驶场景表示主车辆自南向北直行穿过十字路口，一辆来自十字路口左侧的自行车向右直行穿过十字路口。单击"Run"按钮，主车辆和自行车都开始运动。同时，可以通过追逐图和鸟瞰图观察主车辆和自行车的运动。

图 1-11 所示为"Turns"场景库中的一个驾驶场景，该驾驶场景表示主车辆自南向北直行穿过十字路口，另一辆车辆在十字路口的左侧车道驶来，在十字路口进行左转弯，且驶在主车辆前面。

图 1-12 所示为"U-Turns"场景库中的一个驾驶场景，该驾驶场景表示主车辆自南向北直行穿过十字路口，另一辆自北向南行驶的车辆在十字路口掉头，驶在主车辆的前面。

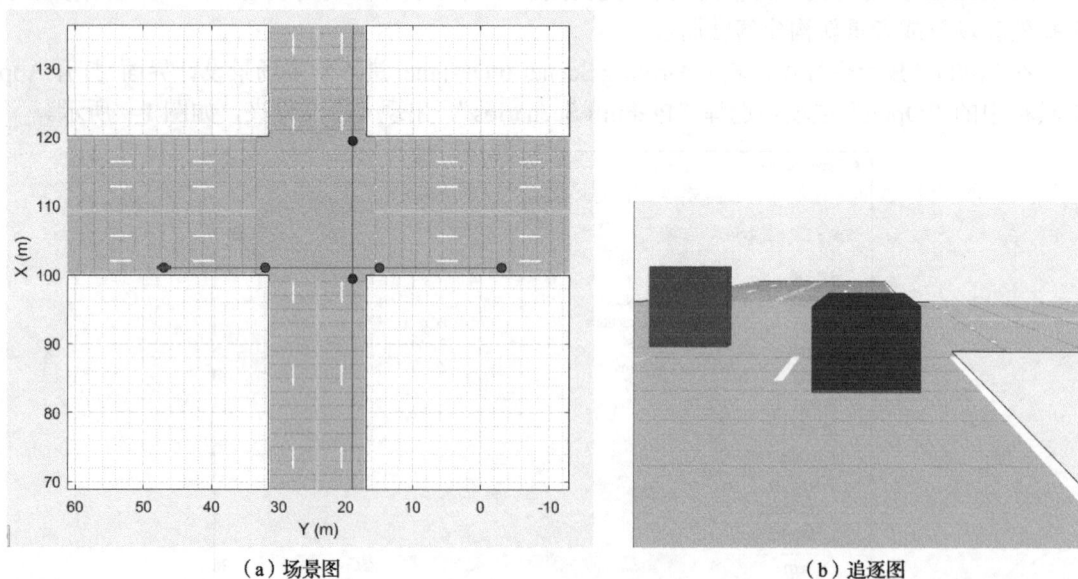

（a）场景图　　　　　　　　　　　　　（b）追逐图

图 1-10　十字路口驾驶场景

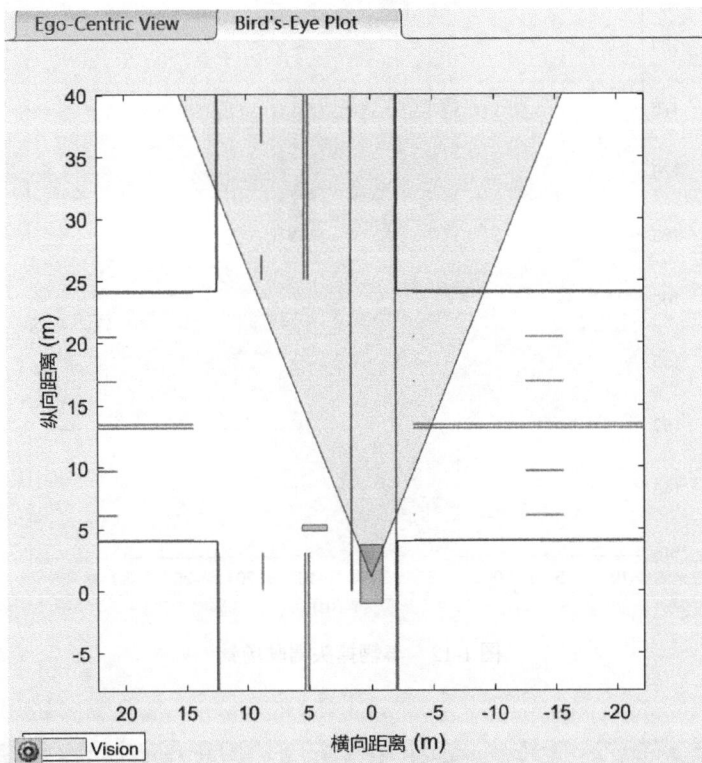

（c）鸟瞰图

图 1-10　十字路口驾驶场景（续）

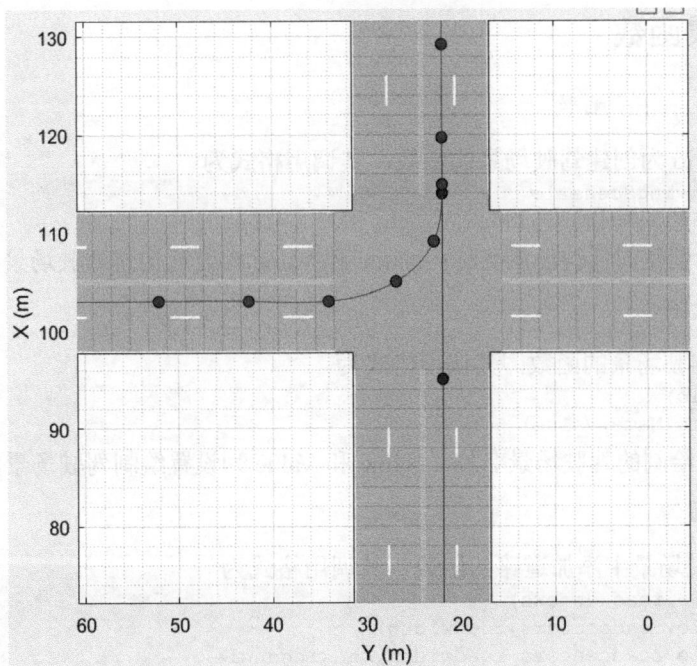

图 1-11　车辆转弯驾驶场景

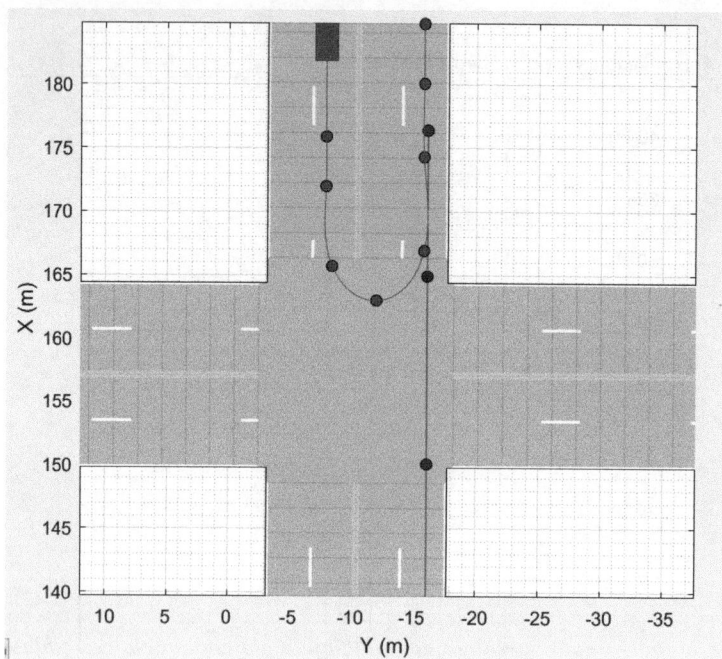

图 1-12　车辆掉头驾驶场景

学习任务 1.2　驾驶场景函数和模块

一、驾驶场景函数

1. drivingScenario 函数

drivingScenario 为创建驾驶场景的函数，其调用格式为

```
scenario=drivingScenario
scenario=drivingScenario(Name,Value)
```

其中，scenario 为创建的驾驶场景名称；Name 和 Value 为设置构建驾驶场景的属性。

2. plot 函数

plot 为绘制驾驶场景的函数，其调用格式为

```
plot(scenario)
plot(scenario,Name,Value)
```

其中，scenario 为绘制的驾驶场景名称；Name 和 Value 为设置绘制驾驶场景的属性。

3. road 函数

road 为在驾驶场景中添加道路的函数，其调用格式为

```
road(scenario,roadcenters)
road(scenario,roadcenters,roadwidth)
road(scenario,roadcenters,roadwidth,bankingangle)
road(scenario,roadcenters,'Lanes',lspec)
road(scenario,roadcenters,bankingangle,'Lanes',lspec)
```

其中，scenario 为驾驶场景名称；roadcenters 为道路的中心点，用一组离散点数值表示；

roadwidth 为道路的宽度；bankingangle 为道路的倾斜角，数量与离散道路中心点的数量相同，单位为度（°）；lspec 为车道的规范，包括车道数、车道宽度和车道标线等。

4. roadNetwork 函数

roadNetwork 为在驾驶场景中添加道路网的函数，其调用格式为

```
roadNetwork(scenario,'OpenDRIVE',filePath)
roadNetwork(___,'ShowLaneTypes',lanetype)
```

其中，scenario 为驾驶场景名称；filePath 为 OpenDRIVE 文件的有效路径；lanetype 为导入的车道类型。

5. roadBoundares 函数

roadBoundares 为获取驾驶场景中道路边界的函数，其调用格式为

```
rbdry=roadBoundaries(scenario)
rbdry=roadBoundaries(actor)
```

其中，scenario 为驾驶场景名称；actor 为交通参与者；rbdry 为驾驶场景中的道路边界。

6. laneMarking 函数

laneMarking 为在驾驶场景中创建车道标线的函数，其调用格式为

```
lm=laneMarking(type)
lm=laneMarking(type,Name,Value)
```

其中，type 为车道标线的类型；Name 和 Value 为设置车道线属性；lm 为创建的车道标线。

7. laneMarkingVertices 函数

laneMarkingVertices 为在驾驶场景中创建车道标线顶点和面的函数，其调用格式为

```
[lmv,lmf]=laneMarkingVertices(scenario)
[lmv,lmf]=laneMarkingVertices(ac)
```

其中，scenario 为驾驶场景名称；ac 为交通参与者；lmv 为车道标线顶点坐标值；lmf 为车道标线面。

8. laneType 函数

laneType 为在驾驶场景中创建车道类型的函数，其调用格式为

```
lt=laneType(type)
lt=laneType(type,Name,Value)
```

其中，type 为指定的车道类型；Name 和 Value 为设置车道属性；lt 为创建的车道类型。

9. lanespec 函数

Lanespec 为在驾驶场景中创建车道规范的函数，其调用格式为

```
lnspec=lanespec(numlanes)
lnspec=lanespec(numlanes,Name,Value)
```

其中，numlanes 为道路的车道数；Name 和 Value 为设置车道属性；lnspec 为车道规范。

10. vehicle 函数

vehicle 为在驾驶场景中添加车辆的函数，其调用格式为

```
vc=vehicle(scenario)
vc=vehicle(scenario,Name,Value)
```

其中，scenario 为驾驶场景名称；Name 和 Value 为设置车辆属性；vc 为添加车辆名称。

11. actor 函数

actor 为在驾驶场景中添加交通参与者的函数，其调用格式为

```
ac=actor(scenario)
ac=actor(scenario,Name,Value)
```

其中，scenario 为驾驶场景名称；Name 和 Value 为设置交通参与者属性；ac 为交通参与者。

12. trajectory 函数

trajectory 为在驾驶场景中创建交通参与者轨迹的函数，其调用格式为

```
trajectory(ac,waypoints,speed)
```

其中，waypoints 为航路点的坐标；speed 为交通参与者的速度；ac 为交通参与者。

13. actorPoses 函数

actorPoses 为获取驾驶场景中交通参与者姿态的函数，其调用格式为

```
poses=actorPoses(scenario)
```

其中，scenario 为驾驶场景名称；poses 为交通参与者的姿态。

14. actorProfiles 函数

actorProfiles 为获取驾驶场景中交通参与者特性的函数，其调用格式为

```
profiles=actorProfiles(scenario)
```

其中，scenario 为驾驶场景名称；profiles 为交通参与者的特性。

15. currentLane 函数

currentLane 为获取驾驶场景中交通参与者当前车道的函数。其调用格式为

```
cl=currentLane(ac)
[cl,numlanes]=currentLane(ac)
```

其中，ac 为交通参与者；c1 为交通参与者的当前车道；numlanes 为车道数。

16. record 函数

record 为运行驾驶场景并记录交通参与者状态的函数，其调用格式为

```
rec=record(scenario)
```

其中，scenario 为驾驶场景；rec 为模拟过程中交通参与者的状态记录。

17. chasePlot 函数

chasePlot 为绘制追逐图的函数，其调用格式为

```
chasePlot(ac)
chasePlot(ac,Name,Value)
```

其中，ac 为交通参与者；Name 和 Value 为设置追逐图属性。

18. laneBoundaries 函数

laneBoundaries 为获取交通参与者车道边界的函数，其调用格式为

```
lbdry=laneBoundaries(ac)
lbdry=laneBoundaries(ac,Name,Value)
```

其中，ac 为交通参与者；Name 和 Value 为设置车道边界属性；lbdry 为驾驶场景中交通参与者的车道边界。

19. clothoidLaneBoundary 函数

clothoidLaneBoundary 为创建回旋线车道边界模型的函数，其调用格式为

```
bdry=clothoidLaneBoundary
bdry=clothoidLaneBoundary(Name,Value)
```

其中，Name 和 Value 为设置车道边界属性；bdry 为回旋线车道边界模型。

20．computeBoundaryModel 函数

computeBoundaryModel 是利用回旋线边界模型计算车道边界点的函数，其调用格式为

```
yworld=computeBoundaryModel(boundary,xworld)
```

其中，boundary 为车道边界模型；xworld 为车道边界点 x 的坐标值；yworld 为车道边界点 y 的坐标值。

21．targetPoses 函数

targetPoses 为驾驶场景中目标相对于主车辆姿态的函数，其调用格式为

```
poses=targetPoses(ac)
```

其中，ac 为驾驶场景中的交通参与者；poses 为目标相对于主车辆的姿态。

22．targetOutlines 函数

targetOutlines 为驾驶场景中交通参与者看到的目标轮廓函数，其调用格式为

```
[position,yaw,length,width,originOffset,color]=targetOutlines(ac)
```

其中，ac 为驾驶场景中的交通参与者；position 为目标旋转中心；yaw 为目标的偏航角；length 为目标长度；width 为目标宽度；originOffset 为目标旋转中心与几何中心的偏差；color 为目标的颜色。

23．updatePlots 函数

updatePlots 为更新驾驶场景图的函数，其调用格式为

```
updatePlots(scenario)
```

其中，scenario 为驾驶场景名称。

二、构建驾驶场景的模块

自动驾驶工具箱中的驾驶场景模块如图 1-13 所示，它的功能是读入驾驶场景。

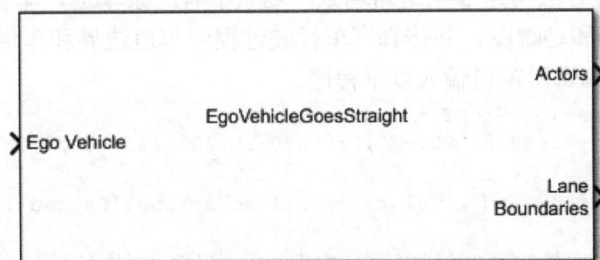

图 1-13　驾驶场景模块

驾驶场景模块的输入是主车辆（Ego Vehicle）的姿态，输出是场景中交通参与者（Actors）的姿态和车道边界（Lane Boundaries）。

单击驾驶场景模块，进入驾驶场景模块设置界面，如图 1-14 所示，对其各种参数进行设置。驾驶场景模块设置包括驾驶场景（Scenario）、车道（Lanes）、端口（Port Settings）和模拟使用（Simulate using）的设置。

驾驶场景模块详情参见"Automated Driving Toolbox"的"Scenario Reader"。

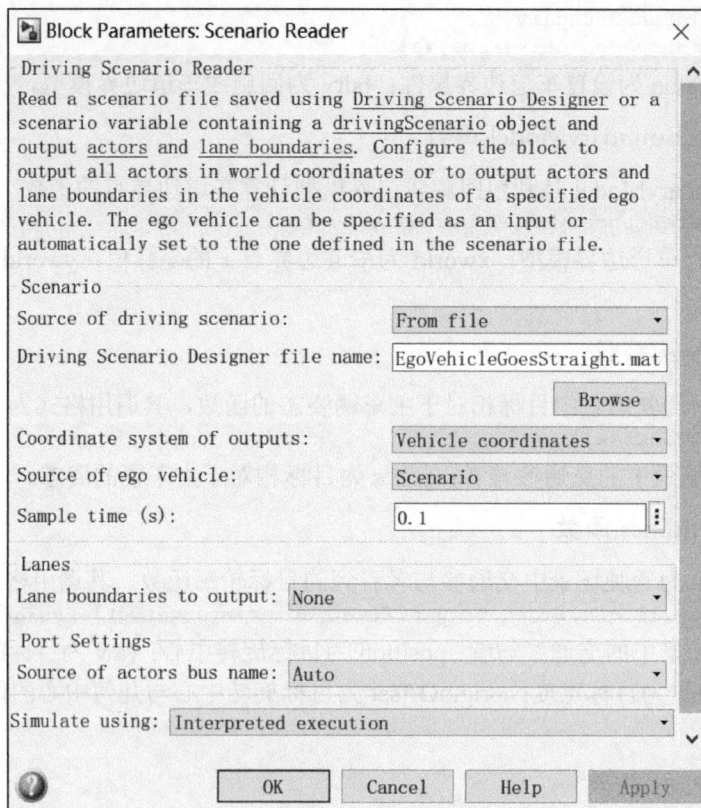

图 1-14　驾驶场景模块设置界面

学习任务 1.3　驾驶场景仿真实例

【例 1-1】采用编程方法构建 S 型道路场景，场景中有三条车道，车辆在中间车道行驶，请绘制场景图、追逐图和鸟瞰图，并仿真汽车行驶过程中车道边界和车道线的变化。

解：在 MATLAB 编辑器窗口输入以下程序。

```
1   s=drivingScenario('StopTime',4);                              %构建驾驶场景
2   roadcenters=[-45,30,0;-20,-20,0;0,0,0;20,20,0;45,-30,0];
                                                                  %道路中心
3   lm=[laneMarking('Solid','Color','w');laneMarking('Dashed','Color','y'); ...
                                                                  %车道线
laneMarking('Dashed','Color','y');laneMarking('Solid','Color','w')];
4   ls=lanespec(3,'Marking',lm);                                  %车道规范
5   road(s,roadcenters,'Lanes',ls);                               %添加道路
6   car=vehicle(s,'ClassID',1,'Position',[-45,30,0]);             %添加车辆
7   waypoints=[-45,30,0;-20,-20,0;0,0,0;20,20,0;45,-30,0];        %航路点
8   speed=30;                                                     %速度
9   trajectory(car,waypoints,speed);                              %车辆轨迹
10  plot(s)                                                       %绘制场景图
11  chasePlot(car)                                                %绘制追逐图
12  bep=birdsEyePlot('XLim',[-40,40],'YLim',[-30,30]);            %绘制鸟瞰图
13  olPlotter=outlinePlotter(bep);                                %轮廓绘图仪
```

```
14   lblPlotter=laneBoundaryPlotter(bep,'Color','r','LineStyle','-');
                                                              %右车道边界绘图仪
15   lbrPlotter=laneBoundaryPlotter(bep,'Color','g','LineStyle','-');
                                                              %左车道边界绘图仪
16   rbsEdgePlotter=laneBoundaryPlotter(bep);                 %绘制车道边界
17   while advance(s)                                         %循环开始
18     rbs=roadBoundaries(car);                               %车辆边界
19     [position,yaw,length,width,originOffset,color]=targetOutlines(car);
                                                              %目标轮廓
20     lb=laneBoundaries(car,'XDistance',0:5:30,'LocationType',...
                                                              %车道边界
       'Center','AllBoundaries',false);
21     plotLaneBoundary(rbsEdgePlotter,rbs)                   %绘制车道边界
22     plotLaneBoundary(lblPlotter,{lb(1).Coordinates})       %绘制左车道线
23     plotLaneBoundary(lbrPlotter,{lb(2).Coordinates})       %绘制右车道线
24     plotOutline(olPlotter,position,yaw,length,width, ...   %绘制轮廓
       'OriginOffset',originOffset,'Color',color)
25   end                                                      %结束
```

输出结果如图 1-15 所示。

【例 1-2】利用驾驶场景模块仿真驾驶场景。

在 "Intersections" 场景库中，选择以下驾驶场景。

```
EgoVehicleGoesStraight_VehicleFromRightGoesStraight.mat
```

获得驾驶场景如图 1-16 所示。该场景表示主车辆自南向北行驶，直行穿过十字路口，主车辆装有视觉传感器，一辆来自十字路口右侧的车辆向左直行，首先穿过十字路口。

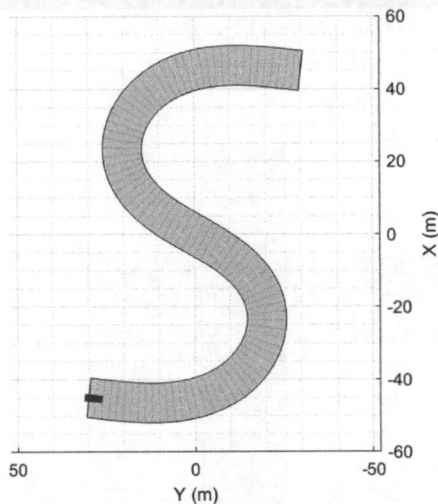

（a）场景图

（b）追逐图

图 1-15　驾驶场景仿真

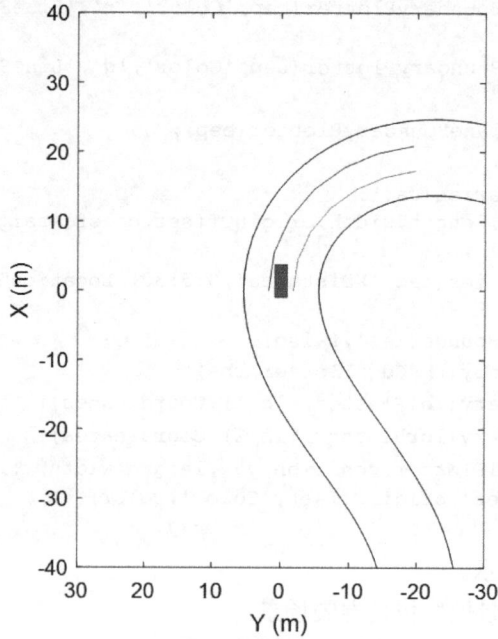

（c）鸟瞰图

图 1-15　驾驶场景仿真（续）

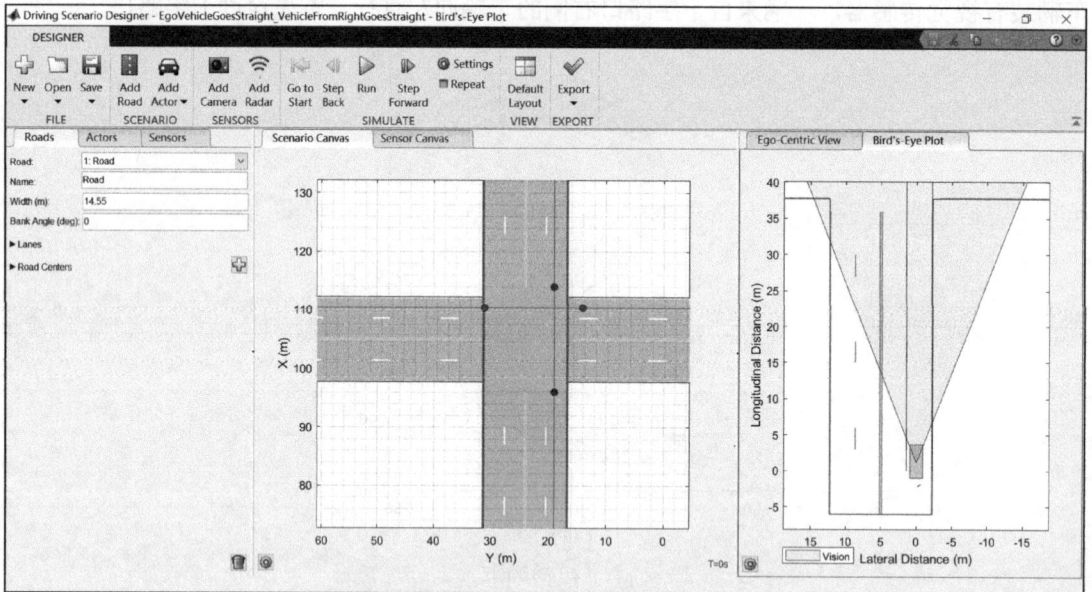

图 1-16　车辆穿过十字路口驾驶场景

在应用程序工具栏上，选择"Export"→"Export Simulink Model"选项，生成驾驶场景和视觉传感器的 Simulink 模型，如图 1-17 所示。

单击"BIRD'S -EYE Scope"选项，打开鸟瞰图，单击"Find Signals" 选项后单击"Run"按钮，车辆开始运动并进行识别，如图 1-18 所示，识别结果存储在 MATLAB 的工作区。

驾驶场景中的车辆和视觉传感器可以根据需要进行设置。

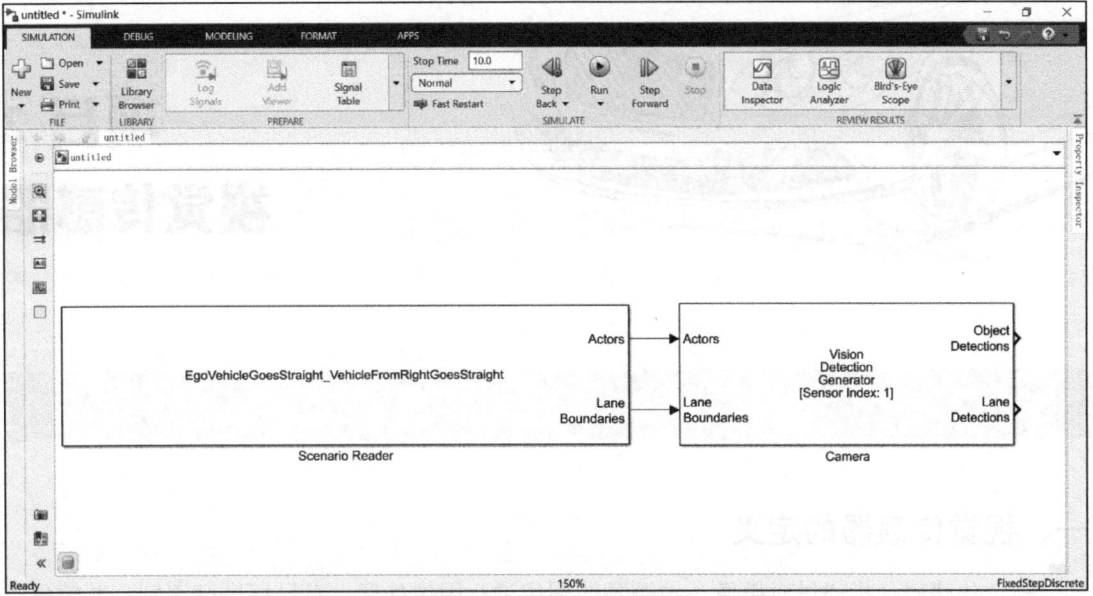

图 1-17 驾驶场景和视觉传感器的 Simulink 模型

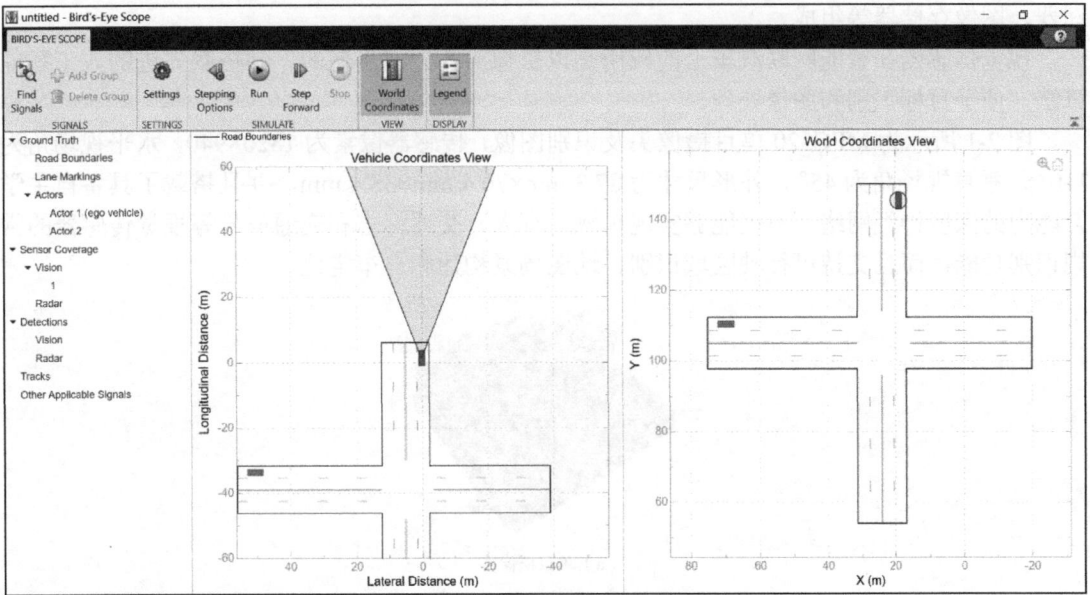

图 1-18 驾驶场景的仿真

项目 2
视觉传感器

一、视觉传感器的定义

视觉传感器是指通过对摄像头拍摄到的图像进行图像处理，对目标进行识别，并输出数据和判断结果的传感器。视觉传感器主要由光源、镜头、图像传感器、模/数转换器、图像处理器、图像存储器等组成。

视觉传感器在智能网联汽车上的应用是以摄像头的方式出现的，并搭载先进的人工智能算法，便于目标识别和图像处理。

图 2-1 所示为 MFC520 单目摄像头及识别图像，传感器像素为 1820×940，水平视场角为110°，垂直视场角为 45°，外形尺寸为 87.3 mm×70.4 mm×38.4 mm，并且搭载了具备自主学习能力的深度神经网络，不仅能够实现车辆、行人、交通标志和交通信号等视觉传感器的常规识别功能，而且支持可行驶区域识别、地图场景构建和自车定位。

（a）单目摄像头

（b）摄像头识别图像

图 2-1　MFC520 单目摄像头及识别图像

二、视觉传感器的特点

视觉传感器具有以下特点。

（1）视觉图像的信息量极为丰富，尤其是彩色图像，不仅包含有视野内目标的距离信息，而且有该目标的颜色、纹理、深度和形状等信息。

（2）在视野范围内可同时实现道路识别、车辆识别、行人识别、交通标志识别、交通信号灯识别等，信息获取量大。当多辆智能网联汽车同时工作时，不会出现相互干扰的现象。

（3）视觉信息获取的是实时的场景图像，提供的信息不依赖于先验知识，如 GPS 导航依赖地图信息，有较强的适应环境的能力。

（4）视觉传感器与机器学习、深度学习等人工智能相融合，可以获得更佳的识别效果，必将扩大视觉传感器在智能网联汽车上的应用范围。

三、视觉传感器的类型

视觉传感器在智能网联汽车上的应用是以摄像头的方式出现的，主要用于车道偏离预警系统、车道保持辅助系统、盲区监测系统、自动制动辅助系统中的障碍物识别、道路识别和行人识别，以及交通标志识别和交通信号灯识别等。

摄像头一般分为单目、双目、三目和环视摄像头。

1. 单目摄像头

单目摄像头如图 2-2 所示，一般安装在前挡风玻璃上部，用于探测车辆前方环境，识别道路、车辆、行人等。先通过图像匹配进行目标识别（各种车型、行人、物体等），再通过目标在图像中的大小去估算目标距离。这就要求对目标进行准确识别，然后要建立并不断维护一个庞大的样本特征数据库，保证这个数据库包含待识别目标的全部特征数据。如果缺乏待识别目标的特征数据，就无法识别目标，导致先进驾驶辅助系统 ADAS 的漏报。

图 2-2　单目摄像头

单目摄像头的优点是成本低廉，能够识别具体障碍物的种类，识别准确；缺点是由于其识别原理导致其无法识别没有明显轮廓的障碍物，工作准确率与外部光线条件有关，并且受限于数据库，因此缺乏自学习功能。

2. 双目摄像头

双目摄像头是通过对两幅图像视差的计算，直接对前方目标（图像所能拍摄到的范围）进行距离测量，而无须判断前方出现的是什么类型的目标。依靠两个平行布置的摄像头产生的视差，找到同一个目标所有的点，依赖精确的三角测距，就能够算出摄像头与前方目标的距离，实现更高的识别精度和更远的探测范围。使用这种方案，需要两个摄像头有较高的同频率和采样率，因此技术难点在于双目标定及双目定位。相比单目摄像头，双目摄像头没有识别率的限制，无须先识别，可直接进行测量；直接利用视差计算距离精度更高；无须维护样本数据库。

图 2-3 所示是博世公司生产的双目摄像头，两个摄像头之间距离为 12 cm，像素为 1080×960，水平视场角为 45°，垂直视场角为 25°，最大探测距离为 50 m，不仅可以用于自动制动系统，还可以用于车道偏离预警系统和交通标志识别系统等。

图 2-3　双目摄像头

3. 三目摄像头

三目摄像头如图 2-4 所示，三目摄像头感知范围更大，但需要同时标定三个摄像头，工作量大。

图 2-4　三目摄像头

特斯拉电动汽车配备了 8 个摄像头，车辆后面一个倒车摄像头，车辆前面一个三目摄像头，车辆两侧每侧有两个摄像头，分别是侧前视摄像头和侧后视摄像头。图 2-5 所示为特斯拉电动汽车安装在挡风玻璃下方的三目摄像头，增加深度学习功能，可识别障碍物位置、可用空间、车辆形状、行人、路牌、红黄绿灯等，车辆周围的感知能力提升了 6 倍。

图 2-5　特斯拉电动汽车安装在挡风玻璃下方的三目摄像头

由于三目摄像头每个相机的视野不同，因此近处的测距交给宽视野摄像头，中距离的测距交给主视野摄像头，更远的测距交给窄视野摄像头。这样一来，每个摄像头都能发挥其最大优势。

三目摄像头的缺点是需要同时标定三个摄像头，工作量更大一些。其次，软件部分需要关联三个摄像头的数据，对算法要求也很高。

4. 环视摄像头

环视摄像头一般至少包括 4 个鱼眼摄像头，实现 360° 环境感知。

例如，360° 全景显示系统就是利用安装于车辆前方、车辆左右后视镜下和车辆后方的 4 个鱼眼摄像头采集图像。环视摄像头的感知范围并不大，主要用于车身 5～10 m 内的障碍物识别、自主泊车时的库位线识别等。鱼眼摄像头虽然可以获取足够大的视野，但代价是图像的畸变严重。

摄像头有红外摄像头和普通摄像头。红外摄像头既适合白天工作，也适合黑夜工作；普通摄像头只适合白天工作，不适合黑夜工作。目前，车辆使用的主要是红外摄像头。

四、视觉传感器的参数

视觉传感器参数即摄像头参数，分为内部参数和外部参数。

1. 摄像头内部参数

摄像头内部参数是与摄像头自身特性相关的参数，主要有焦距、图像尺寸、光学中心和畸变系数等。

（1）焦距。焦距是指摄像头的光学中心到感光元件的距离，如图 2-6 所示。焦距一般用 mm 表示。例如 18～135 mm，代表焦距可以从 18 mm 到 135 mm 进行变化，说明该摄像头的焦距是可变的；而 50 mm，代表摄像头的焦距只有 50 mm，说明该摄像头的焦距是不可变的。

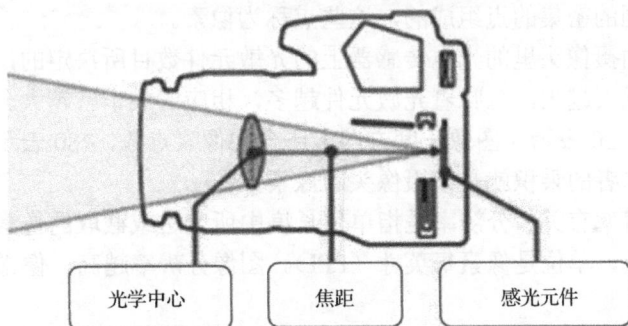

| 光学中心 | 焦距 | 感光元件 |

图 2-6 摄像头的焦距

在进行摄像头仿真时，焦距的单位一般要用像素。毫米焦距和像素焦距可以进行互换，则有

$$fu=ku \times dx \tag{2-1}$$
$$fv=kv \times dy \tag{2-2}$$

式中，fu 和 fv 分别为摄像头 $x(u)$ 和 $y(v)$ 方向的毫米焦距，单位为 mm；ku 和 kv 分别为摄像头 $x(u)$ 和 $y(v)$ 方向的像素焦距，单位为 pixel；dx 和 dy 分别为成像平面水平和垂直方向像素的有效尺寸，单位为 mm/pixel。

dx 和 dy 分别为

$$dx=(1/ccd\_size \times 25.4 \times image\_x/image\_y)/image\_x \tag{2-3}$$
$$dy=(1/ccd\_size \times 25.4 \times image\_x/image\_y)/image\_y \tag{2-4}$$

式中，ccd_size 是摄像头厂商给出的感光元件 CCD 或 CMOS 尺寸，以英寸（1 英寸=25.4mm）为单位；25.4 是用来将英寸换算到毫米单位用的；image_x 和 image_y 分别是图像 x 和 y 方向的像素数。

摄像头的焦距与水平视角、影像大小密切相关。焦距越小，光学中心就越靠近感光元件，水平视角越大，拍摄到的影像越大；焦距越大，光学中心就越远离感光元件，水平视角越小，拍摄到的影像越小。摄像头的焦距与水平视角的关系如图 2-7 所示。

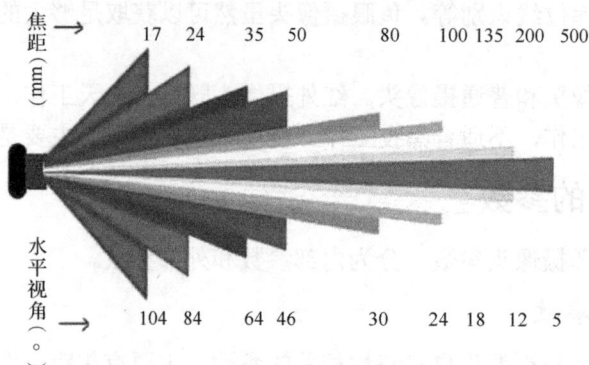

图 2-7　摄像头的焦距与水平视角的关系

（2）图像尺寸。图像尺寸是指构成图像的长度和宽度，可以以像素为单位，也可以以 cm 为单位。

像素是摄像头感光元件上的感光最小单位，即构成影像的最小单位。一帧影像画面是由许多亮暗、色彩不同的密集的点组成的，这些点称为像素。

像素的多少是由摄像头里的光电传感器上的光敏元件数目所决定的，一个光敏元件就对应一个像素。因此像素越大，意味着光敏元件越多，相应的成本就越大。像素用两个数字来表示，如 720×480，720 表示在图像长度方向上所含的像素点数，480 表示在图像宽度方向上所含的像素点数，二者的乘积就是该摄像头的像素数。

图像尺寸与分辨率有关。分辨率是指单位长度中所表达或截取的像素数目，即表示每英寸图像内的像素点数，单位是像素每英寸（PPI）。图像分辨率越高，像素的点密度越高，图像越清晰。则有

$$像素（Pixel）=尺寸（Inch）×分辨率（PPI） \qquad (2-5)$$

图像的像素、尺寸和分辨率具有以下关系。

① 像素相同的情况下，图像尺寸小，单位面积内像素点多，分辨率更大，画面看起来更清晰。这也就是为什么同一张图片，尺寸越大，画面越模糊。

② 图像的分辨率越高，画面看起来越清晰。

③ 图像的分辨率取决于图像的像素和尺寸，像素高且尺寸小的图片，分辨率大，画面看起来更清晰。

④ 图像的像素越高，并不意味着画面更清晰，但是在同等分辨率要求的情况下，能够显示更大尺寸的图片。

如果把英寸单位改为厘米单位，需要进行换算。72 像素/英寸=28.346 像素/厘米；300 像素/英寸=118.11 像素/厘米；1 厘米=0.3937 英寸；1 英寸=2.54 厘米。

（3）光学中心。摄像头镜头使用多个镜片构成一套复杂的光学系统，这一系统的功能等价于一个薄透镜（物理意义上的薄透镜不在现实中存在，所以使用光学系统拟合）。光学中心（简称光心）是这一等价透镜的中心，如图 2-8 所示。不同结构的镜头其光学中心位置也不一

样，大部分在镜头内的某一位置，但也有在镜头前方或后方的。

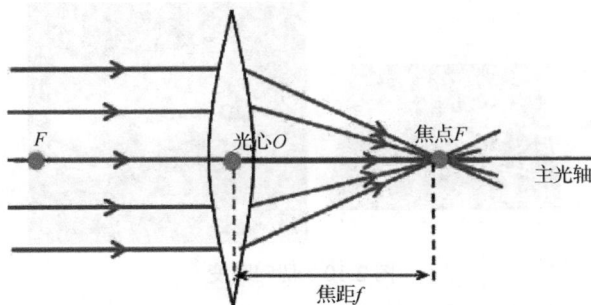

图 2-8　光学中心

（4）畸变系数。畸变系数分为径向畸变系数和切向畸变系数。径向畸变发生在相机坐标系转向物理坐标系的过程中；切向畸变产生的原因是透镜不完全平行于图像。

径向畸变就是沿着透镜半径方向分布的畸变，产生原因是光线在远离透镜中心的地方比靠近中心的地方更加弯曲，这种畸变在普通廉价的镜头中表现更加明显，径向畸变主要包括枕形畸变和桶形畸变两种，如图 2-9 所示。

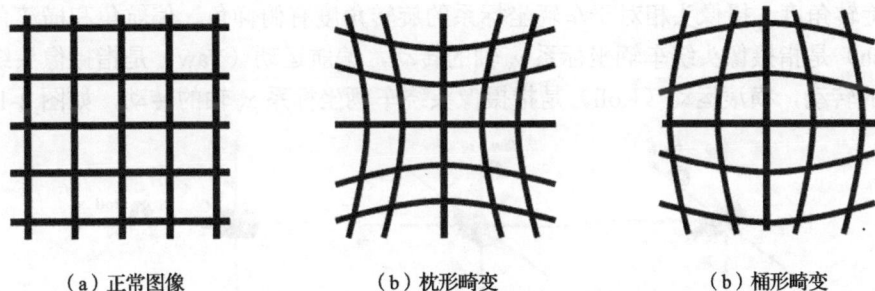

（a）正常图像　　　　　　　　（b）枕形畸变　　　　　　　　（b）桶形畸变

图 2-9　径向畸变

实际情况中，常用 $r=0$ 处的泰勒级数展开的前几项来近似描述径向畸变，用参数表示的径向畸变模型为

$$x_d = x(1 + k_1 r^2 + k_2 r^4 + k_3 r^6)$$
$$y_d = y(1 + k_1 r^2 + k_2 r^4 + k_3 r^6)$$

(2-6)

式中，k_1、k_2 和 k_3 分别为径向畸变系数；x、y 分别为畸变前的坐标；x_d、y_d 分别为畸变后的坐标。

切向畸变是因透镜本身与摄像头传感器平面（像平面）或图像平面不平行而产生的，切向畸变模型为

$$x_d = x + 2p_1 xy + p_2(r^2 + 2x^2)$$
$$y_d = y + 2p_2 xy + p_1(r^2 + 2y^2)$$

(2-7)

式中，p_1 和 p_2 分别为切向畸变系数。

切向畸变产生的图像如图 2-10 所示。

2. 单目摄像头外部参数

单目摄像头外部参数是指摄像头的安装位置，即摄像头离地高度以及摄像头相对于车辆

坐标系的旋转角度。

图 2-10　切向畸变

（1）离地高度。摄像头离地高度是指从地面到摄像头焦点的垂直高度，如图 2-11 所示。

图 2-11　摄像头离地高度

（2）旋转角度。摄像头相对于车辆坐标系的旋转角度有俯仰角、偏航角和横滚角。俯仰运动（Pitch）是指摄像头绕车辆坐标系 y_v 轴的转动，偏航运动（Yaw）是指摄像头绕车辆坐标系 z_v 轴的转动，横滚运动（Roll）是指摄像头绕车辆坐标系 x_v 轴的转动，如图 2-12 所示。

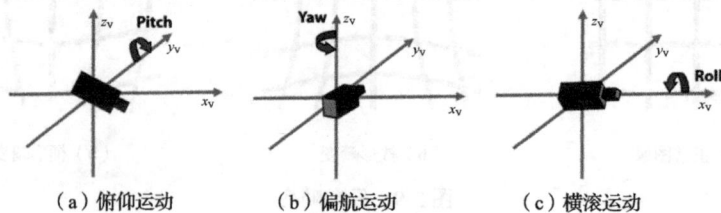

（a）俯仰运动　　　　　（b）偏航运动　　　　　（c）横滚运动

图 2-12　摄像头的旋转运动

俯仰角是指车辆的水平面与摄像头光轴之间的夹角，偏航角是指车辆的 x_v 轴与摄像头光轴之间的夹角，横滚角是指摄像头绕光轴的转角，如图 2-13 所示。

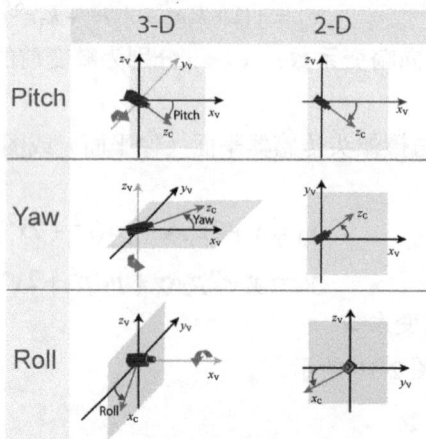

图 2-13　摄像头的旋转角度

摄像头的外部参数可以通过棋盘格标定获得，但要注意摄像头标准镜头和鱼眼镜头的差别。

五、摄像头的标定

在使用摄像头之前，必须对它进行标定。在机器视觉领域，摄像头的标定是一个关键的环节，它决定了机器视觉系统能否有效定位、能否有效计算目标物。摄像头标定可以利用像棋盘一样的标定图像估计摄像头的内部参数和外部参数，以便配置单目摄像头的模型。

利用棋盘格对摄像头外部参数进行估计。单目摄像头外部参数是指摄像头的安装位置，即摄像头离地高度以及摄像头相对于车辆坐标系的旋转角度。在估计外部参数之前，必须从摄像头中捕获棋盘格图案的图像。使用与估计内部参数相同的棋盘模式。

棋盘坐标系如图 2-14 所示，主要用于摄像头的标定。在棋盘坐标系中，x_P 轴指向右边，y_P 轴指向下方。棋盘坐标系原点是棋盘左上角格子的右下角，每个棋盘角代表坐标系中的一点。例如，原点右侧的角为（1,0），原点下方的角为（0,1）。

棋盘格的尺寸如图 2-15 所示，用格数表示（高度，宽度）。

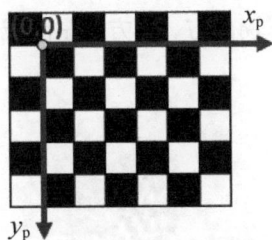

图 2-14 棋盘坐标系

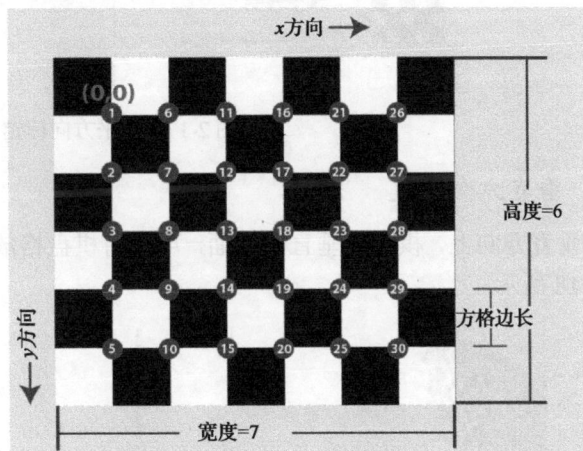

图 2-15 棋盘格尺寸

车辆坐标系如图 2-16 所示，x_V 轴指向车辆向前，y_V 轴指向左方。从正面看，原点位于道路表面，直接位于摄像头焦点下方。当放置棋盘格时，x_P 轴和 y_P 轴必须与车辆的 x_V 轴和 y_V 轴对齐。

图 2-16 车辆坐标系

1. 水平方向标定

在水平方向上，棋盘格放在地面上或平行于地面，可以将棋盘格放在车辆的前方、后方、左侧或右侧，如图 2-17 所示。

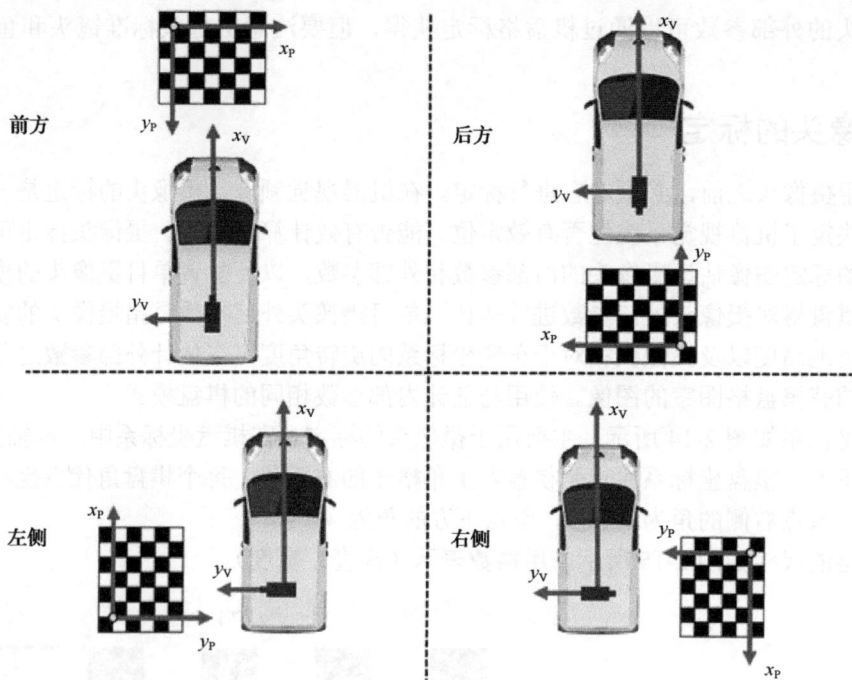

图 2-17　水平方向标定

2. 垂直方向标定

在垂直方向上，棋盘格垂直于地面，可以将棋盘格放置在车辆前方、后方、左侧或右侧，如图 2-18 所示。

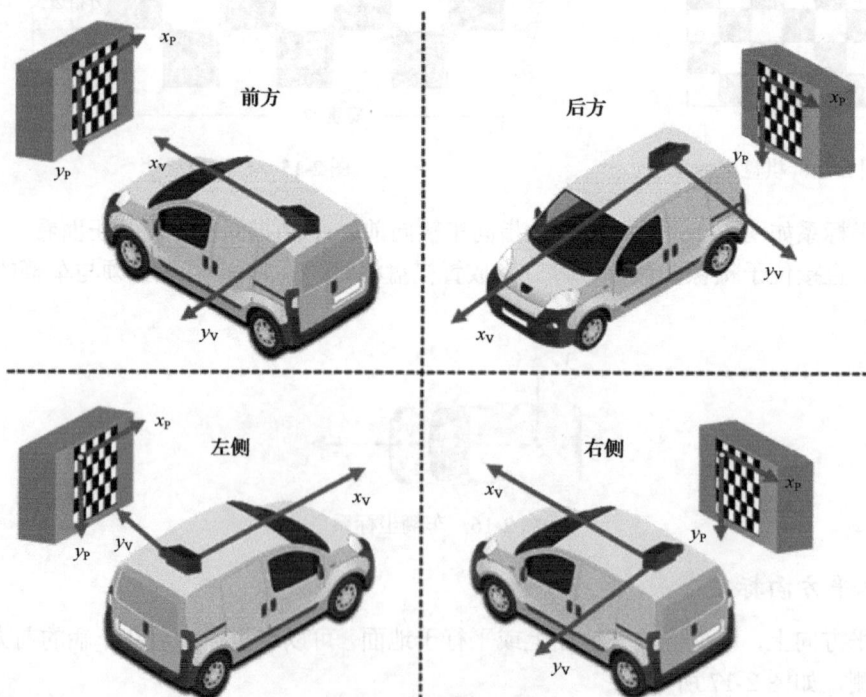

图 2-18　垂直方向标定

六、视觉传感器的应用

视觉传感器具有车道线识别、障碍物识别、交通标志和地面标志识别、交通信号灯识别、可通行空间识别等功能，如图 2-19 所示。

图 2-19　视觉传感器识别

（1）车道线识别。车道线是视觉传感器能够感知的最基本的信息，拥有车道线识别功能即可实现高速公路的车道保持功能。

（2）障碍物识别。障碍物种类很多，如汽车、行人、自行车、动物等，拥有障碍物信息，无人驾驶汽车即可完成车道内的跟车行驶。

（3）交通标志和地面标志识别。交通标志和地面标志作为道路特征与高精度地图做匹配后辅助定位，也可以基于这些感知结果进行地图的更新。

（4）交通信号灯识别。交通信号灯状态的感知能力对于城区行驶的无人驾驶汽车十分重要。

（5）可通行空间识别。可通行空间表示无人驾驶汽车可以正常行驶的区域。

视觉传感器主要应用于智能网联汽车的 ADAS，如表 2-1 所示。

表 2-1　视觉传感器在智能网联汽车上的应用

ADAS	使用的摄像头	具体功能介绍
车道偏离预警系统	前视	当前视摄像头识别到车辆即将偏离车道线时发出警报
盲区监测系统	侧视	利用侧视摄像头将后视镜盲区的影像显示在后视镜或驾驶舱内
自动泊车辅助系统	后视	利用后视摄像头将车尾影像显示在驾驶舱内
全景泊车系统	前视、侧视、后视	利用图像拼接技术将摄像头采集的影像组成周边的全景图
驾驶员疲劳预警系统	内置	利用内置摄像头识别驾驶员是否疲劳、闭眼等
行人碰撞预警系统	前视	当前视摄像头识别到车辆前方的行人可能与车辆发生碰撞时发出警报

续表

ADAS	使用的摄像头	具体功能介绍
车道保持辅助系统	前视	当前视摄像头识别到车辆即将偏离车道线时通知控制中心发出指示，纠正行驶方向
交通标志识别系统	前视、侧视	利用前视、侧视摄像头识别前方和两侧的交通标志
前向碰撞预警系统	前视	当前视摄像头识别到与前车距离小于安全车距时发出警报

根据不同 ADAS 功能的需要，摄像头的安装位置也有不同，主要分为前视、后视、侧视以及内置摄像头。

学习任务 2.2　视觉传感器函数和模块

一、视觉传感器函数

1. 视觉检测器函数

visionDetectionGenerator 是在驾驶场景中创建视觉检测器的函数，其调用格式为

```
sensor=visionDetectionGenerator
sensor=visionDetectionGenerator(cameraConfig)
sensor=visionDetectionGenerator(Name,Value)
```

其中，cameraConfig 为单目摄像头；Name 和 Value 为设置视觉检测器属性；sensor 为视觉检测结果。

例如，visionDetectionGenerator('DetectionCoordinates','Sensor Cartesian','MaxRange',100) 表示利用笛卡儿坐标创建视觉检测器，最大识别距离为 100 m。

视觉检测器应用的调用格式为

```
dets=sensor(actors,time)
lanedets=sensor(laneboundaries,time)
lanedets=sensor(actors,laneboundaries,time)
[___,numValidDets]=sensor(___)
[dets,numValidDets,isValidTime,lanedets,numValidLaneDets,isValidLaneTime]=sensor(actors,laneboundaries,time)
```

其中，actors 为交通参与者的姿态；time 为当前仿真时间；laneboundaries 为车道边界；dets 为视觉传感器对交通参与者的识别结果；lanedets 为视觉传感器对车道边界的识别结果；numValidDets 为交通参与者有效识别次数；isValidTime 为交通参与者识别时间；lanedets 为车道边界识别结果；numValidLaneDets 为车道边界识别次数；isValidLaneTime 为车道边界识别时间。

2. 配置单目摄像机的函数

monoCamera 为配置单目摄像机的函数，其调用格式为

```
sensor=monoCamera(intrinsics,height)
sensor=monoCamera(intrinsics,height,Name,Value)
```

其中，intrinsics 为摄像机内部参数；height 为路面至摄像机的垂直距离；Name 和 Value 为设置摄像机属性；sensor 为配置的单目摄像机。

3. 单目摄像机外部参数

estimateMonoCameraParameters 为利用棋盘格估计单目摄像机外部参数的函数，其调用格式为

```
[pitch,yaw,roll,height]=estimateMonoCameraParameters(intrinsics,imagePoints,
worldPoints,patternOriginHeight)
[pitch,yaw,roll,height]=estimateMonoCameraParameters(___,Name,Value)
```

其中，intrinsics 为单目摄像机的内部参数；imagePoints 为棋盘格原点的图像坐标；worldPoints 为棋盘格原点的世界坐标；Name 和 Value 为设置棋盘格的方向和图案位置；patternOriginHeight 为棋盘格原点距地面的高度；pitch 为摄像机的俯仰角；yaw 为摄像机的偏航角；roll 为摄像机的横滚角；height 为摄像机至地面高度。

二、视觉传感器模块

视觉检测器模块如图 2-20 所示，它通过视觉传感器识别目标和车道线。

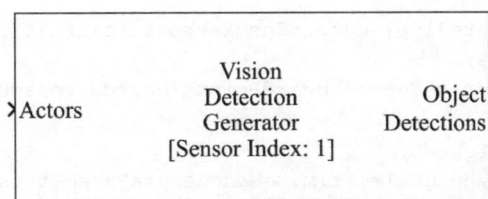

图 2-20　视觉检测器模块

视觉检测器模块的输入是交通参与者的姿态（Actors），输出是视觉传感器对目标的识别（Object Detections）。

单击视觉检测器模块，进入视觉检测器模块设置界面，可以对其各种参数进行设置，如图 2-21 所示。视觉检测器模块设置包括参数（Parameters）、测量（Measurements）、识别对象（Actor Profiles）和相机内部参数（Camera Intrinsics）的设置。

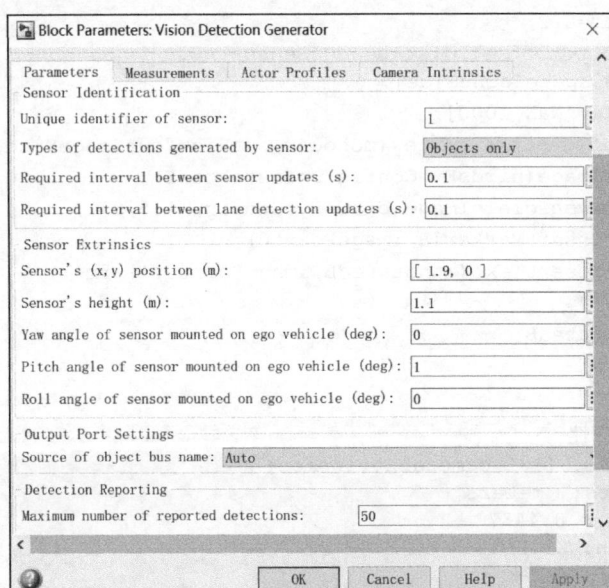

图 2-21　视觉检测器模块设置界面

视觉检测器模块详情参见"Automated Driving Toolbox"的"Vision Detection Generator"。

学习任务 2.3　视觉传感器仿真实例

【例 2-1】使用棋盘格配置单目摄像机，并利用鸟瞰图验证配置单目摄像机的正确性。

解： 在 MATLAB 命令行窗口输入以下程序。

```
1    mappingCoeffs=[8.751e+2,-3.038e-4,-4.815e-8,1.709e-11];    %映射系数
2    imageSize=[1500,2000];                                     %图像大小
3    distortionCenter=[1000,750];                               %畸变中心
4    stretchMatrix=[1,0;0,1];                                   %转换矩阵
5    intrinsics=fisheyeIntrinsics(mappingCoeffs,imageSize, ...  %内部参数
distortionCenter, stretchMatrix);
6    I=imread('checkerboard.png');                              %读取棋盘图像
7    imshow(I)                                                  %显示棋盘图像
8    [imagePoints,boardSize]=detectCheckerboardPoints(I);       %识别棋盘图像
9    squareSize=0.029;                                          %棋盘方格边长
10   worldPoints=generateCheckerboardPoints(boardSize,squareSize);
                                                                %棋盘角点世界坐标
11   patternOriginHeight=0;                                     %棋盘原点高度
12   [pitch,yaw,roll,height]=estimateMonoCameraParameters(intrinsics, ...
                                                                %估计外部参数
                    imagePoints,worldPoints,patternOriginHeight);
13   [undistortedI,camIntrinsics]=undistortFisheyeImage(I, ...  %修正鱼眼图像失真
intrinsics,'Output','full');
14   figure                                                     %设置图形窗口
15   imshow(undistortedI)                                       %显示无失真图像
16   monoCam=monoCamera(camIntrinsics,height, ...               %配置鱼眼相机
'Pitch',pitch,'Yaw',yaw,'Roll',roll)
17   distAheadOfSensor=6;                                       %传感器前方距离
18   spaceToOneSide=2.5;                                        %左右各 2.5m
19   bottomOffset=0.2;                                          %在传感器前 0.2m 看
20   outView=[bottomOffset,distAheadOfSensor, ...               %观测区域
-spaceToOneSide,spaceToOneSide];
21   outImageSize=[NaN,1000];                                   %输出图像尺寸
22   birdsEyeConfig=birdsEyeView(monoCam,outView,outImageSize); %创建鸟瞰图
23   B=transformImage(birdsEyeConfig,undistortedI);             %图像转换为鸟瞰图
24   imagePoint0=vehicleToImage(birdsEyeConfig,[1.5,0]);        %车辆转换成图像
25   annotatedB=insertMarker(B,imagePoint0);                    %添加标记
26   annotatedB=insertText(annotatedB,imagePoint0,'1.5m');      %插入文本
27   figure                                                     %设置图形窗口
28   imshow(annotatedB)                                         %显示鸟瞰图像
```

单目摄像机配置为

```
monoCam =
  monoCamera - 属性:
      Intrinsics: [1×1 cameraIntrinsics]
      WorldUnits: 'meters'
          Height: 0.4437
           Pitch: 22.2689
             Yaw: -3.2898
            Roll: -3.0256
    SensorLocation: [0 0]
```

输出结果如图 2-22 所示。

（a）原始图像

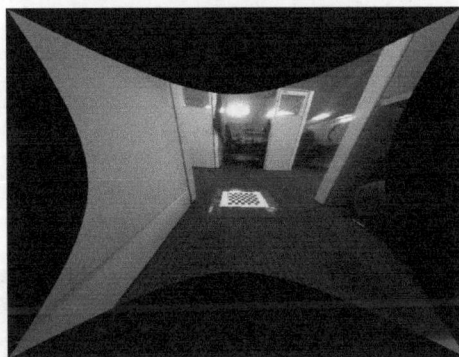
（b）无失真图像

（c）鸟瞰图像

图 2-22 单目摄像机标定

【例 2-2】配置单目摄像机，并测量摄像机前任意点的坐标和图像中任意点的坐标。

解：在 MATLAB 命令行窗口输入以下程序。

```
1    focalLength=[800,800];                                %焦距
2    principalPoint=[320,240];                             %光学中心
```

```
3    imageSize=[480,640];                                    %图像尺寸
4    intrinsics=cameraIntrinsics(focalLength,principalPoint,imageSize);%内部参数
5    height=2.18;                                            %安装高度
6    pitch=14;                                               %俯仰角
7    sensor=monoCamera(intrinsics,height,'Pitch',pitch)      %配置单目摄像机
8    Ioriginal=imread('road.png');                           %读取图像
9    imshow(Ioriginal)                                       %显示图像
10   xyVehicleLoc1=[10,0];                                   %摄像机前方 8m
11   xyImageLoc1=vehicleToImage(sensor,xyVehicleLoc1);       %转换成图像坐标
12   IvehicleToImage=insertMarker(Ioriginal,xyImageLoc1);    %插入标记
13   IvehicleToImage=insertText(IvehicleToImage,xyImageLoc1+5,'10m');
                                                             %插入文本
14   figure                                                  %设置图形窗口
15   imshow(IvehicleToImage)                                 %显示摄像机前方点
16   xyImageLoc2=[300,300];                                  %图像点
17   xyVehicleLoc2=imageToVehicle(sensor,xyImageLoc2);       %转换成车辆坐标
18   IimageToVehicle=insertMarker(Ioriginal,xyImageLoc2);    %插入标记
19   displayText=sprintf('(%.2f m,%.2f m)',xyVehicleLoc2);   %字符串
20   IimageToVehicle=insertText(IimageToVehicle,xyImageLoc2+5,displayText);
                                                             %插入文本
21   figure                                                  %设置图形窗口
22   imshow(IimageToVehicle)                                 %显示图像点
```

输出结果如图 2-23 所示。

（a）原始图像

（b）摄像机前任意点的距离

图 2-23　单目摄像机配置及测量

（c）图像中任意点的坐标

图 2-23　单目摄像机配置及测量（续）

【例 2-3】单目摄像机产生视觉识别。

解： 在 MATLAB 命令行窗口输入以下程序。

```
1   focalLength=[800,800];                                      %焦距
2   principalPoint=[320,240];                                   %光学中心
3   imageSize=[480,640];                                        %图像尺寸
4   intrinsics=cameraIntrinsics(focalLength,principalPoint,imageSize);
    %内部参数
5   height=1.5;                                                 %安装高度
6   pitch=1;                                                    %俯仰角
7   monoCamConfig=monoCamera(intrinsics,height,'Pitch',pitch);  %配置摄像机
8   visionSensor=visionDetectionGenerator(monoCamConfig);       %视觉检测器
9   scenario=drivingScenario;                                   %创建驾驶场景
10  egoVehicle=vehicle(scenario);                               %添加主车辆
11  targetCar1=vehicle(scenario,'Position',[30,0,0]);           %添加车辆1
12  targetCar2=vehicle(scenario,'Position',[20,3,0]);           %添加车辆2
13  bep=birdsEyePlot('XLim',[0,50],'YLim',[-20,20]);            %创建鸟瞰图
14  olPlotter=outlinePlotter(bep);                              %轮廓绘图仪
15  [position,yaw,length,width,originOffset,color]=targetOutlines(egoVehicle);
                                                                %目标轮廓
16  plotOutline(olPlotter,position,yaw,length,width);           %显示轮廓
17  caPlotter=coverageAreaPlotter(bep,'DisplayName', ...        %覆盖绘图仪
    'Coverage area','FaceColor','blue');
18  plotCoverageArea(caPlotter,visionSensor.SensorLocation, ... %显示覆盖区域
    visionSensor.MaxRange,visionSensor.Yaw,visionSensor.FieldOfView(1))
19  poses=targetPoses(egoVehicle);                              %目标车辆姿态
20  [dets,numValidDets]=visionSensor(poses,scenario.SimulationTime);
                                                                %视觉传感器识别
21  for i=1:numValidDets                                        %有效识别数循环
22      XY=dets{i}.Measurement(1:2);                            %测量值
23      detXY=sprintf('位置%d:X=%.2f m,Y=%.2f m',i,XY);         %设置位置
24      disp(detXY)                                             %显示识别位置
25  end                                                         %循环结束
```

输出结果如图 2-24 所示。

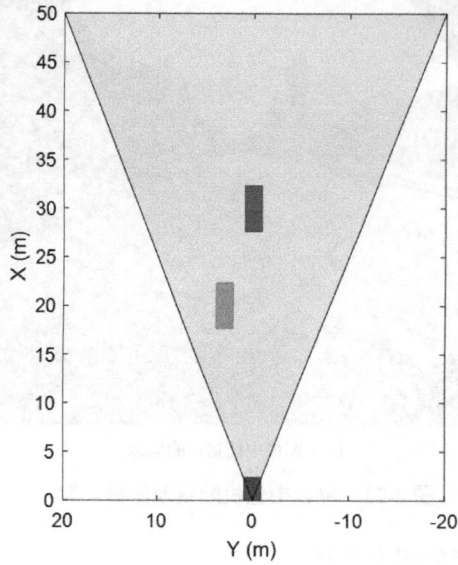

图 2-24　视觉传感器识别

识别距离为

车辆位置 1：X=18.93 m，Y=2.75 m

车辆位置 2：X=29.53 m，Y=-0.02 m

【例 2-4】 利用视觉检测器模块对驾驶场景中的车辆进行识别。

解： 在 MATLAB 编辑器窗口输入以下命令。

```
drivingScenarioDesigner('EgoVehicleGoesStraight_VehicleFromLeftGoesStraight.mat')
```

输出结果如图 2-25 所示。该驾驶场景表示主车辆自南向北行驶，直行穿过十字路口，包含一个视觉传感器；另一辆车辆在十字路口的左侧车道驶来，直行穿过十字路口。

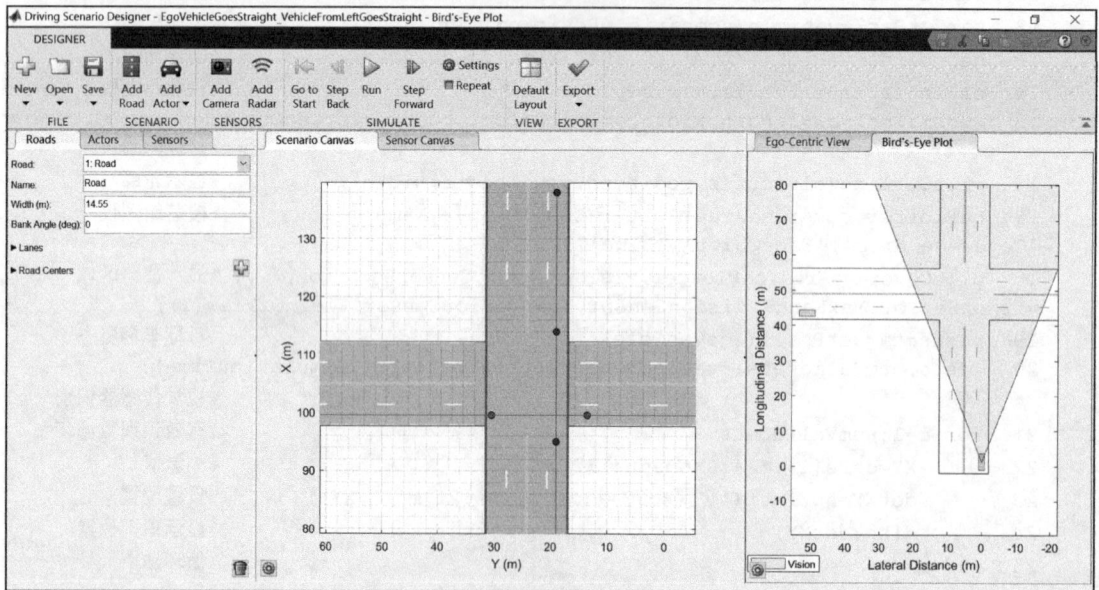

图 2-25　含有视觉传感器的驾驶场景

在应用程序工具栏上，选择"Export"→"Export Simulink Model"选项，生成驾驶场景和视觉传感器的 Simulink 模型，如图 2-26 所示。

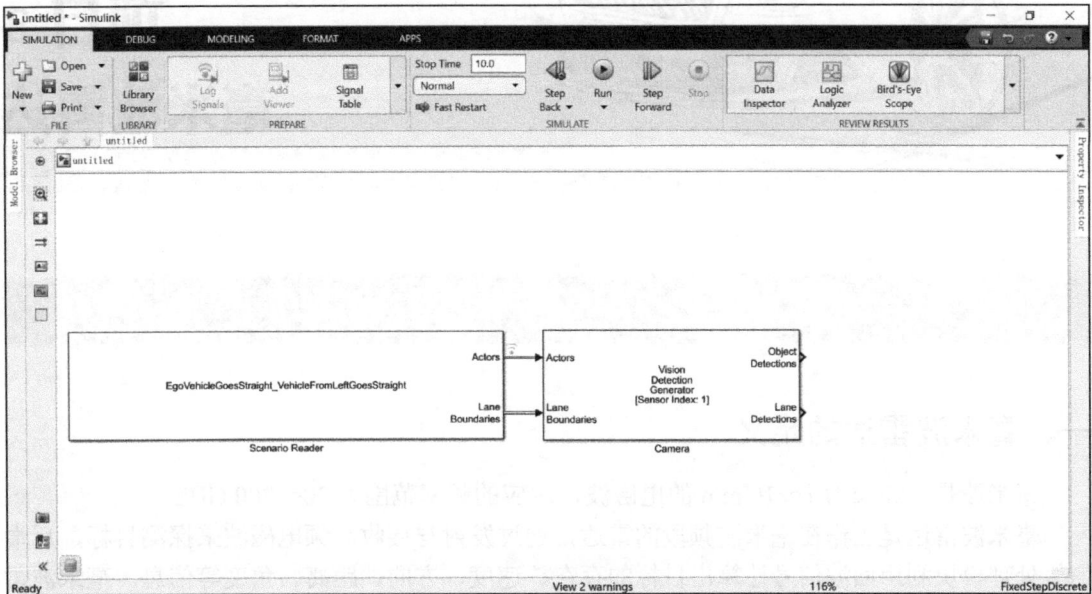

图 2-26　驾驶场景和视觉传感器的 Simulink 模型

单击"BIRD'S-EYE Scope"选项，打开鸟瞰图，单击"Find Signals"选项后单击"Run"按钮，车辆开始运动并进行识别，如图 2-27 所示，识别结果存储在 MATLAB 的工作区。

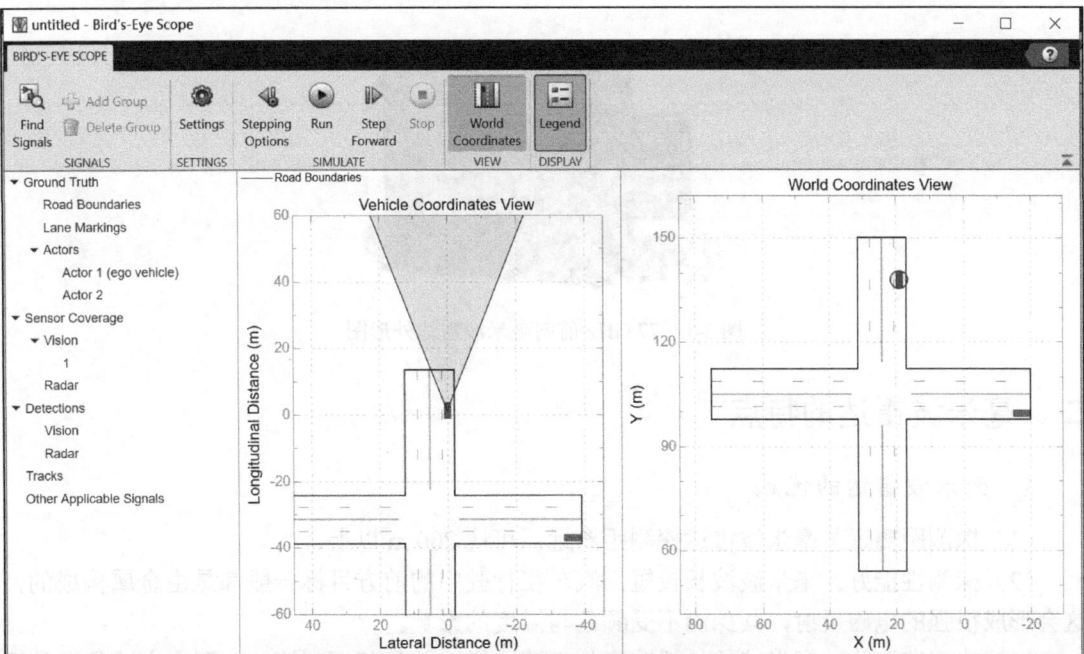

图 2-27　视觉传感器的识别

驾驶场景中的车辆和视觉传感器的识别可以根据需要进行设置。

学习任务 3.1　毫米波雷达认知

一、毫米波雷达的定义

毫米波是指波长为 1~10 mm 的电磁波，对应的频率范围为 30~300 GHz。

毫米波雷达是工作在毫米波频段的雷达，通过发射与接收高频电磁波来探测目标，后端信号处理模块利用回波信号计算出目标的存在、速度、方向、距离、角度等信息。毫米波雷达是智能网联汽车核心传感器之一，主要用于自适应巡航控制系统、自动制动辅助系统、盲区监测系统、行人识别等。

图 3-1 所示为 77 GHz 前向毫米波雷达外形图，它能够识别运动目标的距离、速度和角度等信息，探测距离为 0.2~170 m，属于远程毫米波雷达。

图 3-1　77 GHz 前向毫米波雷达外形图

二、毫米波雷达的特点

1. 毫米波雷达的优点

（1）探测距离远。毫米波雷达探测距离远，可达 200 m 以上。

（2）探测性能好。毫米波波长较短，汽车在行驶中的前方目标一般都是由金属构成的，这会形成很强的电磁反射，其探测不受颜色与温度的影响。

（3）响应速度快。毫米波的传播速度与光速一样，并且其调制简单，配合高速信号处理系统，可以快速地测量出目标的距离、速度、角度等信息。

（4）适应能力强。毫米波具有很强的穿透能力，在雨、雪、大雾等恶劣天气依然可以正常工作，而且不受颜色和温度的影响。

（5）抗干扰能力强。毫米波雷达一般工作在高频段，而周围的噪声和干扰处于中低频区，基本上不会影响毫米波雷达的正常运行，因此毫米波雷达具有抗低频干扰的特性。

2. 毫米波雷达的缺点

（1）覆盖区域呈扇形，有盲点区域。

（2）无法识别交通标志。

（3）无法识别交通信号。

三、毫米波雷达的类型

毫米波雷达可以按照工作原理、探测距离和频段进行分类。

1. 按工作原理分类

毫米波雷达按工作原理的不同，可以分为脉冲式毫米波雷达与调频式连续毫米波雷达两类。脉冲式毫米波雷达通过发射脉冲信号与接收脉冲信号之间的时间差来计算目标距离，调频式连续毫米波雷达是利用多普勒效应测量得出不同距离的目标的速度。脉冲式毫米波雷达测量原理简单，但由于受技术、元器件等方面的影响，因此实际应用中很难实现。目前，大多数车载毫米波雷达都采用调频式连续毫米波雷达。

2. 按探测距离分类

毫米波雷达按探测距离，可分为短程（SRR）、中程（MRR）和远程（LRR）毫米波雷达。短程毫米波雷达一般探测距离小于 60 m；中程毫米波雷达一般探测距离为 100 m 左右；远程毫米波雷达探测距离一般大于 200 m。

3. 按频段分类

毫米波雷达按采用的毫米波频段不同，可分为 24 GHz、60 GHz、77 GHz 和 79 GHz 毫米波雷达。主流可用频段为 24 GHz 和 77 GHz，其中 24 GHz 适合近距离探测，77 GHz 适合远距离探测。79 GHz 有可能是未来发展趋势。

四、毫米波雷达的测量原理

毫米波雷达根据测量原理不同，一般分为脉冲式毫米波雷达和调频式连续毫米波雷达。

1. 脉冲式毫米波雷达

脉冲式毫米波雷达测量原理简单，但由于受技术、元器件等方面的影响，因此实际应用中很难实现。脉冲式毫米波雷达需在很短的时间（一般都是微秒的数量级）内发射大功率的脉冲信号，通过脉冲信号控制雷达发射装置发射出高频信号，因此在硬件结构上比较复杂，成本高。除此之外，在高速路上行驶的车辆，其回波信号难免会受到周围树木、建筑物的影响，使回波信号衰减，从而降低接收系统的灵敏度。同时，如果收发采用同一个天线时，在对回波信号进行放大处理之前，应将其与发射信号进行严格的隔离，否则会因为发射信号的窜入，导致回波信号放大器饱和或损坏。为了避免发射信号窜入接收信号中，需进行隔离技术处理，通常情况下，采用环形器或收发使用不同的天线以避免发射信号的窜入，但这样就导致硬件结构的复杂性增加，产品成本高。因此，在车用领域，脉冲式毫米波雷达应用较少。

2. 调频式连续毫米波雷达

目前，车载毫米波雷达主要采用调频式连续毫米波雷达。

调频式连续毫米波雷达是利用多普勒效应测量得出目标的距离和速度，它通过发射源向给定目标发射微波信号，并分析发射信号频率和反射信号频率之间的差值，精确测量出目标相对于毫米波雷达的运动速度等信息。

雷达调频器通过天线发射微波信号，发射信号遇到目标后，经目标的反射会产生回波信号，发射信号与回波信号相比形状相同，时间上存在差值。当目标与毫米波雷达信号发射源之间存在相对运行时，发射信号与回波信号之间除存在时间差外，还会产生多普勒频率，如图 3-2 所示。

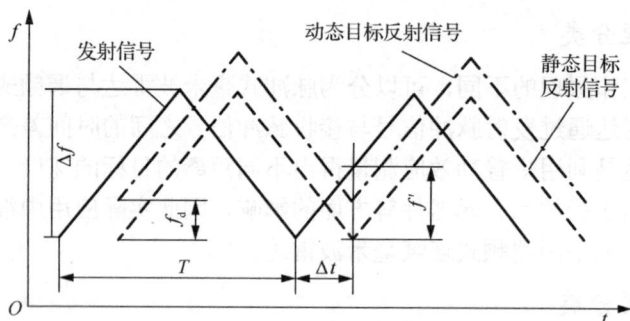

图 3-2　调频式连续毫米波雷达测量原理

毫米波雷达测量的相对距离和相对速度分别为

$$s = \frac{c\Delta t}{2} = \frac{cTf'}{4\Delta f} \tag{3-1}$$

$$u = \frac{cf_d}{2f_0} \tag{3-2}$$

式中，s 为相对距离；c 为光速；Δt 为发射信号与回波信号的时间间隔；T 为信号发射周期；f' 为发射信号与反射信号的频率差；Δf 为调频带宽；f_d 为多普勒频率；f_0 为发射信号的中心频率；u 为相对速度。

五、毫米波雷达的主要参数

毫米波雷达的主要性能参数有最大探测距离、距离分辨率、测距精度、最大探测速度、速度分辨率、测速精度、方位角、角度分辨率和测角精度等。

（1）最大探测距离。最大探测距离是指毫米波雷达所能识别目标的最大距离，不同的毫米波雷达，最大探测距离是不同的。

（2）距离分辨率。距离分辨率表示距离方向分辨两个目标的能力。

（3）测距精度。测距精度表示测量单目标的距离测量精度，取决于信噪比。

（4）最大探测速度。最大探测速度是指毫米波雷达能够探测目标的最大速度。

（5）速度分辨率。速度分辨率表示速度维区分两个同一位置的目标的能力。

（6）测速精度。测速精度表示测量单目标的速度测量精度，取决于信噪比。

（7）视场角。视场角分为水平视场角和垂直视场角，是指毫米波雷达能够探测的角度范围。

（8）角度分辨率。角度分辨率表示在角度维分离相同距离、速度目标的能力。雷达的角度分辨率一般较低，在实际情况下，由于距离、速度分辨率较高，因此目标一般可以在距离和速度维区分开。

（9）测角精度。测角精度表示测量单目标的角度测量精度。

图 3-3 所示为德国大陆公司两个系列毫米波雷达外观和标准探测区域示意图，其主要参数见表 3-1。SRR208 毫米波雷达主要用于汽车盲区探测、并线辅助等场景近距离、低速度、大角度范围内的相对运动目标的非接触探测和防撞预警；ARS408 毫米波雷达主要用于汽车自动制动辅助系统、自适应巡航控制系统、前向碰撞预警系统等 ADAS 和自动驾驶等场景。

（a）SRR208 毫米波雷达

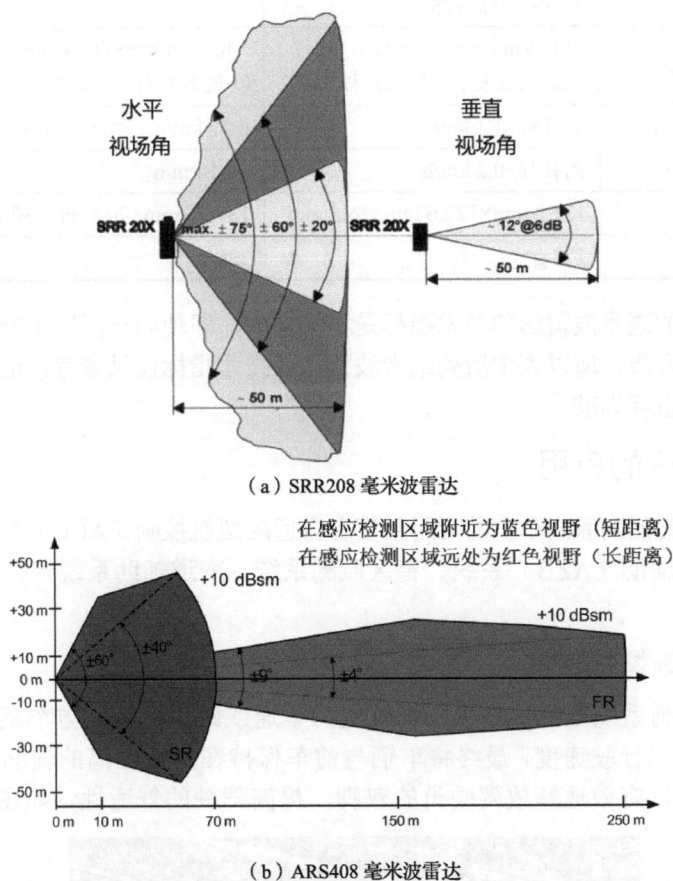

（b）ARS408 毫米波雷达

图 3-3 德国大陆公司两个系列毫米波雷达外观和标准探测区域示意图

表 3-1 ARS408 系列毫米波雷达的主要参数

序号	参数	SRR208 毫米波雷达	ARS408 毫米波雷达
1	频段	24 GHz	76～77 GHz
2	测距范围	1～50 m	0.20～250 m（长距模式） 0.20～70 m/100 m（短距模式，±45°范围内） 0.20～20 m（短距模式，±60°范围内）
3	距离分辨率	点目标 1.0 m	1.79 m（长距模式） 0.39 m（短距模式，0.2 m@静止目标）

续表

序号	参数	SRR208 毫米波雷达	ARS408 毫米波雷达
4	距离测量精度	点目标 0.20 m	±0.40 m（长距模式） ±0.10 m（短距模式，±0.05 m@静止目标）
5	方位角	±20°～±75°	±4°～±60°
6	角度分辨率	14°～18°（14°@0°方位）	1.6°（长距模式） 3.2°@0°/4.5°@±45°/12.3°@±60°（短距）
7	测角精度	−2～+2°@±20° −4°～+4°@±60° −5°～+5°@±75°	±0.1°（长距模式） ±0.3°@0°/±1°@±45°/±5°@±60°（短距）
8	速度范围	−146 km/h～+146 km/h （−远离目标，+接近目标）	−400 km/h～+200 km/h （−远离目标，+接近目标）
9	速度分辨率	点目标 1.1 km/h	0.37 km/h（长距），0.43 km/h（短距）
10	测速精度	点目标 0.2 km/h	±0.1 km/h
11	尺寸	127.2 mm×129.6 mm×26.5 mm	137.25 mm×90.8 mm×30.66 mm
12	质量	172 g	320 g

不同厂家生产的毫米波雷达的技术指标是不一样的，即使同一厂家生产的毫米波雷达，也会不断进行技术升级，所以表中所列毫米波雷达的技术指标仅供参考，最终应以厂家提供的毫米波雷达技术指标为准。

六、毫米波雷达的应用

毫米波雷达在智能网联汽车上的应用主要有自适应巡航控制（ACC）系统、前向碰撞预警系统、自动制动辅助（AZB）系统、盲区监测系统、变道辅助系统等先进驾驶辅助系统（ADAS）。

1. 自适应巡航控制系统

自适应巡航控制系统是一种可以依据设定的车速或距离跟随前方车辆行驶，或根据前车速度主动控制本车行驶速度，最终将车辆与前车保持在安全距离的辅助驾驶功能。该功能最大的优点是可以有效地解放驾驶员的双脚，提高驾驶的舒适性，如图 3-4 所示。

图 3-4　基于毫米波雷达的自适应巡航控制系统

ACC 的实现原理：在车辆行驶过程中，安装在车辆前部的毫米波雷达传感器持续扫描车辆前方道路，同时轮速传感器采集车速信号。当与前车之间的距离过小时，ACC 系统可以与制动防抱死系统、发动机控制系统协调动作，使车轮适当制动，并使发动机的输出功率下降，以使车辆与前方车辆始终保持安全距离。ACC 系统在控制车辆制动时，通常会将制动减速限制在不影响舒适度的程度，当需要更大的减速时，ACC 系统会发出声、光预警信号，通知驾驶员主动采取制动操作。

2. 前向碰撞预警系统

前向碰撞预警系统是通过毫米波雷达和前置摄像头不断监测前方的车辆，判断本车与前车之间的距离、方位及相对速度，探测到前方潜在的碰撞危险。当驾驶员没有采取制动措施时，仪表会显示报警信息并伴随声音报警，警告驾驶员务必采取应对措施，如图 3-5 所示。当判断到事故即将发生时，系统会让制动自动介入工作，从而避免事故发生或减少事故可能造成的风险。

图 3-5　基于毫米波雷达的前向碰撞预警系统

3. 自动制动辅助系统

自动制动辅助（AEB）系统是利用毫米波雷达测出与前车或障碍物的距离，然后利用数据分析模块将测出的距离与警报距离、安全距离进行比较，小于警报距离时就进行警报提示，而小于安全距离时，即使在驾驶员没有来得及踩制动踏板的情况下，该系统也会启动，使汽车自动制动，从而确保驾驶安全。如图 3-6 所示。

图 3-6　基于毫米波雷达的自动制动辅助系统

据研究表明，90%的交通事故是驾驶员的注意力不集中引起的，AEB技术能减少38%的追尾碰撞。而且无论是在城市道路（限速60 km/h）还是郊区道路行驶的情况下，效果都显著。

4. 盲区监测系统

盲区监测系统根据毫米波雷达判断移动物体所处的相对位置及与本车的相对速度，当处于本车的盲区范围内，及时提醒驾驶员注意变道出现的风险。如图3-7所示。

图3-7　基于毫米波雷达的盲区监测系统

5. 变道辅助系统

变道辅助系统是通过毫米波雷达、摄像头等传感器，对车辆相邻两侧车道及后方进行探测，获取车辆侧方及后方物体的运动信息，并结合当前车辆的状态进行判断，最终以声、光等方式提醒驾驶员，让驾驶员掌握最佳变道时机，防止变道引发的交通事故，同时对后向碰撞也有比较好的预防作用。

变道辅助系统包括盲区监测（BSD）、变道预警（LCA）和后向碰撞预警（RCW）三个功能，可以有效地防止变道、转弯、后方追尾等交通事故的发生，极大地提升汽车变道操作的安全性能。如图3-8所示。

图3-8　基于毫米波雷达的变道辅助系统

智能网联汽车先进驾驶辅助系统应用的毫米波雷达见表3-2。

表 3-2 智能网联汽车先进驾驶辅助系统应用的毫米波雷达

毫米波雷达类型		短程雷达（SRR）	中程雷达（MRR）	远程雷达（LRR）
工作频段		24 GHz	77 GHz	77 GHz
探测距离		小于 60 m	100 m 左右	大于 200 m
功能	自适应巡航控制系统		前方	前方
	前向碰撞预警系统		前方	前方
	自动制动辅助系统		前方	前方
	盲区监测系统	侧方	侧方	
	自动泊车辅助系统	前方、后方	侧方	
	变道辅助系统	后方	后方	
	后向碰撞预警系统	后方	后方	
	行人识别系统	前方	前方	
	驻车开门辅助系统	侧方		

为了满足不同距离范围的探测需要，一辆汽车上会安装多个近距离、中距离和远距离毫米波雷达。其中，24 GHz 毫米波雷达主要实现短程（SRR）探测，77 GHz 毫米波雷达主要实现中程（MRR）和远程（LRR）的探测。不同的毫米波雷达在车辆前方、侧方和后方发挥不同的作用。

学习任务 3.2 雷达检测器函数和模块

一、雷达检测器函数

雷达检测器函数是 radarDetectionGenerator，其调用格式为

```
sensor=radarDetectionGenerator
sensor=radarDetectionGenerator(Name,Value)
```

其中，Name 和 Value 为设置雷达属性；sensor 为雷达检测器。

例如，radarDetectionGenerator('DetectionCoordinates','Sensor Cartesian','MaxRange',200)表示利用笛卡儿坐标创建雷达检测器，最大识别距离为 200 m。

雷达检测器应用的调用格式为

```
dets=sensor(actors,time)
[dets,numValidDets]=sensor(actors,time)
[dets,numValidDets,isValidTime]=sensor(actors,time)
```

其中，actors 为交通参与者的姿态；time 为当前仿真时间；dets 为雷达识别结果；numValidDets 为有效识别次数；isValidTime 为有效识别时间。

二、雷达检测器模块

MATLAB 自动驾驶工具箱提供了雷达检测器模块，如图 3-9 所示，它是根据安装在主车辆上的雷达测量中创建目标识别。

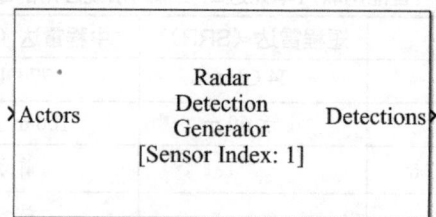

图 3-9　雷达检测器模块

雷达检测器模块的输入是其他交通参与者的姿态（Actors）；输出是雷达的识别信号（Detections）。

单击雷达检测器模块，进入雷达检测器模块设置界面，可以对其各种参数进行设置，如图 3-10 所示。雷达检测器模块设置包括参数（Parameters）、测量（Measurements）和识别对象（Actor Profiles）的设置。

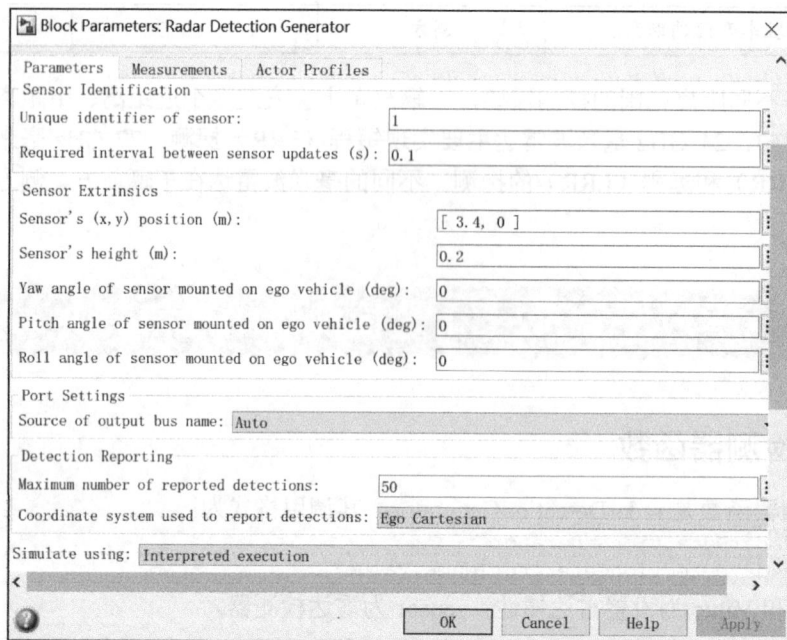

图 3-10　雷达检测器模块设置界面

雷达检测器模块详情参见"Automated Driving Toolbox"的"Radar Detection Generator"。

学习任务 3.3　毫米波雷达仿真实例

【例 3-1】利用雷达检测器函数识别雷达前方 50 m 的车辆。

解：在 MATLAB 命令行窗口输入以下程序。

```
1    car=struct('ActorID',1,'Position',[50,0,0]);          %创建车辆
2    radarSensor=radarDetectionGenerator;                  %创建雷达检测器
3    time=2;                                                %设置仿真时间
```

```
4    dets=radarSensor(car,time)                              %对车辆进行识别
```

输出结果为

```
dets =
  1×1 cell 数组
    {1×1 objectDetection}
```

测量结果存储在 MATLAB 的工作区，可以查看。车辆测量值如图 3-11 所示，为 49.1388 m，误差约为 1.7%，满足测量精度要求。

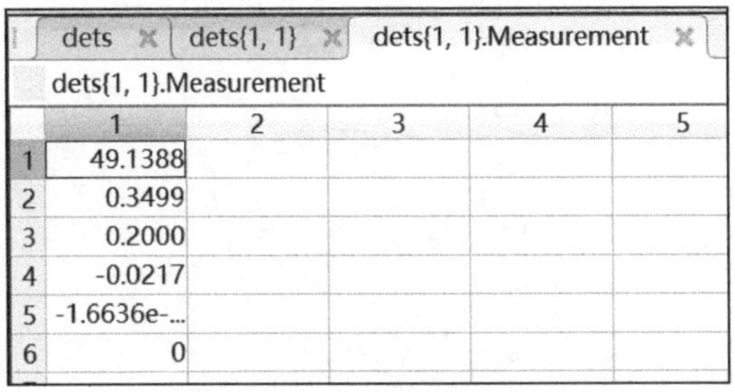

	dets	dets{1, 1}	dets{1, 1}.Measurement		
	dets{1, 1}.Measurement				
	1	2	3	4	5
1	49.1388				
2	0.3499				
3	0.2000				
4	-0.0217				
5	-1.6636e-...				
6	0				

图 3-11　车辆测量值

【例 3-2】使用安装在主车辆上的雷达识别前方目标车辆。假设有三个目标车辆，车辆 1 位于中间车道，主车辆正前方 100 m，以与主车相同速度行驶；车辆 2 在左车道上，以比主车辆快 12 km/h 的速度行驶；车辆 3 在右车道上，行驶速度比主车辆慢 12 km/h。

解： 在 MATLAB 命令行窗口输入以下程序。

```
1    pos1=[120,0,0];                                          %设置车辆 1 初始位置
2    pos2=[80,8,0];                                           %设置车辆 2 初始位置
3    pos3=[50,-8,0];                                          %设置车辆 3 初始位置
4    v1=[0,0,0];                                              %设置车辆 1 相对速度
5    v2=[12/3.6,0,0];                                         %设置车辆 2 相对速度
6    v3=[-12/3.6,0,0];                                        %设置车辆 3 相对速度
7    car1=struct('ActorID',1,'Position',pos1,'Velocity',v1);  %创建车辆 1
8    car2=struct('ActorID',2,'Position',pos2,'Velocity',v2);  %创建车辆 2
9    car3=struct('ActorID',3,'Position',pos3,'Velocity',v3);  %创建车辆 3
10   dt=0.1;                                                  %设置采样时间
11   radar=radarDetectionGenerator('RangeResolution',8,'AzimuthResolution',8,...
                                                             %创建雷达识别
     'FieldOfView',[35,15],'UpdateInterval',dt,'HasRangeRate',false);
12   tracker=multiObjectTracker;                              %创建多目标识别
13   simTime=0;                                               %仿真开始时间
14   nsteps=10;                                               %仿真步数
15   for k=1:nsteps                                           %循环开始
16       dets=radar([car1,car2,car3],simTime);               %对车辆进行识别
17       [confirmedTracks,tentativeTracks,allTracks]=...      %更新多目标识别
     updateTracks(tracker,dets,simTime);
18       simTime=simTime+dt;                                  %计算仿真时间
19       car1.Position=car1.Position+dt*car1.Velocity;        %计算车辆 1 位置
20       car2.Position=car2.Position+dt*car2.Velocity;        %计算车辆 2 位置
21       car3.Position=car3.Position+dt*car3.Velocity;        %计算车辆 3 位置
22   end                                                      %仿真结束
23   BEplot=birdsEyePlot('XLim',[0,200],'YLim',[-50,50]);     %建立鸟瞰图
24   caPlotter=coverageAreaPlotter(BEplot,'DisplayName','雷达覆盖区域');
                                                             %创建鸟瞰图覆盖区域
25   plotCoverageArea(caPlotter,radar.SensorLocation, ...     %显示覆盖区域
```

```
26          radar.MaxRange,radar.Yaw,radar.FieldOfView(1))
27    detPlotter=detectionPlotter(BEplot,'DisplayName','雷达识别');%创建识别绘图仪
28    detPos=cellfun(@(d)d.Measurement(1:2),dets,'UniformOutput',false);
                                                      %对测量数据进行处理
29    detPos=cell2mat(detPos)';                        %建立矩阵数组
30    plotDetection(detPlotter,detPos)                 %显示目标识别
```

多车辆的雷达识别如图 3-12 所示。

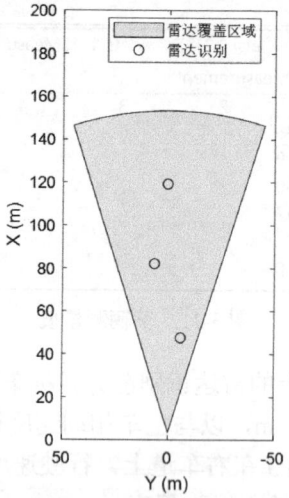

图 3-12　多车辆的雷达识别

车辆识别结果存储在 MATLAB 工作区的 dets 文件中，可以查看。

可以任意设置目标车辆，识别任意时刻的车辆位置和速度。

【例 3-3】利用雷达检测器模块对驾驶场景中的车辆进行识别。

解：在 MATLAB 编辑器窗口输入以下命令。

```
drivingScenarioDesigner('EgoVehicleGoesStraight_VehicleFromLeftTurnsLeft.mat')
```

输出结果如图 3-13 所示。该驾驶场景表示主车辆自南向北行驶，直行穿过十字路口，包含一个毫米波雷达。另一辆车辆在十字路口的左侧车道驶来，在十字路口进行左转弯，且驶在主车前面。

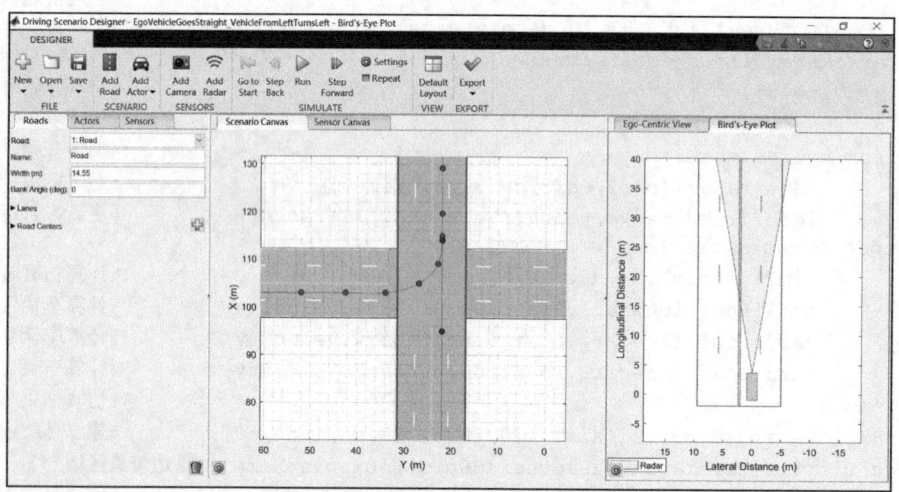

图 3-13　含有毫米波雷达的驾驶场景

在应用程序工具栏上，选择"Export"→"Export Simulink Model"选项，生成驾驶场景和毫米波雷达的 Simulink 模型，如图 3-14 所示。

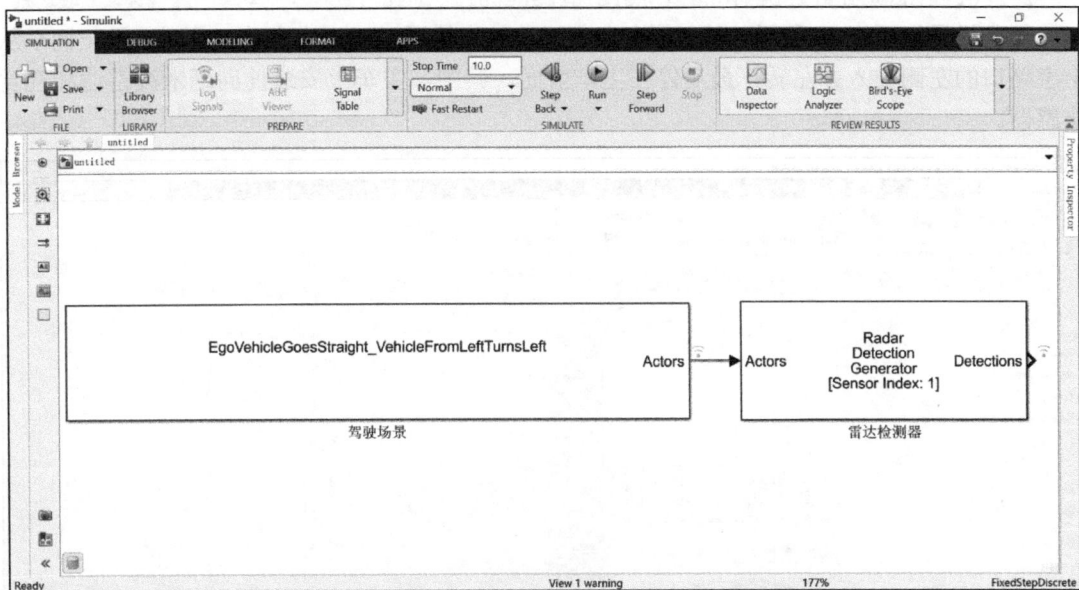

图 3-14　生成驾驶场景和毫米波雷达的 Simulink 模型

单击"BIRD'S -EYE Scope"选项，打开鸟瞰图，单击"Find Signals"→"Run"按钮，车辆开始运动并进行识别，如图 3-15 所示，识别结果存储在 MATLAB 的工作区。

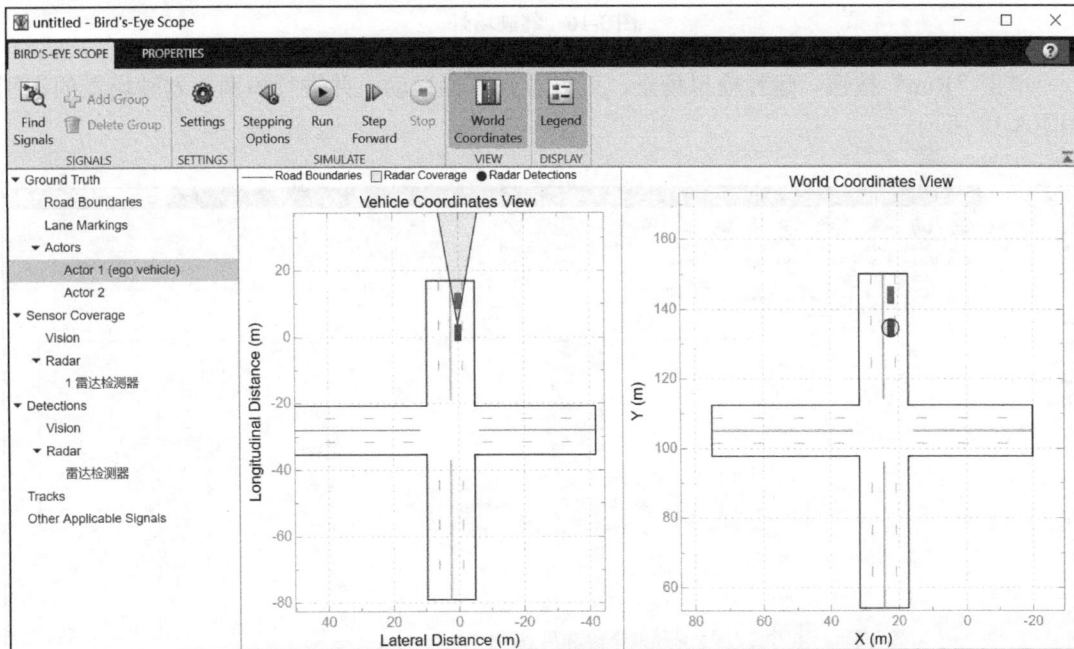

图 3-15　毫米波雷达的仿真识别

驾驶场景中的车辆和毫米波雷达的识别，可以根据需要进行设置。

【例 3-4】利用毫米波雷达和视觉传感器融合进行识别。

解： 在 MATLAB 命令行窗口输入以下程序。

```
1   addpath(genpath(fullfile(matlabroot,'examples','driving')))   %添加路径
2   drivingScenarioDesigner('LeftTurnScenario.mat')                %读取驾驶场景
```

驾驶场景如图 3-16 所示。主车从南向北行驶并直接通过一个十字路口同时，另一辆车从十字路口的左侧驶入并左转，最后停在主车前面。其中，主车上安装前向毫米波雷达和视觉传感器。

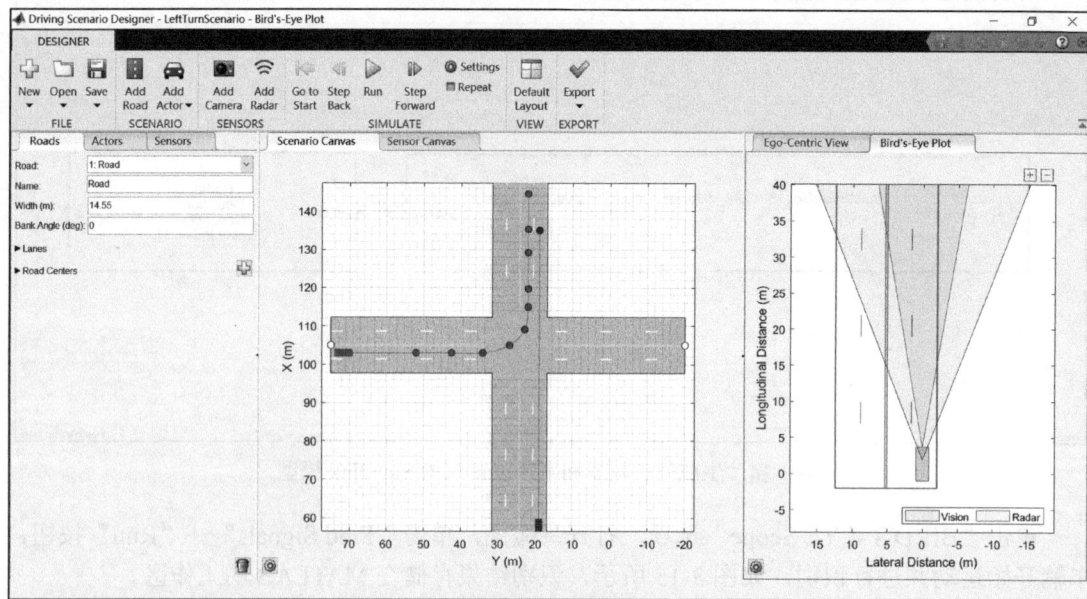

图 3-16　驾驶场景

单击"Run"按钮，运行模拟场景。可以看到车辆运动。并进行识别。驾驶场景的识别如图 3-17 所示。

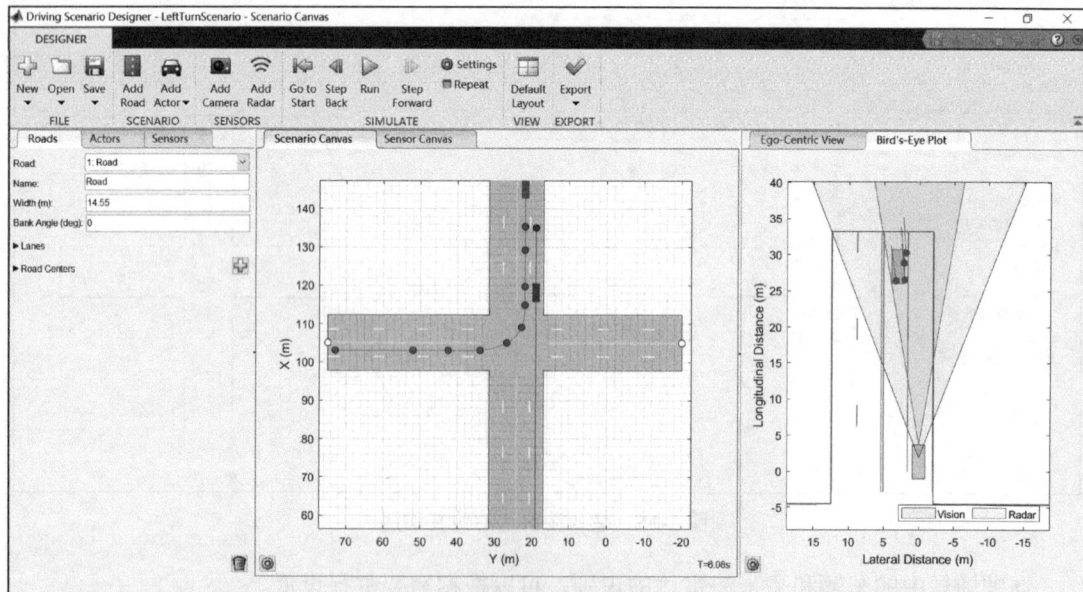

图 3-17　驾驶场景的识别

通过选择"Export"→"Export Simulink model"选项，从应用程序生成仿真模型。如图 3-18 所示。

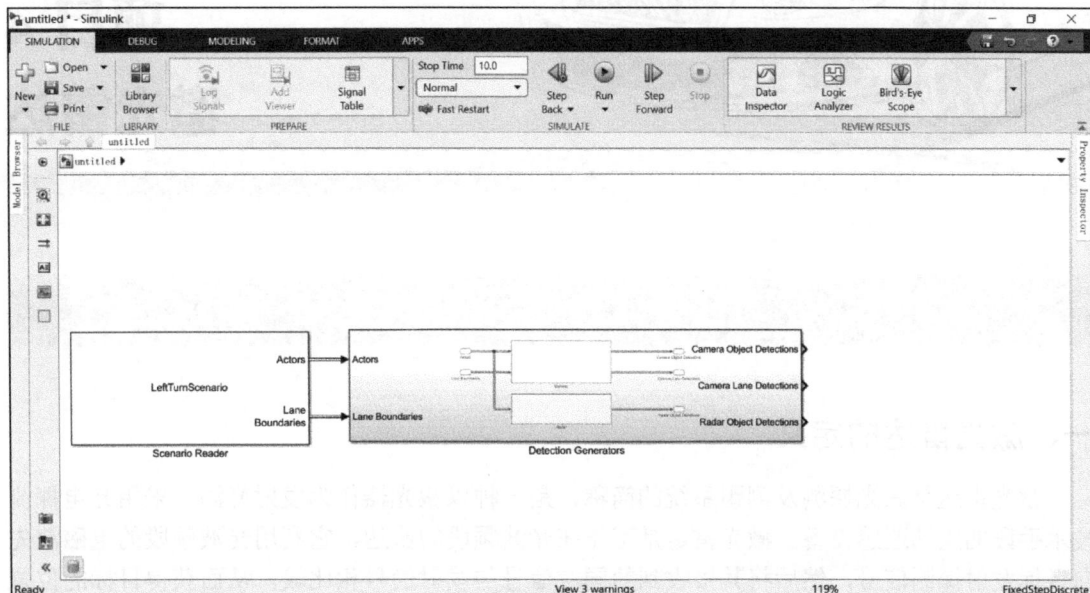

图 3-18 仿真模型

要可视化场景以及对象和车道边界识别。使用鸟瞰图。从 Simulink 工具栏中单击"BIRD'S -EYE Scope"选项，打开鸟瞰图。单击"Find Signals"→"Run"按钮。车辆开始运动并进行识别，毫米波雷达和视觉传感器融合识别车辆和车道线，算法测试如图 3-19 所示，识别结果存储在 MATLAB 的工作区。

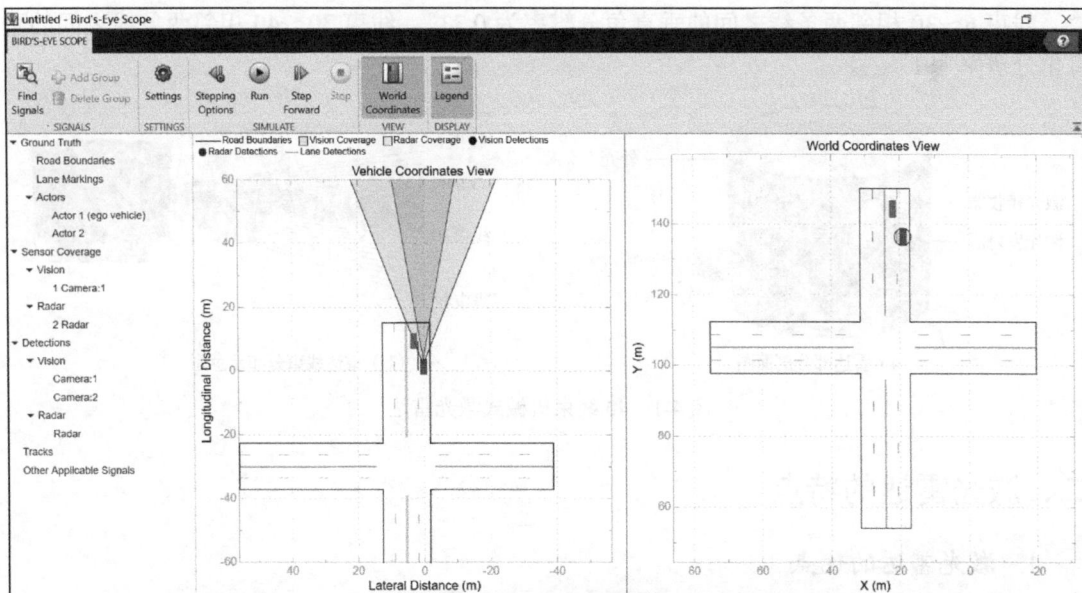

图 3-19 算法测试

项目 4
激光雷达

一、激光雷达的定义

激光雷达是激光探测及测距系统的简称，是一种以激光器作为发射光源，采用光电探测技术手段的主动遥感设备。激光雷达是工作在光波频段的雷达，它利用光波频段的电磁波先向目标发射探测信号，然后将其接收到的同波信号与发射信号相比较，从而获得目标的位置（距离、方位和高度）、运动状态（速度、姿态）等信息，实现对目标的识别和跟踪。

少线束激光雷达主要用于智能网联汽车的先进驾驶辅助系统；多线束激光雷达主要用于制作无人驾驶汽车的高精度地图，并进行道路和车辆的识别等。

图 4-1 所示为 40 线束机械式激光雷达，雷达外壳内有 40 对固定安装在转子上的激光发射器和激光接收器，通过电机旋转进行水平 360° 的扫描。该激光雷达探测距离为 0.3～200 m，水平视场角为 360°，垂直视场角为 -16°～7°，线束 1～6 相邻两条线之间的垂直角分辨率为 1°，线束 6～30 相邻两条线之间的垂直角分辨率为 0.33°，线束 30～40 相邻两条线之间的垂直角分辨率为 1°。

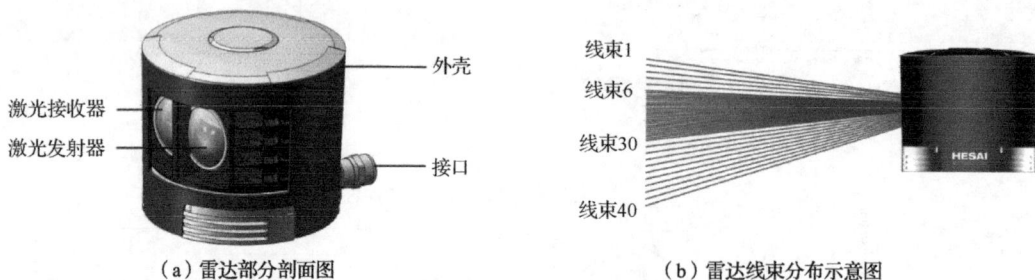

（a）雷达部分剖面图　　　　　　　　（b）雷达线束分布示意图

图 4-1　40 线束机械式激光雷达

二、激光雷达的特点

1. 激光雷达的优点

（1）探测范围广。探测距离可达 300 m 以上。

（2）分辨率高。激光雷达可以获得极高的距离、速度和角度分辨率。通常激光雷达的距离分辨率可达 0.1 m，速度分辨率能达到 10 m/s 以内，角度分辨率不低于 0.1 mard，也就是说可以分辨 3 km 距离内相距 0.3 m 的两个目标,并可同时跟踪多个目标。

(3)信息量丰富。可直接获取探测目标的距离、角度、反射强度、速度等信息,生成目标多维度图像。

(4)可全天候工作。激光主动探测,不依赖于外界光照条件或目标本身的辐射特性,它只需发射自己的激光束,通过探测发射激光束的回波信号来获取目标信息。

2. 激光雷达的缺点

(1)与毫米波雷达相比,产品体积大,成本高。

(2)不能识别交通标志和交通信号灯。

三、激光雷达的测距原理

激光雷达的测距原理是通过测算激光发射信号与激光回波信号的往返时间,从而计算出目标的距离。首先,激光雷达发出激光束,激光束碰到障碍物后被反射回来,被激光接收系统进行接收和处理,从而得知激光从发射至被反射回来并接收之间的时间,即激光的飞行时间,根据飞行时间,可以计算出障碍物的距离。

根据所发射激光信号的不同形式,激光测距方法有脉冲测距法、干涉测距法和相位测距法等。

1. 脉冲测距法

用脉冲法测量距离时,首先激光器发出一个光脉冲,同时设定的计数器开始计数,当接收系统接收到经过障碍物反射回来的光脉冲时停止计数。计数器所记录的时间就是光脉冲从发射到接收所用的时间。光速是一个固定值,所以只要得到发射到接收所用的时间就可以算出所要测量的距离。如图 4-2 所示。

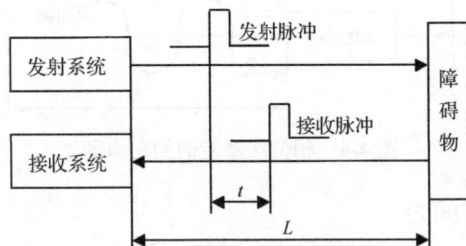

图 4-2　脉冲法激光的测距原理

设 c 为光在空气中传播的速度,$c=3×10^8$ m/s,光脉冲从发射到接收的时间为 t,则待测距离为 $L=ct/2$。

脉冲式激光测距所测得距离比较远,发射功率较高,一般从几瓦到几十瓦不等,最大射程可达几十千米。脉冲激光测距的关键之一是对激光飞行时间的精确测量。激光脉冲测量的精度和分辨率与发射信号带宽或处理后的脉冲宽度有关,脉冲越窄,性能越好。

2. 干涉测距法

干涉测距法的基本原理是利用光波的干涉特性而实现距离测量的方法。根据干涉原理,产生干涉现象的条件是两列有相同频率、相同振动方向的光相互叠加,并且这两列光的相位差固定。

干涉法激光的测距原理如图 4-3 所示,通过激光器发射出一束激光,通过分光镜分为两束相干光波，两束光波各自经过反射镜 M_1 和 M_2 反射回来，在分光镜处又汇合到一起。由于两束光波的路程差不同，通过干涉后形成的明暗条纹也不同，因此传感器将干涉条纹转换为电信号之后，就可以实现测距。

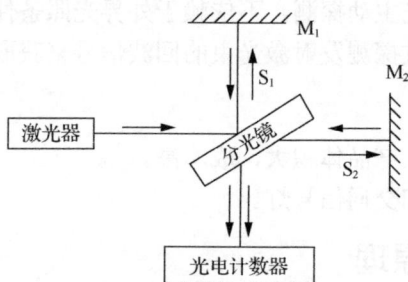

图 4-3　干涉法激光的测距原理

干涉法测距技术虽然已经很成熟，并且测量精度也很好，但是它一般是用在测量距离的变化中，不能直接用它测量距离，所以干涉测距一般应用于干涉仪、测振仪、陀螺仪中。

3. 相位测距法

相位法激光的测距原理是利用发射波和返回波之间所形成的相位差来测量距离的。首先经过调制的频率通过发射系统发出一个正弦波的光束，然后通过接收系统接收经过障碍物之后反射回来的激光。只要求出这两束光波之间的相位差，便可通过此相位差计算出待测距离。相位法激光的测距原理如图 4-4 所示。

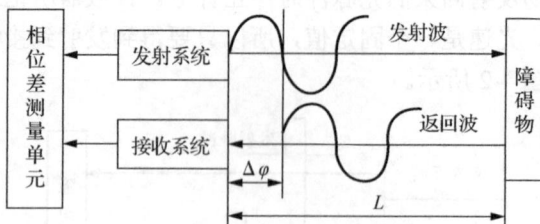

图 4-4　相位法激光的测距原理

激光从发射到接收的时间为

$$t = \frac{\Delta\varphi}{\omega} = \frac{\Delta\varphi}{2\pi f} \quad (4\text{-}1)$$

式中，t 为激光从发射到接收的时间；$\Delta\varphi$ 为发射波和返回波之间的相位差；ω 为正弦波角频率；f 为正弦波频率。

待测距离为

$$L = \frac{1}{2}ct = \frac{c\Delta\varphi}{4\pi f} \quad (4\text{-}2)$$

相位测距法由于其精度高、体积小、结构简单、昼夜可用的优点，因此被公认为是最有发展潜力的距离测量技术。相比于其他类型的测距方法，相位测距法是朝着小型化、高稳定性、方便与其他仪器集成的方向发展。

四、激光雷达的类型

激光雷达按有无机械旋转部件，可分为机械激光雷达、固态激光雷达和混合固态激光雷达。

1. 机械激光雷达

机械激光雷达带有控制激光发射角度的旋转部件，体积较大，价格昂贵，测量精度相对较高，一般置于汽车顶部。

激光雷达厂商威力登（Velodyne）的 HDL-64E 机械激光雷达如图 4-5 所示，它采用 64 线束激光规格，性能出众，能够描绘出周围空间的 3D 形态，精度极高，甚至能够探测出百米内人类的细微动作。

图 4-5　机械激光雷达

2. 固态激光雷达

固态激光雷达则依靠电子部件来控制激光发射角度，无须机械旋转部件，故尺寸较小，可安装于车体内。

国内某公司生成的固态激光雷达如图 4-6 所示，最大探测距离为 150 m，水平视场角为-60°～60°，垂直视场角为-12.5°～12.5°，视场角分辨率为 0.2°，尺寸为 120 mm×110 mm×50 mm，质量为 0.8 kg，可用于障碍物识别、障碍物识别分类、动态目标跟踪和可行驶区域识别。

图 4-6　固态激光雷达

为了降低激光雷达的成本，也为了提高可靠性，满足车规的要求，激光雷达的发展方向是从机械激光雷达转向固态激光雷达。

3. 混合固态激光雷达

混合固态激光雷达没有大体积旋转结构，采用固定激光光源，通过内部玻璃片旋转的方式改变激光光束方向，实现多角度识别的需要，并且采用嵌入式安装。

图 4-7 所示为国内某公司生产的 32 线混合固态激光雷达，最大探测距离为 200 m，水平视场角为 360°，垂直视场角为-25°～15°，尺寸为 H108.73 mm×φ114 mm，质量为 1.17 kg，可用于自动驾驶行驶区域的点云数据采集。

图 4-7　混合固态激光雷达

根据线束数量的多少，激光雷达又可分为单线束激光雷达与多线束激光雷达。

单线束激光雷达扫描一次只产生一条扫描线，其所获得的数据为 2D 数据，因此无法区别有关目标物体的 3D 信息。不过，由于单线束激光雷达具有测量速度快、数据处理量少等特点，因此多被应用于安全防护、地形测绘等领域。单线束激光雷达成本低，只能测量距离。

多线束激光雷达扫描一次可产生多条扫描线，目前市场上多线束激光雷达产品包括 4 线束、8 线束、16 线束、32 线束、64 线束等，其细分可分为 2.5D 激光雷达及 3D 激光雷达。2.5D 激光雷达与 3D 激光雷达最大的区别在于激光雷达垂直视野的范围，前者垂直视野范围一般不超过 10°，而后者可达到 30° 甚至 40° 以上，这也就导致两者对于激光雷达在汽车上的安装位置要求有所不同。

图 4-8 所示为美国威力登（Velodyne）公司开发的 64 线束、32 线束和 16 线束的多线束激光雷达。

（a）HDL-64E　　　　（b）HDL-32E　　　（c）VLP-16

图 4-8　多线束激光雷达

五、激光雷达的主要指标

激光雷达主要指标有最大探测距离、距离分辨率、测距精度、测量帧频、数据采样率、视场角、角度分辨率、波长等。

（1）最大探测距离。最大探测距离通常需要标注基于某一个反射率下的测得值，如白色反射体大概 70%反射率,黑色物体 7%~20%反射率。

(2)距离分辨率。距离分辨率是指两个目标物体可区分的最小距离。

(3)测距精度。测距精度是指对同一目标进行重复测量得到的距离值之间的误差范围。

(4)测量帧频。测量帧频与摄像头的帧频概念相同,激光雷达成像刷新帧频会影响激光雷达的响应速度,刷新率越高,响应速度越快。

(5)数据采样率。数据采样率是指每秒输出的数据点数,等于帧率乘以单幅图像的点云数目,通常数据采样率会影响成像的分辨率,特别是在远距离,点云越密集,目标呈现就越精细。

(6)视场角。视场角又分为垂直视场角和水平视场角,是激光雷达的成像范围。

(7)角度分辨率。角度分辨率是指扫描的角度分辨率,等于视场角除以该方向所采集的点云数目,因此本参数与数据采样率直接相关。

(8)波长。激光雷达所采用的激光波长,波长会影响雷达的环境适应性和对人眼的安全性。

国内某公司生产的 32/16 线激光雷达主要指标见表 4-1。

表 4-1　32/16 线激光雷达主要指标

型号		CH32	CH16
扫描通道		32 路	16 路
探测距离		100 m/150 m/200 m	
测距精度		±2 cm	
数据采样率		42.6 万点/s	21.3 万点/s
扫描频率		5~30 Hz	
视场角	水平	120°	
	垂直	−6.67°~3.67°	−4°~1°
角度分辨率	水平	5 Hz:0.045°/10 Hz:0.09°/20 Hz:0.18°/30 Hz:0.27°	
	垂直	0.33°	
激光波长		905 nm	
尺寸		155 mm×107.5 mm×90 mm	
质量		约 1.5 kg	

六、激光雷达的应用

少线束激光雷达与多线束激光雷达的用途不一样。

少线束激光雷达主要用于智能网联汽车 ADAS,如德国 IBEO 公司生产的 IBEO LUX(4线束)激光雷达,可用于自适应巡航控制系统、车道偏离预警系统、自动紧急制动系统、交通拥堵辅助系统等。

多线束激光雷达主要用于获取高精度电子地图、障碍物识别、可通行空间识别、障碍物轨迹预测等。

智能网联汽车分为 L1~L5 级,其中 L4 级和 L5 级的智能网联汽车必须使用多线束激光雷达,获取车辆周围行驶区域的点云,如图 4-9 所示。

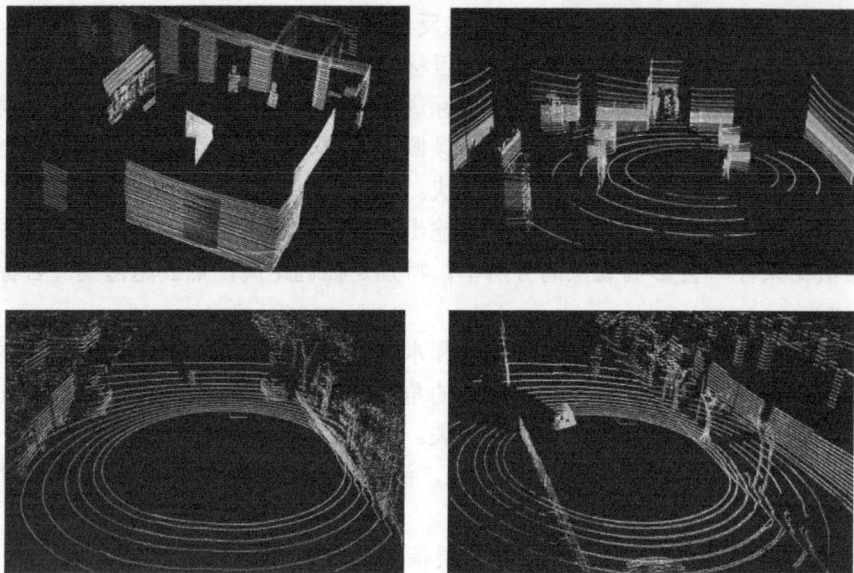

图 4-9　激光雷达获取的三维点云

图 4-10 所示为激光雷达识别的车辆跟踪图。

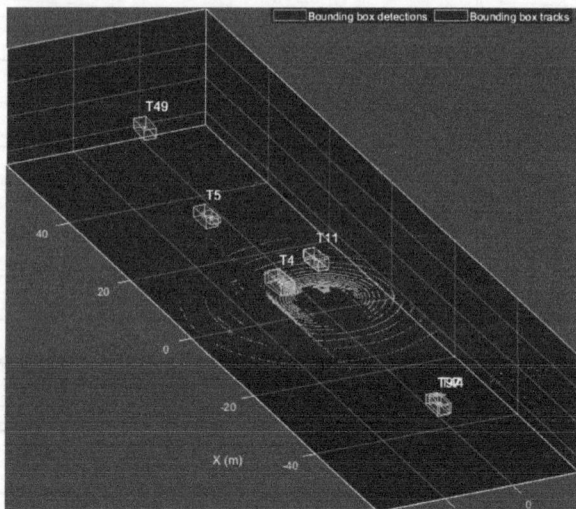

图 4-10　激光雷达识别的车辆跟踪图

学习任务 4.2　激光雷达函数

少线束激光雷达功能与毫米波雷达类似，可以使用雷达检测器函数。但对于多线束激光雷达，主要是获取行驶区域的三维点云和点云的处理。MATLAB 提供了三维点云处理方面的函数。

1.　创建三维点云函数

创建三维点云函数为 pointCloud，其调用格式为

```
ptCloud=pointCloud(xyzPoints)
ptCloud=pointCloud(xyzPoints,Name,Value)
```

其中，xyzPoints 为三维坐标点；Name 和 Value 为设置点云属性；ptCloud 为三维点云。

读取点云数据还有以下函数。

（1）从激光雷达 Velodyne PCAP 文件读取点云数据，其调用格式为

```
veloReader=velodyneFileReader(fileName,deviceModel)
veloReader=velodyneFileReader(fileName,deviceModel,'CalibrationFile',calibFile)
```

其中，fileName 为文件名；deviceModel 为 Velodyne 设备型号名称；CalibrationFile 为 Velodyne 校准 XML 文件名；veloReader 为文件读取器。

（2）从 PLY 或 PCD 文件读取三维点云，其调用格式为

```
ptCloud=pcread(filename)
```

其中，filename 为文件名；ptCloud 为存储的三维点云。

2. 激光雷达三维点云变换函数

激光雷达三维点云变换函数为 pctransform，其调用格式为

```
ptCloudOut=pctransform(ptCloudIn,tform)
ptCloudOut=pctransform(ptCloudIn,D)
```

其中，ptCloudIn 为指定三维点云；tform 为三维仿射几何变换；D 为位移场，即指定点云中每个点的平移量和方向；ptCloudOut 为转换后的三维点云。

3. 激光雷达数据分割函数

激光雷达数据分割函数为 segmentLidarData，其调用格式为

```
labels=segmentLidarData(ptCloud,distThreshold)
labels=segmentLidarData(ptCloud,distThreshold,angleThreshold)
[labels,numClusters]=segmentLidarData(___)
```

其中，ptCloud 为三维点云；distThreshold 为距离阈值；angleThreshold 为角度阈值；labels 为点云聚集标签；numClusters 为聚集数。

4. 查找点云半径内的邻居

查找点云半径内邻居的函数为 findNeighborsInRadius，其调用格式为

```
[indices,dists]=findNeighborsInRadius(ptCloud,point,radius)
[indices,dists]=findNeighborsInRadius(ptCloud,point,radius,camMatrix)
```

其中，ptCloud 为三维点云；point 为查询点；radius 为搜索半径；camMatrix 为摄像机投影矩阵；indices 为存储点索引；dists 为查询点距离。

5. 激光雷达数据分割地面点

从激光雷达数据中分割地面点的函数为 segmentGroundFromLidarData，其调用格式为

```
groundPtsIdx=segmentGroundFromLidarData(ptCloud)
groundPtsIdx=segmentGroundFromLidarData(ptCloud,Name,Value)
```

其中，ptCloud 为已知点云；Name 和 Value 为设置俯仰角差阈值和初始俯仰角阈值；groundPtsIdx 为地面点。

学习任务 4.3 激光雷达仿真实例

【例 4-1】利用已有激光雷达数据寻找地平面和车辆周围的障碍物，目的是规划汽车的可行驶区域。

解：本实例分以下步骤。

（1）显示激光三维点云。在 MATLAB 命令行窗口输入以下程序。

```
1   fileName='lidarData_ConstructionRoad.pcap';    %数据文件名称
2   deviceModel='HDL32E';                          %设备型号名称
3   veloReader=velodyneFileReader(fileName,deviceModel);
                                                   %文件读取器
4   ptCloud=readFrame(veloReader);                 %读取点云数据
5   xlimits=[-25,45];ylimits=[-25,45];zlimits=[-20,20];  %设置点云显示区域坐标
6   lidarViewer=pcplayer(xlimits, ylimits, zlimits);     %显示点云显示区域坐标
7   xlabel(lidarViewer.Axes,'X(m)')                %定义 X 坐标轴标签
8   ylabel(lidarViewer.Axes,'Y(m)')                %定义 Y 坐标轴标签
9   zlabel(lidarViewer.Axes,'Z(m)')                %定义 Z 坐标轴标签
10  view(lidarViewer,ptCloud)                      %显示激光雷达三维点云
```

输出结果如图 4-11 所示。

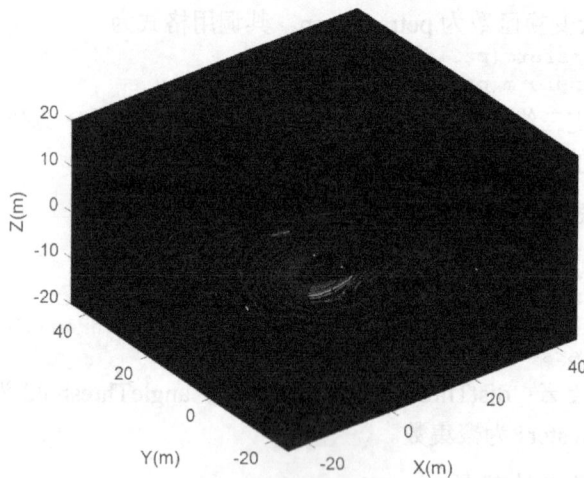

图 4-11 激光三维点云

（2）激光点云颜色映射。为了分割属于地平面、主车辆和附近障碍物的点，需要设置颜色标签，并进行颜色映射。在 MATLAB 命令行窗口再输入以下程序。

```
1   colorLabels=[0,0.4470,0.7410;0.4660 0.6740 0.1880; ...   %定义颜色标签
        0.929,0.694,0.125;0.635,0.078,0.1840];
2   colors.Unlabeled=1;                            %未标记点索引
3   colors.Ground=2;                               %地平面点索引
4   colors.Ego=3;                                  %主车辆点索引
5   colors.Obstacle=4;                             %障碍物点索引
6   colormap(lidarViewer.Axes, colorLabels)        %进行颜色映射
```

输出结果如图 4-12 所示。

（3）分割主车辆。在 MATLAB 命令行窗口再输入以下程序。

```
1   vehicleDims=vehicleDimensions();               %默认车辆尺寸
2   mountLocation=[vehicleDims.Length/2-vehicleDims.RearOverhang,...
                                                   %激光雷达安装位置
     0,vehicleDims.Height];
3   points=struct();                               %创建 points 数据结构
4   points.EgoPoints=helperSegmentEgoFromLidarData(...  %分割主车辆点函数
     ptCloud,vehicleDims, mountLocation);
5   closePlayer=false;                             %创建 closePlayer 结构
```

```
6    helperUpdateView(lidarViewer,ptCloud,points,colors,closePlayer);
                                                        %主车辆点云可视化函数
```

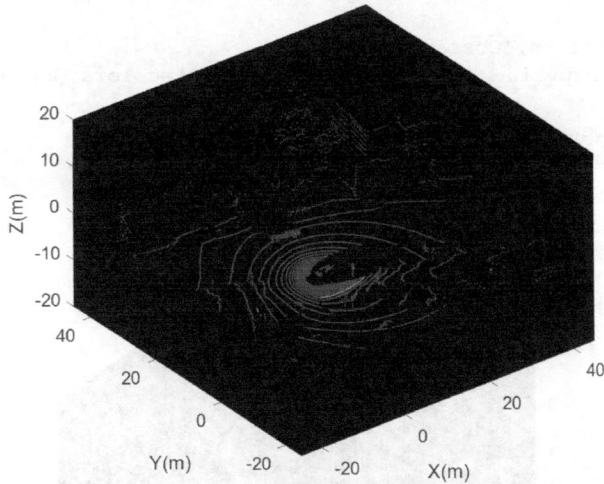

图 4-12 激光点云的颜色映射

helperSegmentEgoFromLidarData 函数程序如下。

```
1    function egoPoints=helperSegmentEgoFromLidarData(ptCloud,vehicleDims, mount
Location)
2    bufferZone=[0.1,0.1,0.1];
3    egoXMin=-vehicleDims.RearOverhang-bufferZone(1);
4    egoXMax=egoXMin+vehicleDims.Length+bufferZone(1);
5    egoYMin=-vehicleDims.Width/2-bufferZone(2);
6    egoYMax=egoYMin+vehicleDims.Width+bufferZone(2);
7    egoZMin=0-bufferZone(3);
8    egoZMax=egoZMin+vehicleDims.Height+bufferZone(3);
9    egoXLimits=[egoXMin,egoXMax];
10   egoYLimits=[egoYMin,egoYMax];
11   egoZLimits=[egoZMin,egoZMax];
12   egoXLimits=egoXLimits-mountLocation(1);
13   egoYLimits=egoYLimits-mountLocation(2);
14   egoZLimits=egoZLimits-mountLocation(3);
15   egoPoints=ptCloud.Location(:,:,1)>egoXLimits(1) ...
16       & ptCloud.Location(:,:,1)<egoXLimits(2) ...
17       & ptCloud.Location(:,:,2)>egoYLimits(1) ...
18       & ptCloud.Location(:,:,2)<egoYLimits(2) ...
19       & ptCloud.Location(:,:,3)>egoZLimits(1) ...
20       & ptCloud.Location(:,:,3)<egoZLimits(2);
21   end
```

helperUpdateView 函数程序如下。

```
1    function isPlayerOpen=helperUpdateView(lidarViewer,ptCloud,points,colors,close
Player)
2    if closePlayer
3        hide(lidarViewer);
4        isPlayerOpen=false;
5        return;
6    end
7    scanSize=size(ptCloud.Location);
8    scanSize=scanSize(1:2);
9    colormapValues=ones(scanSize,'like',ptCloud.Location)*colors.Unlabeled;
10   if isfield(points,'GroundPoints')
11       colormapValues(points.GroundPoints)=colors.Ground;
```

```
12   end
13   if isfield(points,'EgoPoints')
14        colormapValues(points.EgoPoints)=colors.Ego;
15   end
16   if isfield(points,'ObstaclePoints')
17        colormapValues(points.ObstaclePoints)=colors.Obstacle;
18   end
19   view(lidarViewer,ptCloud.Location,colormapValues)
20   isPlayerOpen=isOpen(lidarViewer);
21   end
```

输出结果如图 4-13 所示。

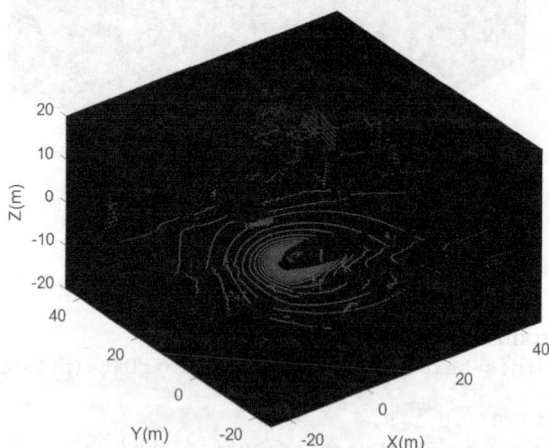

图 4-13　分割主车辆

（4）分割地平面。为了从激光雷达数据中检测障碍物，首先对地平面进行分段，从有组织的激光雷达数据中分割出属于地平面的点。在 MATLAB 命令行窗口再输入以下程序。注意，该程序要放在 helperSegmentEgoFromLidarData 函数程序之前。

```
1    elevationDelta=10;                                        %设地面高度
2    points.GroundPoints=segmentGroundFromLidarData(...        %分割地面
     ptCloud,'ElevationAngleDelta', elevationDelta);
3    helperUpdateView(lidarViewer,ptCloud,points,colors,closePlayer);
                                                              %分割地平面的可视化
```

输出结果如图 4-14 所示。

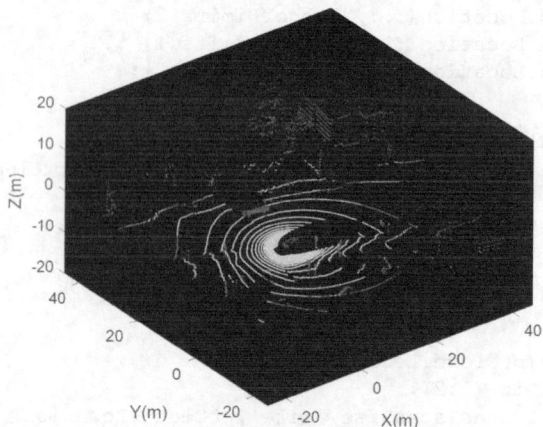

图 4-14　分割地平面

（5）分割障碍物。在 MATLAB 命令行窗口再输入以下程序。

```
1   nonEgoGroundPoints=~points.EgoPoints &~points.GroundPoints;
                                              %设车辆点和地面点
2   ptCloudSegmented=select(ptCloud,nonEgoGroundPoints, ...   %删除车辆点和地面点
    'OutputSize','full');
3   sensorLocation=[0,0,0];                   %传感器坐标原点
4   radius=40;                                %作用半径
5   points.ObstaclePoints=findNeighborsInRadius(ptCloudSegmented,...
                                              %查找半径内的点
        sensorLocation,radius);
6   helperUpdateView(lidarViewer,ptCloud,points,colors,closePlayer);
                                              %障碍物的可视化
```

输出结果如图 4-15 所示。

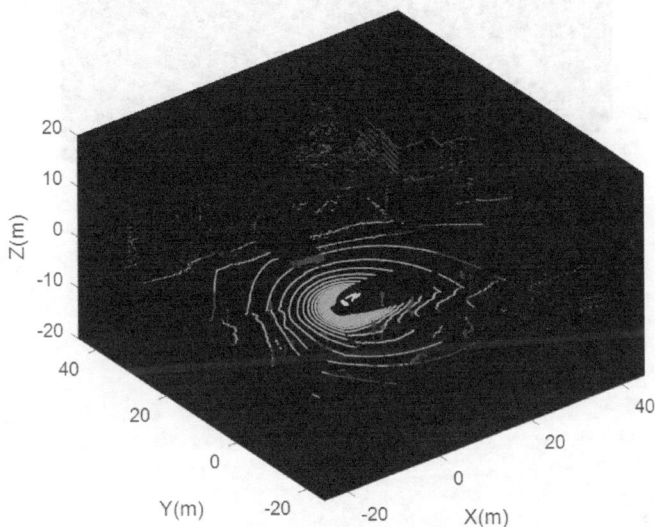

图 4-15　分割障碍物

（6）显示激光雷达数据处理结果。在 MATLAB 命令行窗口再输入以下程序。从激光雷达记录的数据序列中处理 20 s。

```
1    reset(veloReader);                         %文件读取器初始状态
2    stopTime=veloReader.StartTime+seconds(20); %设置停止时间
3    isPlayerOpen=true;                         %播放为真
4    while hasFrame(veloReader)&&veloReader.CurrentTime<... %判断数据处理条件
     stopTime&&isPlayerOpen
5    ptCloud=readFrame(veloReader);             %读取视频
6    points.EgoPoints=helperSegmentEgoFromLidarData(...   %分割主车辆点
     ptCloud,vehicleDims, mountLocation);
7    points.GroundPoints=segmentGroundFromLidarData(ptCloud, ...
                                               %分割地平面点
     'ElevationAngleDelta',elevationDelta);
8    nonEgoGroundPoints=~points.EgoPoints&~points.GroundPoints;
                                               %设主车辆和地平面点
9    ptCloudSegmented=select(ptCloud,nonEgoGroundPoints, ... %删除主车辆和地平面点
     'OutputSize','full');
10   points.ObstaclePoints=findNeighborsInRadius(ptCloudSegmented, ...
                                               %查找半径内的点
     sensorLocation,radius);
```

```
11    closePlayer=~hasFrame(veloReader);                          %关闭播放器
12    isPlayerOpen=helperUpdateView(lidarViewer,ptCloud,points, ... %更新显示
      colors,closePlayer);
13    end                                                          %结束
```

单击"Run"按钮，可以看到激光雷达 20 s 点云的变化，如图 4-16 所示。图中绿色为地面，红色为障碍物，蓝色为未标注物，黄色为装有激光雷达的汽车。

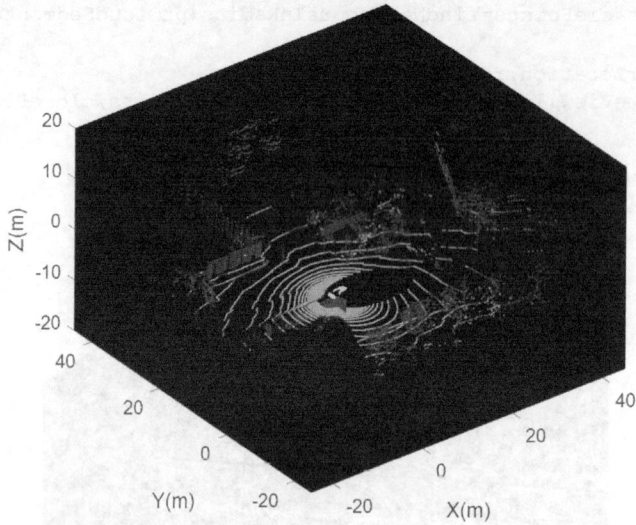

图 4-16　激光雷达点云识别

学习任务 5.1　车辆识别技术认知

一、车辆识别用传感器

前方车辆识别可以采用超声波传感器、毫米波雷达、激光雷达、视觉传感器等实现。超声波传感器原理简单，成本最低，但其测距精准性受室外温度影响大，衰减快，因此目前只适合短距离测距，主要用在泊车系统上；激光雷达价格贵，只有 L4 和 L5 级自动驾驶汽车才使用，因此实际应用中，常用的车辆识别传感器是毫米波雷达和视觉传感器。

由于高频率的毫米波雷达探测距离较远，因此在智能网联汽车中主要用于识别安全性要求较高的车辆，如自适应巡航控制系统、前方碰撞预警系统、自动制动辅助系统等，多数使用毫米波雷达识别前方的车辆。

采用视觉传感器进行车辆距离测量的方法较为复杂，图片数据量较大，需要采用以太网等数据传输方案，目前常用的视觉传感器有单目相机和双目相机两种。单目相机在距离测量过程中采用摄像机的焦距和事先确定的参数来估算车距，而双目相机测距是利用视差的原理，通过对两幅图像进行计算机分析和处理，确定物体的三维坐标，可采用"公垂线-中点法"计算与车辆之间的距离。鉴于视觉技术采集的信息量丰富，以及目前图像处理技术的巨大进步和计算能力已经能够保证图像处理实时性要求，价格低廉的视觉传感器方案也成为一种合适的选择。

为了提高可靠性，现在也采用毫米波雷达和视觉传感器相融合的方式识别车辆。例如，丰田预碰撞安全系统同时使用两个传感器，将毫米波雷达和单目摄像头两大功能合二为一，如图 5-1 所示。摄像头可以清晰直观地识别车辆，尤其是在白天、晴天和普通距离时候。毫米波雷达可以精确识别车辆的位置和速度，还可对远处车辆进行高精度识别，更大优势在于弥补摄像头的不足，在阴天、雨天和雾天，在摄像头敏感度下降时候表现出色，夜间行车则可以侦测到大灯照射之外的目标。在丰田技术精密协调之下，摄像头和毫米波雷达相融合，取长补短，覆盖从低速到高速、从白天到黑夜、从晴天到雨天的全路状况，时时刻刻监测危险目标，保障智能网联汽车的安全行驶。

二、基于视觉的目标识别

基于视觉的目标识别流程如图 5-2 所示，一般包括图像采集、图像预处理、图像特征提取、图像模式识别、结果传输等。根据具体识别对象和采用的识别方法不同，感知流程也会略有差异。

图 5-1　基于毫米波雷达和视觉传感器融合识别车辆

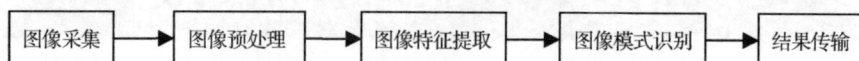

图像采集 → 图像预处理 → 图像特征提取 → 图像模式识别 → 结果传输

图 5-2　基于视觉的目标识别流程

1. 图像采集

图像采集主要是通过摄像头采集图像，根据具体研究对象和应用场合，选择性价比高的摄像头。摄像头包括 CCD 摄像头和 COMS 摄像头，同时要充分考虑车载的实际情况。

2. 图像预处理

图像预处理包含的内容较多，要根据具体实际情况进行选择。常见的图像预处理有图像压缩、图像增强于复原、图像分割等。

（1）图像压缩。图像压缩技术可以减少描述图像的数据量，以便节省图像传输、处理时间和减少所占用的存储器容量。压缩可以在不失真的前提下获得，也可以在允许失真的条件下进行。

比较常用的数字图像压缩方法有基于傅里叶变换的图像压缩算法、基于离散余弦变换的图像压缩算法、基于小波变换的图像压缩算法、基于 NNT（数论变换）的图像压缩算法、基于神经网络的图像压缩算法等。

（2）图像增强和复原。图像增强和复原的目的是提高图像的质量，如去除噪声，提高图像的清晰度等。

图像增强技术通常不考虑图像降质的原因，只将图像中感兴趣的特征有选择地突出，而衰减其不需要的特征，故改善后的图像不一定要去逼近原图像。从图像质量评价观点来看，图像增强的主要目的是提高图像的可懂度。

图像增强技术有两类方法：空域法和频域法。空域法主要在空域内对像素灰度值直接运算处理，如图像灰度变换、直方图修正、图像空域平滑和锐化处理、伪彩色处理等；频域法就是在图像的某种变换域内，对图像的变换值进行计算，如傅里叶变换等。

图像复原技术与增强技术不同，它需要了解图像降质的原因，一般要根据图像降质过程的某些先验知识建立降质模型，再用降质模型按照某种处理方法恢复或重建原来的图像。

（3）图像分割。图像分割就是把图像分成若干个特定的、具有独特性质的区域并提出感兴趣目标的技术和过程，它是图像处理和图像分析的关键步骤之一。图像分割方法主要有阈值分割法、区域分割法、边缘分割法和特定理论分割法等。

阈值分割法的关键是确定阈值，如果能够确定一个合适的阈值，就可准确地将图像分割开来。阈值的选择有全局阈值、自适应阈值和最佳阈值等。阈值确定后，将阈值与像素点的灰度值比较和像素分割可对各像素并行进行，分割的结果直接给出图像区域。阈值分割法计算简单、运算效率高、速度快，特别适用于灰度均匀、变化较小、不同目标背景差异较大的图像。

区域分割法是以像素与其周围的像素的相似度作为分割的标准。在图像上取一个像素作为种子，然后以这一点为中心向周围扩散，若周围的像素点灰度与这一点灰度的差值在允许范围内便认为它们是同一区域的。分割完一个区域后，再以同样的方法进行下一个区域的分割。该方法对一些自然景物分割效果较好。

边缘分割法是通过识别灰度级或结构突变进行分割的方法。在一副图像中，若某一点像素灰度值与周围的灰度值相差较大，就认为该点可能处于边界上。如果能找到更多这样的点，并将具有联通性的点连起来，就形成了边界。一种简单的边缘识别法就是利用微分算子，一般的算子有 Sobel 算子、Roberts 算子、Prewitt 算子、拉普拉斯算子等。另外，还有一些新发展起来的边缘分割法，如基于数学形态学的边缘分割法、基于遗传算法的边缘分割法、基于分形的边缘分割法等。

图像分割没有通用的自身理论，随着科学的发展，出现了一些与特定理论相结合的图像分割法，如基于聚类分析的图像分割法、基于模糊理论的图像分割法、基于小波变换的图像分割法、基于神经网络的图像分割法、基于图论的图像分割法等。

3. 图像特征提取

为了完成图像中目标的识别，要在图像分割的基础上提取需要的特征，并将某些特征计算、测量、分类，以便根据特征值进行图像分类和识别。

在图像识别中，常选以下特征。

（1）图像幅度特征。图像像素灰度值、RGB、HSI 和频谱值等表示的幅值特征是图像的最基本特征。

（2）直观性特征。图像的边沿、轮廓、纹理和区域等，这些都属于图像灰度的直观特征。它们的物理意义明确，提取比较容易，可以针对具体问题设计相应的提取算法。

（3）图像统计特征。图像统计特征主要有直方图特征、统计性特征（如均值、方差、能量、熵等）、描述像素相关性的统计特征（如自相关系数、协方差等）。

（4）图像几何特征。图像几何特征主要有面积、周长、分散度、伸长度、曲线的斜率和曲率、凸凹性、拓扑特性等。

（5）图像变换系数特征。如傅里叶变换系数、Hough 变换、Wavelet 变换系数、Gabor 变换、哈达玛变换、K–L 变换等。

此外，还有一些其他描述图像的特征，如纹理特征、三维几何结构描述特征等。

4. 图像模式识别

图像模式识别的方法很多，从图像模式识别提取的特征对象来看，图像识别方法可分为基于形状特征的识别方法、基于色彩特征的识别方法以及基于纹理特征的识别方法等。

（1）基于形状特征的识别方法。基于形状特征的识别方法关键是找到图像中对象形状及对此进行描述，形成可视特征矢量，以完成不同图像的分类，常用来表示形状的变量有形状的周长、面积、圆形度、离心率等。

（2）基于色彩特征的识别方法。基于色彩特征的识别方法主要针对彩色图像，通过色彩直方图具有的简单且随图像的大小、旋转变换不敏感等特点进行分类识别。

（3）基于纹理特征的识别方法。基于纹理特征的识别方法是通过对图像中非常具有结构规律的特征加以分析或者是对图像中的色彩强度的分布信息进行统计来完成。

根据模式特征选择及判别决策方法的不同，图像模式识别方法可分为统计模式（决策理论）识别方法、句法（结构）模式识别方法、模糊模式识别方法和神经网络模式识别方法等。

（1）统计模式识别方法。统计模式识别是目前最成熟也是应用最广泛的方法，它是以数学上的决策理论为基础建立统计模式识别模型。其基本模型是对被研究图像进行大量统计分析，找出规律性的认识，并选取出反映图像本质的特征进行分类识别。统计模式识别系统可分为两种运行模式：训练和分类。训练模式中，预处理模块负责将感兴趣的特征从背景中分割出来、去除噪声以及进行其他操作，特征选取模块主要负责找到合适的特征来表示输入模式；分类器负责训练分割特征空间。在分类模式中，被训练好的分类器将输入模式根据测量的特征分配到某个指定的类。

统计模式识别根据决策界是否直接得到将其分为几何方法和基于概率密度的方法。几何方法经常直接从优化一定的代价函数构造决策界，包括模板匹配法、距离分类法、线性判别函数、非线性判别函数等。其中，模板匹配法是模式识别中的一个最原始、最基本的方法，它将待识模式分别与各标准模板进行匹配，若某一模板与待识模式的绝大多数单元均相匹配，则称该模板与待识模式"匹配得好"，反之则"匹配得不好"，并取匹配最好的作为识别结果。基于概率密度的方法要首先估计密度函数然后构造分类函数指定决策界。

（2）句法模式识别方法。句法模式识别系统主要由预处理、基元提取、句法分析和文法推断等组成。由预处理分割的模式经基元提取形成描述模式的基元串（即字符串），句法分析根据文法推理所推断的文法，判决有序字符串所描述的模式类别，得到判决结果。

（3）模糊模式识别方法。模糊模式识别是根据人对事物识别的思维逻辑，结合人类大脑识别事物的特点，将二值逻辑转向连续逻辑。在图像识别领域应用时，该方法可以简化图像识别系统，并具有实用、可靠等特点。应用模糊方法进行图像识别的关键是确定某一类别的隶属函数，而各类的统计指标则由样本像元的灰度值和样本像元的隶属函数的值即隶属度共同决定。

（4）神经网络模式识别方法。神经网络模式识别源于对动物神经系统的研究，通过采用硬件或软件的方法，建立许多以大量处理单元为结点，各单元通过一定的模式实现互联的拓扑网络。该网络通过一定的机制，能够模仿人的神经系统的结构和功能。神经网络是一种全新的模式识别技术，它具有以下特点：神经网络具有分布式存储信息的特点；神经元能够独立运算和处理收到的信息，即系统能够并行处理输入的信息；具有自组织、自学习的能力。

5. 结果传输

通过视觉系统识别出的信息传输到车辆其他控制系统或者传输到车辆周围的其他车辆，完成相应的控制功能。

三、运动车辆识别技术

前方车辆识别是判断安全车距的前提，车辆识别的准确与否不仅决定了测距的准确性，而且决定了是否能够及时发现一些潜在的交通事故。

识别算法用于确定图像序列中是否存在车辆，并获得其基本信息，如大小、位置等。摄像头跟随车辆在道路上运动时，所获取道路图像中车辆的大小、位置和亮度等是在不断变化的。根据车辆识别的初始结果，对车辆大小、位置和亮度的变化进行跟踪。由于车辆识别时需要对所有图像进行搜索，因此算法的耗时较大。而跟踪算法可以在一定的时间和空间条件约束下进行目标搜索，还可以借助一些先验知识，因此计算量较小，一般可以满足预警系统的实时性要求。

目前用于识别前方运动车辆的方法主要有基于特征的识别方法、基于机器学习的识别方法、基于光流场的识别方法和基于模型的识别方法等。

1. 基于特征的识别方法

基于特征的识别方法是在车辆识别中最常使用的方法之一，又称为基于先验知识的识别方法。

对于行驶在前方的车辆，其颜色、轮廓、对称性等特征都可以用来将车辆与周围背景区别开来。因此，基于特征的车辆识别方法就以这些车辆的外形特征为基础从图像中识别前方行驶的车辆。当前常用的基于特征的方法有使用阴影特征的方法、使用边缘特征的方法、使用对称特征的方法、使用位置特征的方法和使用车辆尾灯特征的方法等。

（1）使用阴影特征的方法。前方运动车辆底部的阴影是一个非常明显的特征，通常的做法是先使用阴影找到车辆的候选区域，再利用其他特征或者方法对候选区域进行下一步验证。

（2）使用边缘特征的方法。前方运动车辆无论是水平方向上还是垂直方向上都有着显著的边缘特征，边缘特征通常与车辆所符合的几何规则结合起来运用。

（3）使用对称特征的方法。前方运动车辆在灰度化的图像中表现出较为明显的对称特征。一般来说，对称特征分为灰度对称和轮廓对称这两类特征。灰度对称特征一般指统计意义上的对称特征，而轮廓对称特征指的是几何规则上的对称特征。

（4）使用位置特征的方法。一般情况下，前方运动车辆存在于车道区域之内，所以在定位出车道区域的前提下，将识别范围限制在车道区域之内，不仅可以减少计算量，还能够提高识别的准确率。而在车道区域内如果识别到不属于车道的物体，一般都是车辆或者障碍物，对于驾驶员来说都是需要注意的目标物体。

（5）使用车辆尾灯特征的方法。在夜间驾驶场景中，前方运动车辆的尾灯是将车辆与背景区别出来的显著且稳定的特征。夜间车辆尾灯在图像中呈现的是高亮度、高对称性的红白色车灯对。利用空间以及几何规则能够判断前方是否存在车辆及其所在的位置。

因为周围环境的干扰和光照条件的多样性，如果仅仅使用一个特征实现对车辆的识别难以达到良好的稳定性和准确性，所以如果想获得较好的识别效果，目前都是使用多个特征相结合的方法完成对前方运动车辆的识别。

2. 基于机器学习的识别方法

前方运动车辆的识别其实是对图像中车辆区域与非车辆区域的定位与判断的问题。基于机器学习的识别方法一般需要从正样本集和负样本集提取目标特征，再训练出识别车辆区域与非车辆区域的决策边界，最后使用分类器判断目标。通常的识别过程是对原始图像进行不同比例的缩放，得到一系列的缩放图像，然后在这些缩放图像中全局搜索所有与训练样本尺度相同的区域，再由分类器判断这些区域是否为目标区域，最后确定目标区域并获取目标区域的信息。

机器学习的方法无法预先定位车辆可能存在的区域，因此只能对图像进行全局搜索，这样造成识别过程的计算复杂度高，无法保证识别的实时性。

3. 基于光流场的识别方法

光流场是指图像中所有像素点构成的一种二维瞬时速度场，其中的二维速度矢量是景物中可见点的三维速度矢量在成像表面的投影。通常光流场是摄像头、运动目标或二者在同时运动的过程中产生的。在存在独立运动目标的场景中，通过分析光流可以识别目标数量、目标运动速度、目标相对距离以及目标表面结构等。

光流分析的常用方法有特征光流法和连续光流法。特征光流法是在求解特征点处光流时，利用图像角点和边缘等进行特征匹配。特征光流法的主要优点是能够处理帧间位移较大的目标，对于帧间运动限制很小；降低了对于噪声的敏感性；所用特征点较少，计算量较小。主要缺点是难以从得到的稀疏光流场中提取运动目标的精确形状；不能很好地解决特征匹配问题。连续光流法大多采用基于帧间图像强度守恒的梯度算法，其中最为经典的算法是 L-K 法和 H-S 法。

光流场在进行运动背景下的目标识别时效果较好，但是也存在计算量较大、对噪声敏感等缺点。在对前方车辆进行识别尤其是车辆距离较远时，目标车辆在两帧之间的位移非常小，有时候仅移动一个像素，因此这种情况下不能使用连续光流法。另外车辆在道路上运动时，车与车之间的相对运动较小，而车与背景之间的相对运动较大，这就导致了图像中的光流包含了较多的背景光流，而目标车辆光流相对较少，因此特征光流法也不适用于前方车辆识别。但是在进行从旁边超过的车辆识别时，由于超越车辆和摄像头之间的相对运动速度较大，因此在识别从旁边超过的车辆时采用基于光流的方法效果较好。

4. 基于模型的识别方法

基于模型的识别方法是根据前方运动车辆的参数来建立二维或三维模型，然后利用指定的搜索算法来匹配查找前方车辆。这种方法对建立的模型依赖度高，但是车辆外部形状各异，难以通过仅建立一种或者少数几种模型的方法来对车辆实施有效的识别，如果为每种车辆外形都建立精确的模型，又将大幅增加识别过程中的计算量。

多传感器融合技术是未来车辆识别技术的发展方向。目前，在车辆识别中主要有两种融合技术：视觉和激光雷达传感器的融合技术、视觉和毫米波雷达传感器的融合技术。

图 5-3 所示为车辆的识别结果。

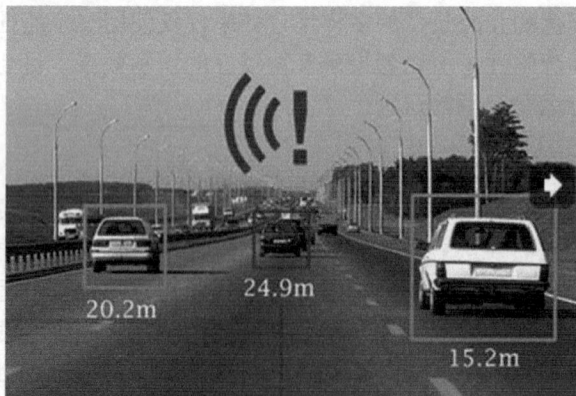

图 5-3　车辆的识别结果

学习任务 5.2　车辆识别函数和模块

一、车辆识别函数

1. ACF 车辆检测器

聚合通道特征（Aggregate channel features，ACF）是将多个通道特征结合到一起形成一种聚合特征，结合多通道特征包含的信息，能够高效描述车辆特征。

vehicleDetectorACF 为基于聚合通道特性（ACF）的车辆检测器函数，其调用格式为

```
detector=vehicleDetectorACF
detector=vehicleDetectorACF(modelName)
```

其中，modelName 为模型名称；detector 为 ACF 车辆检测器。

模型名称分为全视图模型和前后视图模型。全视图（full-view）模型使用的训练图像是车辆的前、后、左、右侧的图像；前后视图（front-rear-view）模型仅使用车辆前后侧的图像进行训练。

2. RCNN 车辆检测器

RCNN（Region-based Convolutional Neural Networks）是一种结合区域提名（Region Proposal）和卷积神经网络（CNN）的目标识别方法。

vehicleDetectorFasterRCNN 为基于 RCNN 的车辆检测器函数，其调用格式为

```
detector=vehicleDetectorFasterRCNN
detector=vehicleDetectorFasterRCNN(modelName)
```

其中，modelName 为模型名称，模型名称为全视图（full-view）模型，即使用的训练图像是车辆的前、后、左、右侧的图像；detector 为 RCNN 车辆检测器。

二、车辆动力学模块

MATLAB 提供了车辆动力学模块，它包括动力传动系模块（Powwertrain）、车轮与轮胎（Wheels and Tires）、转向模块（Steering）、悬架模块（Suspension）、车体模块（Vehicle Body）、车辆场景模块（Vehicle Scenarios）。自动驾驶仿真主要用到车体模块。车体模型如图 5-4 所示，它包括车辆道路总载荷（Vehicle Body Total Road Load）模型、单轨车辆 3 自由度（Vehicle Body 3DOF Single Track）模型、车辆纵向 1 自由度（Vehicle Body 1DOF Longitudinal）模型、双轨车辆 3 自由度（Vehicle Body 3DOF Dual Track）模型、车辆纵向 3 自由度（Vehicle Body 3DOF Longitudinal）模型和车辆 6 自由度（Vehicle Body 6DOF）模型。

常用的是单轨车辆 3 自由度模型，它又分为力输入模型和速度输入模型，如图 5-5 和图 5-6 所示，它们具有纵向、侧向和横摆运动 3 个自由度。

图 5-5 所示的力输入模型，输入为前轮转角（WhlAngF）、前轴上的总纵向力（FwF）、后轴上的总纵向力（FwR），输出为总线信号（Info）、车身纵向速度（xdot）、车身侧向速度（ydot）、绕 z 轴的旋转方向（psi）、横摆角速度（r）、前轴上的总垂直力（FzF）、后轴上的总垂直力（FzR）。

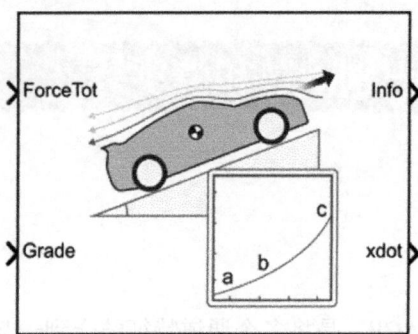

（a）车辆道路总载荷模型

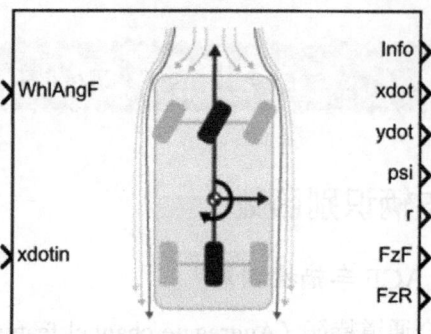

（b）单轨车辆 3 自由度模型

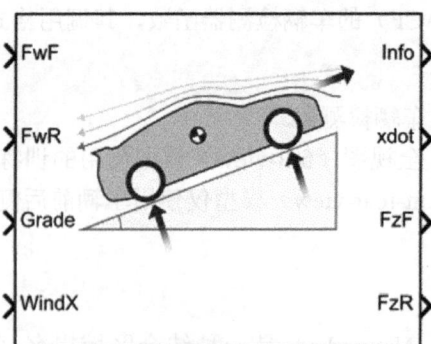

（c）车辆纵向 1 自由度模型

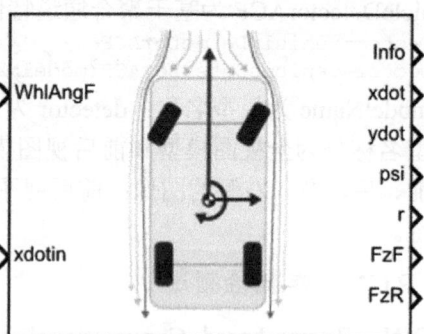

（d）双轨车辆 3 自由度模型

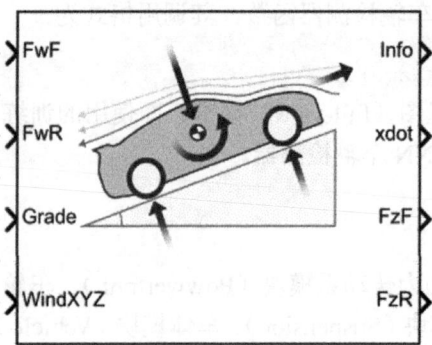

（e）车辆纵向 3 自由度模型

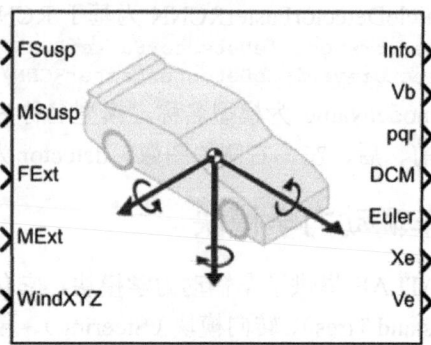

（f）车辆 6 自由度模型

图 5-4　车体模型

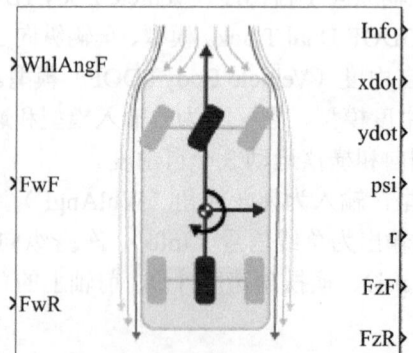

图 5-5　力输入模型

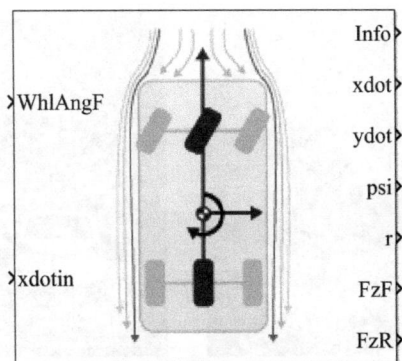

图 5-6　速度输入模型

图 5-6 所示的速度输入模型，输入为前轮转角（WhlAngF）、车辆纵向速度（xdotin），输出为总线信号（Info）、车身纵向速度（xdot）、车身侧向速度（ydot）、绕 z 轴的旋转方向（psi）、横摆角速度（r）、前轴上的总垂直力（FzF）、后轴上的总垂直力（FzR）。

车体模型设置界面如图 5-7 所示，有块选项（Block Options）和车辆参数（Vehicle Parameters），其中块选项有车辆轨道（Vehicle track）、轴力（Axle forces）、输入信号（Input signals）的设置，车辆参数有纵向（Longitudinal）、横向（Lateral）、横摆（Yaw）、空气动力学（Aerodynamic）、环境（Environment）、模拟（Simulation）的设置。

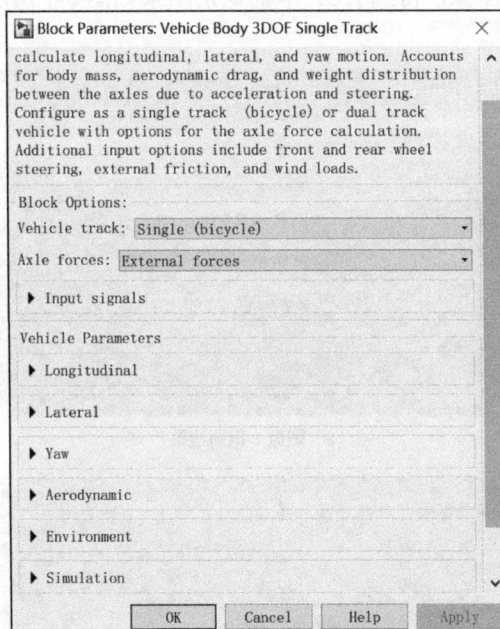

图 5-7　车体模型设置界面

学习任务 5.3　车辆识别仿真实例

【例 5-1】利用 ACF 车辆检测器识别图 5-8 中的车辆。

（a）图像1

（b）图像2

图 5-8　ACF 车辆识别原始图像

解： 在 MATLAB 命令行窗口输入以下程序。

```
1    detector=vehicleDetectorACF('front-rear-view');        %ACF 车辆检测器
2    I=imread('cl1.png');                                   %读取原始图像
3    [bboxes,scores]=detect(detector,I);                    %检测图像中车辆
4    I=insertObjectAnnotation(I,'rectangle',bboxes,scores...%将识别结果标注在图像上
     'FontSize',30);
5    imshow(I)                                              %显示识别结果
```

分别读取图 5-8 中的图像，得到 ACF 车辆识别结果如图 5-9 所示，图中数字代表识别置信度。

（a）图像1识别结果

（b）图像2识别结果

图 5-9　ACF 车辆识别结果

可以采用 detector=vehicleDetectorACF 或 detector=vehicleDetectorACF('full-view')形式的车辆检测器，对不同图像中的车辆进行识别。

【例 5-2】利用 RCNN 车辆检测器检测图 5-10 中的车辆。

（a）原始图像 1　　　　　　　　　　　　　（b）原始图像 2

图 5-10　RCNN 车辆识别原始图像

解：在 MATLAB 命令行窗口输入以下程序。

```
1  fasterRCNN=vehicleDetectorFasterRCNN('full-view');    %RCNN 车辆检测器
2  I=imread('c1.jpg');                                    %读取原始图像
3  [bboxes,scores]=detect(fasterRCNN,I);                  %识别图像中车辆
4  I=insertObjectAnnotation(I,'rectangle',bboxes,scores... %将识别结果标注在图像上
     'FontSize',40);
5  imshow(I)                                              %显示识别结果
```

分别读取图 5-10 中的图像，得到 RCNN 车辆识别结果如图 5-11 所示。

（a）图像 1 识别结果　　　　　　　　　　（b）图像 2 识别结果

图 5-11　RCNN 车辆识别结果

【例 5-3】使用视觉传感器识别视频中的车辆。

解：在 MATLAB 命令行窗口输入以下程序。

```
1  focalLength=[310,350];                                 %焦距
2  principalPoint=[320,250];                              %光学中心
3  imageSize=[480,640];                                   %图像尺寸
```

```
4    height=2.2;                                              %安装高度
5    pitch=14;                                                %俯仰角
6    intrinsics=cameraIntrinsics(focalLength,principalPoint,imageSize);
                                                              %内部参数
7    monCam=monoCamera(intrinsics,height,'Pitch',pitch);      %配置单目摄像机
8    vehicleWidth=[1.5,2.5];                                  %车辆宽度
9    detector=vehicleDetectorACF;                             %ACF车辆检测器
10   detectorMonoCam=configureDetectorMonoCamera(detector,monCam, ...
                                                              %目标检测器
      vehicleWidth);
11   videoFile='cl3.avi';                                     %视频文件
12   reader=vision.VideoFileReader(videoFile,'VideoOutputDataType','uint8');
                                                              %视频阅读器
13   videoPlayer=vision.VideoPlayer('Position',[100,400,250,200]);
                                                              %视频播放器
14   cont=~isDone(reader);                                    %判断是否阅读
15   while cont                                               %循环开始
16     I=reader();                                            %阅读视频
17     [bboxes,scores]=detect(detectorMonoCam,I);             %运行目标检测器
18     if ~isempty(bboxes)                                    %判断是否有边框
19       I=insertObjectAnnotation(I,'rectangle',bboxes,scores,'FontSize',30);
                                                              %将检测结果插入视频
20     end                                                    %结束
21     videoPlayer(I)                                         %播放视频
22     cont=~isDone(reader) && isOpen(videoPlayer);           %退出循环条件
23   end                                                      %循环结束
```

单击"Run"按钮，运行程序，可以看到视频中车辆的识别，如图 5-12 所示。

图 5-12　视频中车辆的识别

改变传感器的位置，可以得到不一样的识别结果。例如，设俯仰角为-5°，则识别不到车辆，如图 5-13 所示。

图 5-13　安装角度对车辆识别的影响

项目 6
行人识别技术

学习任务 6.1 行人识别技术认知

一、行人识别的定义

行人识别是采用安装在车辆前方的视觉传感器采集前方场景的图像信息，通过一系列复杂的算法分析处理这些图像信息，实现对行人的识别，如图 6-1 所示。

图 6-1 行人识别

行人识别是智能网联汽车先进驾驶辅助系统的重要组成部分。行人是道路交通的主体和主要参与者，由于其行为具有非常大的随意性，再加上驾驶员在车内视野变窄以及长时间驾驶导致的视觉疲劳，因此行人在交通事故中很容易受到伤害。行人识别的目的是能够及时准确地识别出车辆前方的行人，并根据不同危险级别提供不同的预警提示，如距离车辆越近的行人危险级别越高，提示音也应越急促，以保证驾驶员具有足够的反应时间，从而能够极大降低甚至避免撞人事故的发生。

二、行人识别的类型

根据所采用的视觉传感器的不同，可以将基于视觉的行人识别方法分为可见光行人的识别和红外行人的识别。

（1）可见光行人的识别。可见光行人的识别采用的视觉传感器为普通的光学摄像头，由于普通摄像头基于可见光进行成像，因此非常符合人的正常视觉习惯，而且硬件成本十分低廉。但是受到光照条件的限制，该方法只能应用在白天，在光照条件很差的阴雨天或夜间则无法使用。

（2）红外行人的识别。红外行人的识别采用红外热成像摄像头，利用物体发出的热红外线进行成像，不依赖于光照，具有很好的夜视功能，在白天和晚上都适用，尤其是在夜间以及光线较差的阴雨天具有无可替代的优势。

红外行人的识别相比可见光行人的识别，主要优势包括：红外摄像头靠感知物体发出的红外线（与温度成正比）进行成像，与可见光光照条件无关，对于夜间场景中的发热物体识别有明显的优势；行人属于恒温动物，温度一般会高于周围背景很多，在红外图像中表现为行人相对于背景明亮突出；由于红外成像不依赖于光照条件，因此对光照的明暗、物体的颜色变化以及纹理和阴影干扰不敏感。

三、行人识别的特征

行人识别特征的提取就是利用数学方法和图像处理技术从原始的灰度图像或者彩色图像中提取表征人体信息的特征，它伴随着分类器训练和识别的全过程，直接关系到行人识别系统的性能，因此行人识别特征提取是行人识别的关键技术。在实际环境中，由于行人自身的姿态不同、服饰各异和背景复杂等因素的影响，行人特征提取比较困难，因此选取的行人特征要健壮性比较好。目前行人识别特征主要有 HOG 特征、Haar 特征、Edgelet 特征和颜色特征等。

1. HOG 特征

HOG 特征的主要思想是用局部梯度大小和梯度方向的分布来描述对象的局部外观和外形，而梯度和边缘的确切位置不需要知道。

梯度方向直方图描述符一般有三种不同形式，如图 6-2 所示，3 种都是基于密集型的网格单元，用图像梯度方向的信息代表局部的形状信息。图 6-2（a）为矩形梯度方向直方图描述符，图 6-2（b）为圆形梯度方向直方图描述符，图 6-2（c）为单个中心单元的圆形梯度方向直方图描述符。

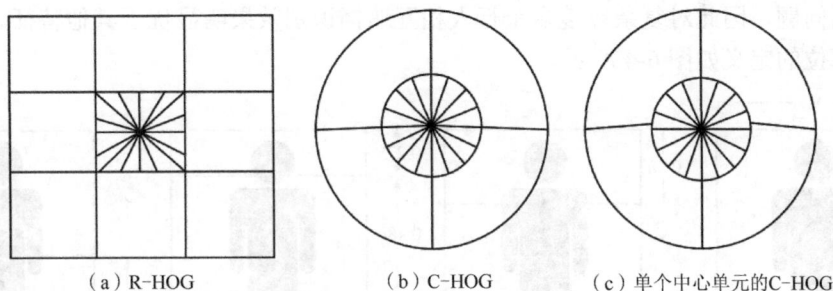

（a）R-HOG　　　　　　　　　（b）C-HOG　　　　　（c）单个中心单元的C-HOG

图 6-2　3 种梯度方向直方图描述符

2. Haar 小波特征

Haar 小波特征反应图像局部的灰度值变化，是黑色矩形与白色矩形在图像子窗口中对应区域灰度级总和的差值。Haar 小波特征计算方便且能充分地描述目标特征，常与 Adaboost 级联分类器结合，识别行人目标。

常用的 Haar 小波特征主要分为八种线性特征、四种边缘特征、两种中心特征和一种特定方向特征，如图 6-3 所示。

可以看出，Haar 小波特征都是由 2～4 个白色和黑色的矩形框构成。由该特征定义知，每一种特征的计算都是由黑色填充区域的像素值之和与白色填充区域的像素值之和的差值组成，这种差值就是 Haar 小波特征的特征值。实验表明，一幅很小的图像就可以提取成千上万的大量的 Haar 小波特征，这样就给算法带来了巨大的计算量，严重降低了识别 Haar 和分类器的训练的速度。为了解决这些问题，可以在特征提取中引入积分图的概念，并应用到实际的对象识别框架中。

（a）线性特征　　　　　　　　　　　　　　　（b）边缘特征

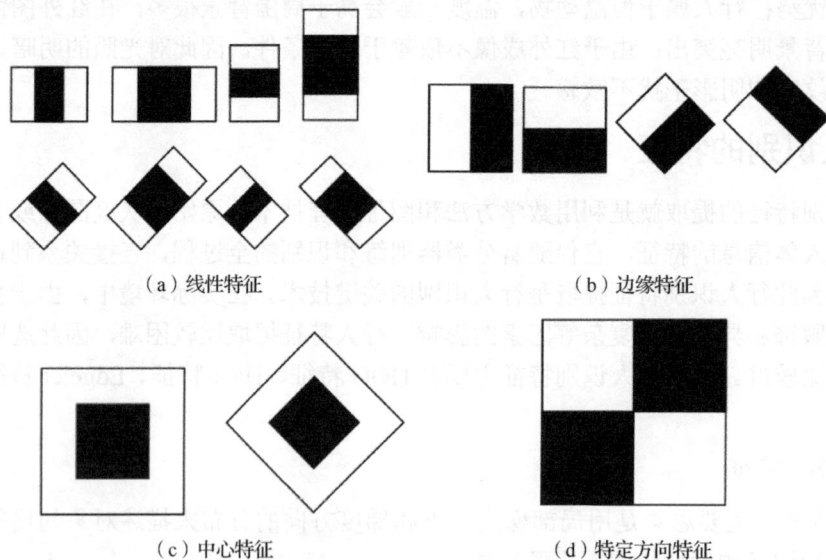

（c）中心特征　　　　　　　　　　　　（d）特定方向特征

图 6-3　常用的 Haar 小波特征

3．Edgelet 特征

Edgelet 特征描述的是人体的局部轮廓特征，该特征不需要人工标注，从而避免了重复计算相似的模板，降低了计算的复杂度。由于是对局部特征的识别，该算法能较好地处理行人之间的遮挡问题，因此对复杂环境多个行人相互遮挡识别效果明显优于其他特征。

人体部位的定义如图 6-4 所示。

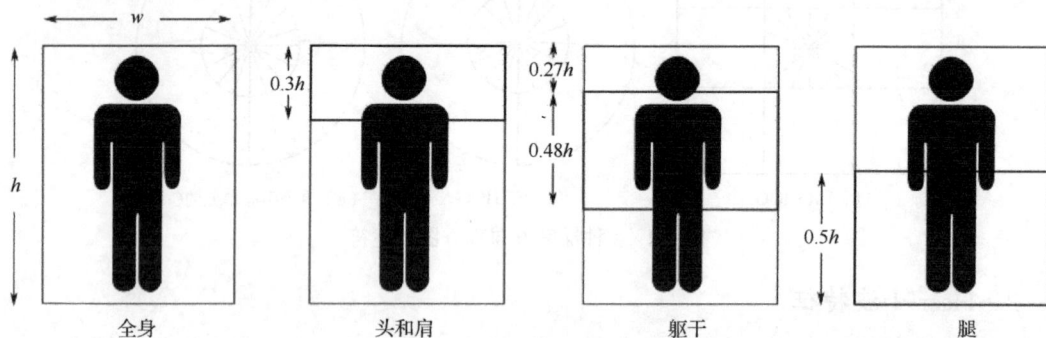

全身　　　　　　　　头和肩　　　　　　　　躯干　　　　　　　　腿

图 6-4　人体部位的定义

每一个 Edgelet 特征就是一条由边缘点组成且包含一定形状与位置信息的小边，主要有直线型、弧形和对称型三种形式的 Edgelet 特征，该方法是通过 Adaboost 算法筛选出一组能力强的 Edgelet 特征进行学习训练，识别行人的各个部位，如头、肩、躯干和腿，最后分析各个局部特征相互之间的关系来进行整体的行人识别。

4. 颜色特征

颜色特征具有较强的健壮性，图像中子对象方向和大小的改变对它影响不大。颜色给人以直观的视觉冲击，是最稳定、最可靠的视觉特征，颜色特征经常描述跟踪对象来实现目标的跟踪。

颜色特征提取与颜色空间和颜色直方图有关。颜色空间包括 RGB、HSV 和 HIS 等；颜色直方图表示的是整幅图像中不同颜色所占的比例，并不关心每种颜色所处空间位置，即无法描述图像中的对象。在运动目标的识别与跟踪中，颜色直方图有其独特的优点，即物体形变对其影响较小。由于颜色直方图不表示物体的空间位置，仅表示颜色，跟踪目标的颜色不变，形体发生变化不会影响颜色直方图的分布，因此应用颜色直方图作为特征进行行人跟踪，很好地改善了行人动作随意和形变较大的缺点。

上述 4 种特征各有优缺点，概括如下。

（1）HOG 特征是比较经典的行人特征，具有良好的光照不变性和尺度不变性，能较强地描述行人的特征，对环境适应性较强。但它也有其自身的不足，如特征维数较高和计算量大，难保证实时性。

（2）Haar 小波特征容易理解，计算简单，特别是引入积分图概念后，计算速度提高，实时性高，在稀疏行人且遮挡不严重的环境下识别效果较好。但是它对光照和环境遮挡等因素敏感，适应性差，不适合复杂易变的行人场景。

（3）Edgelet 特征表征的是人体局部轮廓特征，可以处理一定遮挡情况下的行人识别。但是该算法是要去匹配图像中所有相似形状的边缘，这样就需要耗费大量时间进行搜索，不能达到实时要求。

（4）颜色特征具有较强的健壮性，图像中子对象的方向和大小的改变对它影响不大，颜色给人以直观的视觉冲击，是最稳定和最可靠的视觉特征，常应用于行人跟踪领域。但是该特征容易受到背景环境的影响。

四、行人识别方法

目前，行人识别方法主要有基于特征分类的行人识别方法、基于模型的行人识别方法、基于运动特性的行人识别方法、基于形状模型的行人识别方法、小波变换和支持向量机以及神经网络方法等。

1. 基于特征分类的行人识别方法

基于特征分类的行人识别方法着重于提取行人的特征，通过特征匹配来识别行人目标，是目前较为主流的行人识别方法，主要有基于方向梯度直方图（HOG）特征的行人识别方法、基于小波（Haar）特征的行人识别方法、基于小边（Edgelet）特征的行人识别方法、基于形状轮廓模板特征的行人识别方法、基于部件特征的行人识别方法等。

2. 基于模型的行人识别方法

基于模型的行人识别方法通过建立背景模型来识别行人，常用的基于背景建模的行人识别方法有混合高斯法、核密度估计法和密码本（Codebook）法。

3. 基于运动特性的行人识别方法

基于运动特性的行人识别方法就是利用人体运动的周期性特性来确定图像中的行人。该方法主要针对运动的行人进行识别，不适合识别静止的行人。在基于运动特性的行人识别方法中，比较典型的算法有背景差分法、帧间差分法和光流法。

4. 基于形状模型的行人识别方法

基于形状模型的行人识别方法主要依靠行人的形状特征来识别行人，避免了背景变化和摄像机运动带来的影响，适合于识别运动和静止的行人。

5. 小波变换和支持向量机

行人识别主要是基于小波模板概念，按照图像中小波相关系数子集定义目标形状的小波模板。系统首先对图像中每个特定大小的窗口以及该窗口进行一定范围的比例缩放得到的窗口进行小波（Harr）变换，然后利用支持向量机识别变换的结果是否可以与小波模板匹配，如果匹配成功则认为识别到一个行人。

6. 神经网络方法

神经网络方法在行人识别技术中的应用主要是对利用视觉信息探测到的可能含有行人的区域进行分类识别。首先利用立体视觉进行目标区域分割，然后合并和分离子目标候选图像满足行人尺寸和形状约束的子图像，最后将所有探测到的可能含有行人目标的方框区域输入到神经网络进行行人识别。

图 6-5 所示为行人的识别结果。

图 6-5　行人的识别结果

学习任务 6.2　行人识别函数

1. ACF 行人检测器

peopleDetectorACF 为基于聚合通道特性（ACF）的行人检测器函数，其调用格式为

```
detector=peopleDetectorACF
detector=peopleDetectorACF(name)
```

其中，name 为模型名称；detector 为 ACF 行人检测器。

2. 基于 HOG 特征识别行人

vision.PeopleDetector 为基于 HOG 特征识别行人的函数，其调用格式为

```
peopleDetector=vision.PeopleDetector
peopleDetector=vision.PeopleDetector(model)
```

```
peopleDetector=vision.PeopleDetector(Name,Value)
```

其中，model 为模型名称；Name 和 Value 用于设置属性；peopleDetector 为行人检测器。

与 vision.PeopleDetector 函数配套使用的命令格式为

```
bboxes=peopleDetector(I)
[bboxes,scores]=peopleDetector(I)
[___]=peopleDetector(I,roi)
```

其中，I 为输入图像；roi 为图像识别感兴趣区域；bboxes 为识别到的目标位置；scores 为识别置信度分数。

另外，MATLAB 也提供了人脸识别函数，即

```
faceDetector=vision.CascadeObjectDetector;
bboxes=faceDetector(I);
```

学习任务 6.3 行人识别仿真实例

【例 6-1】利用 ACF 行人检测器识别图 6-6 中的行人。

（a）图像 1

（b）图像 2

图 6-6 ACF 行人识别原始图像

解：在 MATLAB 命令行窗口输入以下程序。

```
1   I=imread('xr1.jpg');                                    %读取原始图像
2   [bboxes,scores]=detectPeopleACF(I);                     %识别图像中行人
3   I=insertObjectAnnotation(I,'rectangle',bboxes,scores);  %将识别结果标注在图像上
4   imshow(I)                                               %显示识别结果
```

分别读取图 6-6 中的图像，得到 ACF 行人识别结果如图 6-7 所示，图中数字代表识别置信度。

（a）图像1识别结果

（b）图像2识别结果

图 6-7　ACF 行人识别结果

【例 6-2】基于 HOG 特征识别图 6-8 中的行人。

（a）图像1

（b）图像2

图 6-8　HOG 行人识别原始图像

解： 在 MATLAB 命令行窗口输入以下程序。

```
1   peopleDetector=vision.PeopleDetector;          %HOG 行人检测器
2   I=imread('xr2.jpg');                           %读取原始图片
3   [bboxes,scores]=peopleDetector(I);             %识别图像中行人
4   I=insertObjectAnnotation(I,'rectangle',bboxes,scores);
                                                   %将识别结果标注在图像上
5   imshow(I)                                      %显示识别结果
```

分别读取图 6-8 中的图像，得到 HOG 行人识别结果如图 6-9 所示，图中数字代表识别置信度。

（a）图像 1 识别结果

（b）图像 2 识别结果

图 6-9　HOG 行人识别结果

【例 6-3】利用视觉传感器识别视频中的行人。

解： 利用视觉传感器识别和跟踪视频中的行人过程如下。

（1）定义摄像机内部参数和安装位置。

（2）加载预先训练的行人检测器。

（3）设置多目标跟踪器。

（4）运行每个视频帧的检测器。

（5）计算检测跟踪任务的成本。

（6）用识别结果更新跟踪器。

（7）在视频中显示跟踪结果。

在 MATLAB 命令行窗口输入以下程序。

```
1    d=load('TrackingDemoMonoCameraSensor.mat','sensor');          %加载配置好的摄像机
2    detector=peopleDetectorACF;                                   %ACF 行人检测器
3    pedWidth=[0.5,1.5];                                           %行人宽度范围
4    detector=configureDetectorMonoCamera(detector,d.sensor,pedWidth);
                                                                   %配置目标检测器
5    [tracker,positionSelector]=setupTracker();                    %初始化目标跟踪器
6    videoFile='xr1.mp4';                                          %视频文件
7    videoReader=VideoReader(videoFile);                           %视频阅读器
8    videoPlayer=vision.DeployableVideoPlayer();                   %视频显示器
9    currentStep=0;                                                %当前步为 0
10   snapshot=[];                                                  %快照
11   snapTimeStamp=107;                                            %快照时间戳
12   cont=hasFrame(videoReader);                                   %视频帧
13   while cont                                                    %循环开始
14       currentStep=currentStep+1;                                %更新帧计数器
15       frame=readFrame(videoReader);                             %阅读下一帧
16       detections=detectObjects(detector,frame,currentStep);     %运行目标识别
17       if currentStep==1                                         %如果当前步等于1
18       costMatrix=zeros(0,numel(detections));                    %成本矩阵
19       [confirmedTracks, ~,allTracks]=updateTracks(tracker, ...
                                                                   %更新跟踪器
             detections,currentStep,costMatrix);
20       else                                                      %否则
21         costMatrix=detectionToTrackCost(allTracks,detections,...
                                                                   %计算跟踪成本
               positionSelector,tracker.AssignmentThreshold);
22       [confirmedTracks, ~,allTracks]=updateTracks(tracker,...
                                                                   %更新跟踪器
             detections, currentStep,costMatrix);
23       end                                                       %结束
24       confirmedTracks=removeNoisyTracks(confirmedTracks, ...    %去掉远处的行人跟踪
             positionSelector,d.sensor.Intrinsics.ImageSize);
25       frameWithAnnotations=insertTrackBoxes(frame, ...          %插入跟踪注释
             confirmedTracks,positionSelector,d.sensor);
26       videoPlayer(frameWithAnnotations);                        %显示带注释的方框
27       if currentStep==snapTimeStamp                             %判断当前时间
28           snapshot=frameWithAnnotations;                        %快照
29       end                                                       %结束
30       cont=hasFrame(videoReader) && isOpen(videoPlayer);        %关闭退出条件
31   end                                                           %循环结束
32   if ~isempty(snapshot)                                         %判断是否有快照
33       imshow(snapshot)                                          %显示快照
34   end                                                           %结束
```

利用视觉传感器识别视频中的行人还需要以下函数。

（1）setupTracker 函数。setupTracker 函数是创建一个基于卡尔曼滤波的多目标跟踪器。

```
1    function [tracker,positionSelector]=setupTracker()
2        tracker=multiObjectTracker('FilterInitializationFcn',@initBboxFilter,...
             'AssignmentThreshold',0.999,'NumCoastingUpdates',5,...
             'ConfirmationParameters',[3,5],'HasCostMatrixInput',true);
3        positionSelector=[1,0,0,0,0,0,0,0;0,0,1,0,0,0,0,0;0,0,0,0,1,0,0,0;0,0,
0,0,0,0,1,0];
4    end
```

（2）initBboxFilter 函数。initBboxFilter 函数是定义一个卡尔曼滤波器来过滤边界框测量。

```
1    function filter=initBboxFilter(Detection)
2    dt=1;
3    cvel=[1,dt;0,1];
4    A=blkdiag(cvel,cvel,cvel,cvel);
5    G1d=[dt^2/2;dt];
6    Q1d=G1d*G1d';
7    Q=blkdiag(Q1d,Q1d,Q1d,Q1d);
8    H=[1,0,0,0,0,0,0,0;0,0,1,0,0,0,0,0;0,0,0,0,1,0,0,0;0,0,0,0,0,0,1,0];
9    state=[Detection.Measurement(1);0;Detection.Measurement(2);0;...
           Detection.Measurement(3);0;Detection.Measurement(4);0];
10   L=100;
11   stateCov=diag([Detection.MeasurementNoise(1,1),L,Detection.MeasurementNoise
(2,2),L,...
           Detection.MeasurementNoise(3,3),L,Detection.MeasurementNoise(4,4),
L]);
12   filter=trackingKF('StateTransitionModel',A,'MeasurementModel',H,'State',
state,'StateCovariance',...
           stateCov,'MeasurementNoise', Detection.MeasurementNoise,'ProcessNoise',Q);
13   end
```

（3）detectObjects 函数。detectObjects 是识别图像中行人的函数。

```
1    function detections=detectObjects(detector,frame,frameCount)
2    bboxes=detect(detector,frame);
3    L=100;
4    measurementNoise=[L,0,0,0;0,L,0,0;0,0,L/2,0;0,0,0,L/2];
5    numDetections=size(bboxes,1);
6    detections=cell(numDetections,1);
7    for i=1:numDetections
8        detections{i}=objectDetection(frameCount,bboxes(i,:), ...
           'MeasurementNoise',measurementNoise);
9    end
10   end
```

（4）removeNoisyTracks 函数。removeNoisyTracks 函数的功能是去除跟踪噪声。如果跟踪的预测边界框太小，则将其视为噪声，通常这意味着这个人离得很远。

```
1    function tracks=removeNoisyTracks(tracks,positionSelector,imageSize)
2    if isempty(tracks)
3        return
4    end
5    positions=getTrackPositions(tracks,positionSelector);
6    invalid=(positions(:,1)<1|positions(:,1)+positions(:,3)>imageSize(2)|...
                    positions(:,3)<=5|positions(:,4)<=10);
7    tracks(invalid)=[];
8    end
```

（5）insertTrackBoxes 函数。insertTrackBoxes 函数表示在图像中插入边框，并显示跟踪行人的位置。

```
1    function I=insertTrackBoxes(I,tracks,positionSelector,sensor)
2    if isempty(tracks)
3        return
4    end
5    labels=cell(numel(tracks),1);
6    bboxes=getTrackPositions(tracks,positionSelector);
7    for i=1:numel(tracks)
8        box=bboxes(i,:);
9        xyImageLoc=[box(1)+box(3)/2, box(2)+box(4)];
10       xyImageLoc(1)=min(max(xyImageLoc(1),1),size(I, 2));
11       xyImageLoc(2)=min(xyImageLoc(2),size(I,1));
12       xyVehicle=imageToVehicle(sensor,xyImageLoc);
```

```
13              labels{i}=sprintf('x=%.1f,y=%.1f',xyVehicle(1),xyVehicle(2));
14        end
15      I=insertObjectAnnotation(I,'rectangle',bboxes,labels,'Color','yellow', ...
16            'FontSize',10,'TextBoxOpacity',.8,'LineWidth',2);
17   end
```

（6）detectionToTrackCost 函数。detectionToTrackCost 函数用于计算识别到跟踪分配的自定义成本。

```
1    function costMatrix=detectionToTrackCost(tracks,detections,positionSelector,
threshold)
2        if isempty(tracks)||isempty(detections)
3            costMatrix=zeros(length(tracks),length(detections));
4            return
5        end
6        trackBboxes=getTrackPositions(tracks,positionSelector);
7        trackBboxes(:,3)=max(eps,trackBboxes(:,3));
8        trackBboxes(:,4)=max(eps,trackBboxes(:,4));
9        allDetections=[detections{:}];
10       bboxes=reshape([allDetections(:).Measurement],4,length(detections))';
11       costMatrix=1-bboxOverlapRatio(trackBboxes,bboxes);
12       costMatrix(costMatrix(:)>threshold)=Inf;
13   end
```

单击"Run"按钮，运行程序，可以看到视频中的行人识别，如图 6-10 所示。

图 6-10   视觉传感器识别视频中的行人

项目 7
道路识别技术

学习任务 7.1　道路识别技术认知

一、道路识别的定义

道路识别就是把真实的道路通过激光雷达转换成汽车认识的道路,供自动驾驶汽车行驶;或通过视觉传感器识别出车道线,提供车辆在当前车道中的位置,帮助智能网联汽车提高行驶的安全性。

图 7-1 所示为激光雷达识别的道路,图 7-2 所示为视觉传感器识别的车道线。

图 7-1　激光雷达识别的道路

图 7-2　视觉传感器识别的车道线

二、道路识别的分类

根据道路构成特点,道路识别可以分为结构化道路识别和非结构化道路识别。

1. 结构化道路识别

结构化道路具有明显的车道标识线或边界，几何特征明显，车道宽度基本上保持不变，如城市道路、高速公路。结构化道路识别一般依据车道线的边界或车道线的灰度与车道明显的不同实现识别。结构化道路识别的方法对道路模型有较强的依赖性，且对噪声、阴影、遮挡等环境变化敏感。结构化道路识别技术比较成熟。

2. 非结构化道路识别

非结构化道路相对比较复杂，一般没有车道线和清晰的道路边界，或路面凹凸不平，或交通拥堵，或受到阴影和水迹的影响。多变的道路类型、复杂的环境背景以及阴影与变化的天气等都是非结构化道路识别方法所面临的困难，道路区域和非道路区域更难以区分，所以非结构化道路识别是无人驾驶汽车的难点。非结构化道路识别主要依据车道的颜色或纹理进行识别。

根据所用传感器的不同，道路识别分为基于视觉传感器的道路识别和基于雷达的道路识别。

（1）基于视觉传感器的道路识别。基于视觉传感器的道路识别就是通过视觉传感器采集道路图像，并通过算法处理道路图像，识别出车道线。

（2）基于雷达的道路识别。基于雷达的道路识别就是通过雷达采集道路信息，并通过算法处理信息，识别出车道线。

智能网联汽车的道路识别主要是基于视觉传感器。

三、道路图像的特点

复杂的道路环境和复杂的气候变化都会影响道路识别，道路图像具有以下特点。

1. 阴影条件下的道路图像

道路图像经常出现阴影，如图 7-3 所示。道路识别一般要先对道路的阴影进行识别和去除。阴影识别特征一是基于物体的特性，二是基于阴影的特性。前者通过目标的三维几何结构、已知场景和光源信息来确定阴影区域；后者通过分析阴影在色彩、亮度和几何结构等方面的特征来识别阴影。第一种方法局限性很大，获得场景、目标的三维结构信息并不是一件容易的事；而第二种方法则具有普遍性和实用性。

2. 强弱光照条件下的道路图像

光照可分为强光照射和弱光照射。强光照射造成的路面反射会使道路其余部分的像素的亮度变大，而弱光照射会使道路的像素变得暗淡。例如阴天，道路图像具有黑暗、车道线难辨别等特点，如图 7-4 所示。

图 7-3　阴影条件下的道路图像　　　　图 7-4　阴天的道路图像

3. 雨天条件下的道路图像

雨水对道路有覆盖，而且雨水能反光，如图 7-5 所示。

图 7-5　雨天的道路图像

4. 弯道处的道路图像

弯道的道路图像与直线道路图像相比，在建模上会有些复杂，但是并不影响道路图像的识别。弯道图像的彩色信息与普通图像的彩色信息差别不大，所以依然可以利用基于模型的道路图像进行建模，提取弯道曲线的斜率，从而进一步识别图像。车辆行驶的重要信息均来自近区域，而近区域视野的车道线可近似看成直线模型。图 7-6 所示为弯道的道路图像。

图 7-6　弯道的道路图像

四、图像特征的分类

要对图像中的物体进行分类，就需要先知道图像中各个部分的特征，利用这些特征作为划分的标准。从某种意义上说，特征的合适与否对分类的精确度起着决定性作用。图像中的特征最基本的是颜色，除此之外还有纹理、形状等个体特征以及空间位置关系这种整体特征。

1. 颜色特征

颜色特征就是对图像或者图像区域当中色彩的一个描述，它的特点是并不关注细节，不关注具体的某一个像素，而是从整体上来统计图像或者图像区域中的色彩。颜色特征有它自己的优点。例如，颜色是不会因为旋转图像发生变化的，即使是放大或者缩小图像，也一样不会有影响。但是颜色特征也不太适用于对图像中的某一局部进行描述。在图像处理中，常用的颜色特征包括颜色直方图、颜色集、颜色矩、颜色聚合向量等。

（1）颜色直方图。颜色直方图是对不同灰度级在图像中所占比例的一个统计分析，它的优点和缺点都在于它的计算与像素点的空间位置无关，而是一个完全的统计特性。这样一方面计算方便，对于不需要考虑空间位置的问题很适用；另一方面对于识别出物体的具体位置就显得不适用了，常用 RGB、HSV、HSI 等颜色空间下的图像来计算图像的颜色直方图。

RGB 模型也称为加色法混色模型，它是将彩色信息分成三个分量（R、G、B 分别代表红、绿、蓝），三个分量的不同组合可以表示出不同的颜色。RGB 模型可以建立在三维坐标系统中，三个坐标轴分别用 RGB 的三个分量 R、G、B 表示，RGB 模型如图 7-7 所示。

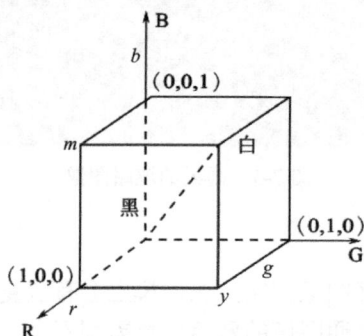

图 7-7　RGB 模型

RGB 模型的空间是一个正方体，原点代表黑色，对角顶点代表白色，RGB 颜色空间中的任意一种颜色可以用从原点的矢量表示。一般情况下，要将 RGB 颜色模型立方体归一化为单位立方体，此时 RGB 每个分量的值在[0, 1]之间。RGB 颜色模型的优点是看起来比较直观，缺点是 R、G、B 三个分量相互依赖，任何一个分量发生改变，都会影响到整体颜色的改变。

RGB 模型是人眼最直观的颜色模式，大多数彩色摄像头都是用 RGB 格式获取图像，能够直观地表示物体的色彩，是一种重要的颜色模型。

HSV 模型是用色调（H）、饱和度（S）和亮度（V）三种属性表达颜色特征。其中，色调是与混合光谱中的光的波长相联系的，反映了人们对颜色种类的感受；饱和度与色调的纯度有关，表示颜色的浓度；亮度表示人眼感受颜色的强弱程度，颜色中掺入白色越多就越明亮。这三种属性能够独立表达人们感受颜色的过程，互相不受影响，因此，HSV 模型也称为主观颜色模型。

HSV 模型如图 7-8 所示，也称六角锥体模型。色调 H 用绕中轴旋转的角度表示，取值范围为 0～360°，红色为 0°，按逆时针角度方向计算，绿色为 120°，蓝色为 240°；亮度 V 用垂直轴线上的大小表示，取值范围为 0～1.0；饱和度 S 用离中心轴线的距离表示，取值范围为 0～1.0。当 S=1 并且 V=1 时，得到纯色彩。

HSV 模型有两个显著特点：第一，在 HSV 模型中亮度分量 V 和色度分量 H 是相互独立的，V 分量与图像的颜色无关，只与图像的光照强度有关；第二，色调分量 H 及饱和度分量 S 互相独立，并且与人们感知色彩的方式紧密相连。这些优点使 HSV 模型可以充分发挥色度分量 H 的作用，适合基于人类的视觉系统对彩色图像分析的算法。

HSI 色彩模型较好地反映了人们的视觉系统对不同色彩的感知方式，在该模型中用色调（H）、色饱和度（S）及强度（I）三个基本分量来表达不同的颜色。H 与光波的波长紧密相关，不同的 H 值代表着不同的颜色，如当 H 值的取值范围为 0～360°时，红色、绿色和蓝色的 H 值分别为 0°、120° 和 240°；S 代表颜色的纯度，纯色是完全饱和的，颜色也最鲜艳，向纯光谱色中加入白光会降低饱和度；I 表示成像的亮度和图像的灰度，是一个主观的概念，表达了人类视觉对颜色明亮程度的感知。I 与图像的彩色信息无关，H 和 S 与人们感受颜色的方式紧密相连，因此，HSI 颜色模型得到了广泛的应用，成了颜色识别及分析的常用模型。

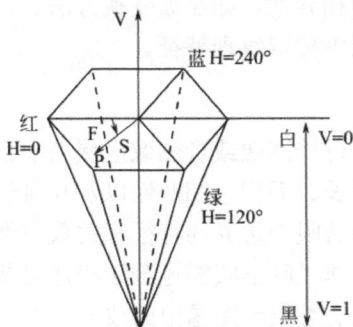

图 7-8　HSV 模型

（2）颜色集。颜色集可以看作是颜色直方图的一个变种。颜色集的计算需要在视觉均衡的颜色空间中进行，如 HSV 颜色空间。因此，计算时首先将 RGB 颜色空间转化到此颜色空间，然后把颜色空间分成若干个柄，再以色彩特征把图像划分成若干子图像。对于三个颜色分量，只保留其中一个量化此颜色空间，并用这个颜色分量作为索引，从而用一个二进制颜色索引集来表达完整的图像。

（3）颜色矩。颜色矩是用来表达图像或者图像区域中颜色分布的一种方法，常用的有三种，即颜色的一阶矩（均值）、二阶矩（方差）和三阶矩（偏斜度），它们可以比较充分地表达一幅图像或者图像区域中的色彩分布。

（4）颜色聚合向量。在求解颜色聚合向量时，首先要获取图像的直方图，然后利用它把其中每个柄的像素划分成两个部分。划分的方法是先给定一个阈值，然后统计柄当中部分像素占据的连续面积。如果它们大于这个阈值，那么这个区域当中的像素就是定义的聚合像素；反之，则不是。

2. 纹理特征

纹理特征给人的直观印象是图像当中色彩分布的某种规律性，它也是面向全局的。但是它和颜色特征还不太一样，它在对每个像素点进行讨论的时候，往往需要在此像素点的邻域内进行分析。纹理特征是不会因为图像的旋转而发生变化的，对于一些噪声也有比较好的适应性。但是它也有自己的缺点，比如当放大或者缩小图像的时候，纹理特征会发生变化，而且光线的变化也会对纹理特征产生影响。纹理特征提取方法有很多，如统计方法、结构方法、模型方法和信号处理方法等。

（1）统计方法。统计方法是基于像元及其邻域的灰度属性，研究纹理区域中的统计特性，或像元及其邻域内灰度的一阶、二阶或高阶统计特性，如灰度共生矩阵法。

（2）结构方法。结构方法是基于纹理基元分析纹理特征，着力找出纹理基元，认为纹理由许多纹理基元构成，不同类型的纹理基元、不同的方向和数目等决定了纹理的表现形式，如数学形态学法。

（3）模型方法。模型方法中，假设纹理是以某种参数控制的分布模型方式形成的，从纹理图像的实现来估计计算模型参数，以参数为特征或采用某种分类策略进行图像分割，如随机场模型法。

（4）信号处理方法。信号处理方法建立在时域、频域分析与多尺度分析基础上，对纹理图像中某个区域内实行某种变换后，再提取保持相对平稳的特征值，以此特征值作为特征表示区域内的一致性以及区域间的相异性，如小波变换方法。信号处理方法是从变换域中提取纹理特征，其他方法是从图像域中提取纹理特征。

3. 形状特征

形状特征的提出主要是为了讨论图像或者图像区域当中物体的各种形式的形状，这里的形状包含了图像或图像区域的周长、面积、凹凸性以及几何形状等特征。按照形状特征的关注点不同，一般把形状特征分为着眼于边界的特征和关系到整个区域的特征。比较成熟的形状特征描述方法有边界特征法、傅里叶形状描述符法和几何参数法。

（1）边界特征法。边界特征法着眼于图像中的边界，借以描述图像的形状，采用 Hough 变换提取直线和圆就是这类方法的典型应用。

（2）傅里叶形状描述符法。傅里叶形状描述符法是针对物体的边界进行傅里叶变换，因为边界有封装和周期性的特征，所以它可以把二维的问题降成一维。

（3）几何参数法。几何参数法是利用形状的定量计算来描述形状特征，计算的参数包括矩、面积、周长、圆度、偏心率等。

4. 空间关系特征

图像当中的物体是丰富多彩的，物体作为一个独立的个体会有它自己的特性，而从整体来看，物体和物体之间也会存在一定的联系，其中最直接的联系就是空间位置关系，如物体之间可能邻接，也可能是被其他物体间隔的。物体和物体之间可能有相互重叠的情况，也有互不关联的状况。在描述空间位置时，有时候用绝对的描述，如用具体图像中的坐标；也可以用相对的描述，如相对某一物体的左或者右等。空间位置关系的作用是加强了图像当中物体彼此区分的能力，但是存在的问题是空间位置关系随着图像的旋转会发生变化，而尺度的变化也同样会影响它的效果。正是因为这个特点，一般都要将空间位置关系和其他特征配合起来使用。

五、道路识别的流程

利用视觉传感器进行道路识别的流程主要是"原始图像采集→图像灰度化→图像滤波→图像二值化→车道线提取"，道路识别的流程如图 7-9 所示。

（a）原始图像采集　　　　　　　　　　　　（b）图像灰度化

图 7-9　道路识别的流程

（c）图像滤波

（d）图像二值化

（e）车道线提取

图 7-9　道路识别的流程（续）

六、道路识别的方法

为能在智能网联汽车的先进辅助驾驶系统中应用视觉识别技术，视觉识别必须具备实时性、健壮性、实用性这三个特点。实时性是指系统的数据处理必须与车辆的行驶速度同步进行；健壮性是指智能网联汽车上的机器视觉系统对不同的道路环境和变化的气候条件具有良好的适应性；实用性是指智能网联汽车先进驾驶辅助系统能够为普通用户所接受。

道路识别算法大体可以分为基于区域分割的识别方法、基于道路特征的识别方法和基于道路模型的识别方法。

1. 基于区域分割的识别方法

基于区域分割的识别方法是把道路图像的像素分为道路和非道路两类，分割的依据一般是颜色特征或纹理特征。基于颜色特征的区域分割方法的依据是道路图像中道路部分的像素与非道路部分的像素的颜色存在显著差别。根据采集到的图像性质，颜色特征可以分为灰度特征和彩色特征两类。灰度特征来自于灰度图像，可用的信息为亮度的大小；彩色特征除了亮度信息外，还包含色调和饱和度。基于颜色特征的车道识别的本质是彩色图像分割问题，主要涉及颜色空间的选择和采用的分割策略两个方面。当然，由于不同道路的彩色和纹理会有变化，道路的颜色也随时间变化而变化，因此基于区域的分割是一个很困难的问题。同时，路面区域分割方法大多计算量大，难以精确定位车道的边界。

2. 基于道路特征的识别方法

基于道路特征的识别方法主要是结合道路图像的一些特征，如颜色、梯度、纹理等特征，从所获取的图像中识别出道路边界或车道标识线，适合于有明显边界特征的道路。基于特征的车道识别过程一般分为两个阶段：第一个阶段为特征提取，主要是利用图像预处理技术、边缘识别技术提取属于车道线的像素集合，并利用相位技术确定车道线像素的方向；第二个阶段是特征聚合，即把车道线像素聚合为车道线，包括利用车道线宽度恒定的约束进行车道线局部聚合，再利用车道线平滑性约束以及平行行车道线交于消隐点的约束进行车道线的长聚合。

基于道路特征的车道线识别算法中的特征主要可以分为灰度特征和彩色特征。基于灰度特征的识别方法是从车辆前方的序列灰度图像中，利用道路边界和车道标识线的灰度特征而完成的对道路边界及车道标识线的识别；基于彩色特征的识别方法是从获取的序列彩色图像中，根据道路及车道标识线的特殊色彩特征来完成对道路边界和车道标识线的识别。目前应用较多的是基于灰度特征的识别方法。

基于道路特征的识别方法与道路形状没有关系，健壮性较好，但对阴影和水迹较为敏感，且计算量较大。

3. 基于道路模型的识别方法

基于道路模型的识别方法主要是基于不同的（2D 或 3D）道路图像模型，采用不同的识别技术（Hough 变换、模板匹配技术、神经网络技术等）对道路边界或车道线进行识别。

在道路平坦的假设前提下，道路图像中的车道线可以认为在同一平面上，这时道路模型有直线模型、多项式曲线模型、双曲线模型以及样条曲线模型等。目前最常用的道路几何模型是直线道路模型。

为了更准确地描述道路形状，提出了曲线道路模型。常用的曲线道路模型有同心圆曲线模型、二次曲线模型、抛物线模型、双曲线模型、直线—抛物线模型、线性双曲线模型、广义曲线模型、回旋曲线模型、样条曲线模型、圆锥曲线模型和分段曲率模型等。

4. 基于道路特征与模型相结合的识别方法

基于道路特征与模型相结合的识别方法的基本思想在于利用基于道路特征的识别方法在对抗阴影、光照变化等方面的健壮性，对待处理图像进行分割，找出其中道路区域，再根据道路区域与非道路区域的分割结果找出道路边界，并使用道路边界拟合道路模型，从而达到综合利用基于道路特征的识别方法与基于道路模型的识别方法的目的。

基于道路特征与模型相结合的识别方法能否取得好的识别效果，关键之处在于分割与拟合这两个过程。基于特征的分割过程能否准确地分割待处理图像的道路区域与非道路区域，将直接影响拟合的准确性；道路模型的拟合过程能否排除分割过程残留的噪声的影响，能否适应复杂环境中道路形状的变化，将直接影响道路识别的最终结果。因此，能否找到一种健壮性强的分割方法以及一种能适应多种道路形状变化的道路模型是算法成功的关键之处。

图 7-10 所示为车道线的识别结果。

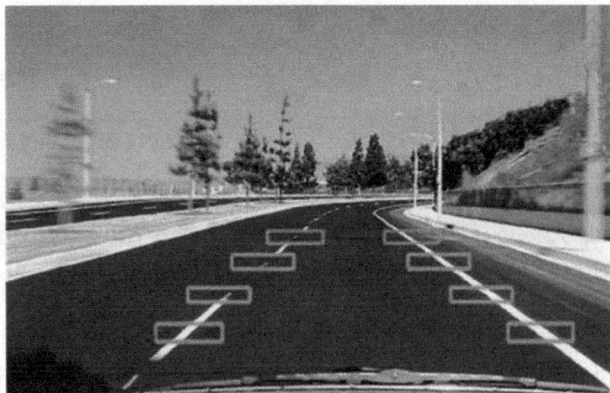

图 7-10　车道线的识别结果

学习任务 7.2　道路识别函数

1. 识别灰度图像中车道

segmentLaneMarkerRidge 为识别灰度图像中车道的函数，其调用格式为

```
birdsEyeBW=segmentLaneMarkerRidge(birdsEyeImage,birdsEyeConfig,aMarkerWidth)
birdsEyeBW=segmentLaneMarkerRidge(___,Name,Value)
```

其中，birdsEyeImage 为鸟瞰灰度图像；birdsEyeConfig 为将车道点从车辆坐标转换为图像坐标；aMarkerWidth 为车道近似宽度；Name 和 Value 为设置感兴趣区域（ROI）和灵敏度因子；birdsEyeBW 为识别的车道。

2. 抛物线车道边界模型

parabolicLaneBoundary 为创建抛物线车道边界模型的函数，其调用格式为

```
boundaries=parabolicLaneBoundary(parabolicParameters)
```

其中，parabolicParameters 为抛物线模型的系数；boundaries 为抛物线车道边界模型。

抛物线模型为 $y=Ax^2+Bx+C$，抛物线模型系数为 $[A,B,C]$。

3. 使用抛物线模型寻找车道边界

findParabolicLaneBoundaries 为使用抛物线模型寻找车道边界的函数，其调用格式为

```
boundaries=findParabolicLaneBoundaries(xyBoundaryPoints,approxBoundaryWidth)
[boundaries,boundaryPoints]=findParabolicLaneBoundaries(xyBoundaryPoints,appro
xBoundaryWidth)
[___]=findParabolicLaneBoundaries(___,Name,Value)
```

其中，xyBoundaryPoints 为候选车道边界点；approxBoundaryWidth 为车道近似宽度；Name 和 Value 为设置车道边界识别属性；boundaries 为车道边界模型；boundaryPoints 为车道边界点。

4. 三次方车道边界模型

cubicLaneBoundaryModel 为创建三次方车道边界模型的函数，其调用格式为

```
boundaries=cubicLaneBoundary(cubicParameters)
```

其中，cubicParameters 为三次方模型的系数；boundaries 为三次方车道边界模型。

三次方模型为 $y=Ax^3+Bx^2+Cx+D$，三次方模型系数为 $[A,B,C,D]$。

5. 用三次方模型寻找车道边界

findCubicLaneBoundaries 为用三次方模型寻找车道边界的函数，其调用格式为

```
boundaries=findCubicLaneBoundaries(xyBoundaryPoints,approxBoundaryWidth)
[boundaries,boundaryPoints]=findCubicLaneBoundaries(xyBoundaryPoints,approxBou
ndaryWidth)
[___] = findCubicLaneBoundaries(___,Name,Value)
```

其中，xyBoundaryPoints 为候选车道边界点；approxBoundaryWidth 为车道近似宽度；Name 和 Value 为设置车道边界识别属性；boundaries 为车道边界模型；boundaryPoints 为车道边界点。

6. 求车道边界坐标值

computeBoundaryModel 为已知车道边界 x 坐标求 y 坐标的函数，其调用格式为

```
yWorld=computeBoundaryModel(boundaries,xWorld)
```

其中，boundaries 为车道边界模型；xWorld 为车道边界的 x 坐标；yWorld 为车道边界的 y 坐标。

7. 在图像中插入车道边界

insertLaneBoundary 为在图像中插入车道边界的函数，其调用格式为

```
rgb=insertLaneBoundary(I,boundaries,sensor,xVehicle)
rgb=insertLaneBoundary(___,Name,Value)
```

其中，I 为输入图像；boundaries 为车道边界模型；sensor 为采集图像的传感器；xVehicle 为车道边界 x 轴位置；Name 和 Value 为设置车道边界的颜色和线宽；rgb 为带有边界线的图像。

学习任务 7.3　道路识别仿真实例

【例 7-1】利用识别灰度图像中车道的函数，识别图 7-11 中的车道线。

图 7-11　车道线原始图

解：在 MATLAB 命令行窗口输入以下程序。

```
1    load birdsEyeConfig                                    %加载鸟瞰图配置
2    I=imread('road.png');                                  %读取道路图像
3    birdsEyeImage=transformImage(birdsEyeConfig,I);        %道路图像转换鸟瞰图像
4    imshow(birdsEyeImage)                                  %显示鸟瞰图像
```

```
5    birdsEyeImage=rgb2gray(birdsEyeImage);              %鸟瞰图像转换灰度图像
6    figure                                              %设置图形窗口
7    imshow(birdsEyeImage)                               %显示灰度图像
8    aMarkerWidth=0.25;                                  %车道近似宽度
9    birdsEyeBW=segmentLaneMarkerRidge(birdsEyeImage, ... %识别灰度图像中车道
     birdsEyeConfig,aMarkerWidth);
10   figure                                              %设置图形窗口
11   imshow(birdsEyeBW)                                  %显示识别结果
```

输出结果如图 7-12 所示。

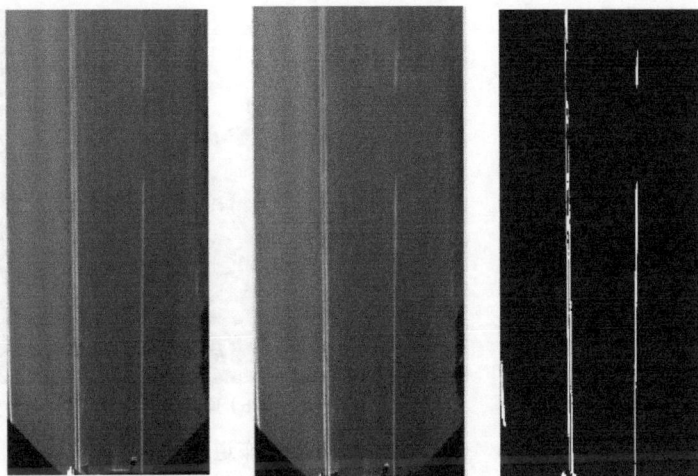

（a）鸟瞰图　　　　　（b）灰度图　　　　　（c）车道识别

图 7-12　识别图像中的车道

【例 7-2】使用抛物线车道边界模型查找图 7-11 中的车道，将识别出的车道标在鸟瞰图和原始图上。

解：在 MATLAB 命令行窗口输入以下程序。

```
1    I=imread('road.png');                               %读取道路图像
2    bevSensor=load('birdsEyeConfig');                   %加载鸟瞰图配置
3    birdsEyeImage=transformImage(bevSensor.birdsEyeConfig,I);
                                                         %道路图像转换鸟瞰图像
4    approxBoundaryWidth=0.25;                            %车道近似宽度
5    birdsEyeBW=segmentLaneMarkerRidge(rgb2gray(birdsEyeImage), ...
                                                         %识别灰度图像中车道
         bevSensor.birdsEyeConfig,approxBoundaryWidth);
6    [imageX,imageY]=find(birdsEyeBW);                   %查找图像边界点
7    xyBoundaryPoints=imageToVehicle(bevSensor.birdsEyeConfig, ...
                                                         %图像坐标转换为车辆坐标
     [imageY,imageX]);
8    boundaries=findParabolicLaneBoundaries(xyBoundaryPoints, ...
                                                         %查找边界
     approxBoundaryWidth);
9    XPoints=3:30;                                       %设置 X 点范围
10   BEconfig=bevSensor.birdsEyeConfig;                  %定义传感器
11   lanesBEI=insertLaneBoundary(birdsEyeImage,boundaries(1), ...
                                                         %插入左车道
     BEconfig,XPoints);
12   lanesBEI=insertLaneBoundary(lanesBEI,boundaries(2),BEconfig, ...
                                                         %插入右车道
```

```
                XPoints,'Color','green');
    13    imshow(lanesBEI)                                              %显示识别结果
    14    figure                                                        %设置图形窗口
    15    sensor=bevSensor.birdsEyeConfig.Sensor;                       %定义传感器
    16    lanesI=insertLaneBoundary(I,boundaries(1),sensor,XPoints);    %插入左车道
          lanesI=insertLaneBoundary(lanesI,boundaries(2), ...          %插入右车道
    17    sensor,XPoints,'Color','green');
    18    imshow(lanesI)                                                %显示识别结果
```

输出结果如图 7-13 所示。

（a）鸟瞰图　　　　　　　　　　　（b）原始图

图 7-13　使用抛物线模型寻找车道边界线

可以尝试使用三次方车道边界模型在图像中查找车道线。

【例 7-3】利用 MATLAB 对图 7-14 所示的两侧车道线进行识别。

图 7-14　车道线原始图像

解：本例车道线识别步骤如下。

（1）原始图像灰度变换。

（2）图像滤波处理。

（3）图像二值化处理。

（4）图像边缘识别。

（5）霍夫变换提取直线段。

（6）车道线识别结果绘制。

在 MATLAB 命令行窗口输入以下程序。

```matlab
1    ori=imread('roadline.jpg');                                    %读取原始图像
2    pic_gray=rgb2gray(ori);                                        %转换灰度图像
3    figure(1)                                                      %设置图形窗口 1
4    imshow(pic_gray)                                               %显示灰度图形
5    filter1_pic=medfilt2(pic_gray);                                %图像中值滤波
6    filter2_pic=filter2(fspecial('average',3),filter1_pic)/255;
                                                                    %图像滤波
7    figure(2)                                                      %设置图形窗口 2
8    imshow(filter2_pic)                                            %显示滤波图像
9    bw_pic=im2bw(filter2_pic);                                     %图像二值化
10   figure(3)                                                      %显示图形窗口 3
11   imshow(bw_pic)                                                 %显示图像二值化
12   verge_pic=edge(bw_pic,'canny');                                %边缘识别
13   figure(4)                                                      %设置图形窗口 4
14   imshow(verge_pic)                                              %显示边缘识别图像
15   [H,T,R]=hough(verge_pic);                                      %霍夫变换
16   figure(5)                                                      %设置图形窗口 5
17   imshow(H,[],'XData',T,'YData',R,'InitialMagnification','fit')
                                                                    %显示霍夫变换
18   xlabel('\theta 轴')                                            %设置坐标轴
19   ylabel('\rho 轴');                                             %设置坐标轴
20   axis on                                                        %打开坐标轴标签
21   axis normal                                                    %调节坐标轴纵横比
22   hold on;                                                       %保持图形
23   P=houghpeaks(H,2,'threshold',ceil(0.3*max(H(:))));             %寻找霍夫变换峰值
24   x=T(P(:,2));y=R(P(:,1));                                       %给 x、y 赋值
25   plot(x,y,'s','color','white')                                  %绘制 x、y
26   lines=houghlines(verge_pic,T,R,P,'FillGap',50,'MinLength',50);
                                                                    %寻找直线
27   figure(6)                                                      %设置图形窗口 6
28   imshow(verge_pic)                                              %显示车道线图像
29   hold on                                                        %保存图形
30   [h,w]=size(ori);                                               %原始图像尺寸
31   for k=1:length(lines)                                          %循环开始
32     xy=[lines(k).point1;lines(k).point2];                        %取 xy 值
33   X=[xy(1,1),xy(2,1)];                                           %X 坐标
34   Y=[xy(1,2),xy(2,2)];                                           %Y 坐标
35     p=polyfit(X,Y,1);                                            %曲线拟合
36     t=0:0.01:w;                                                  %设 t 取值范围
37   n=polyval(p,t);                                                %多项式曲线求值
38     plot(t,n,'LineWidth',5,'Color','green');                     %绘制车道线
39   end                                                            %循环结束
40   figure(7)                                                      %设置图形窗口 7
41   imshow(ori)                                                    %显示原始图像
42   hold on                                                        %保存图像
43   [h,w]=size(ori);                                               %原始图像尺寸
44   for k=1:length(lines)                                          %循环开始
45     xy=[lines(k).point1;lines(k).point2];                        %取 xy 值
46   X=[xy(1,1),xy(2,1)];                                           %X 坐标
47   Y=[xy(1,2),xy(2,2)];                                           %Y 坐标
48     p=polyfit(X,Y,1);                                            %曲线拟合
49     t=0:0.01:w;                                                  %设 t 取值范围
```

```
50  n=polyval(p,t);                              %多项式曲线求值
51    plot(t,n,'LineWidth',5,'Color','green');   %绘制车道线
52  end                                          %循环结束
```

输出结果如图 7-15 所示。

（a）灰度图像

（b）滤波图像

（c）二值化处理图像

图 7-15 车道线识别过程

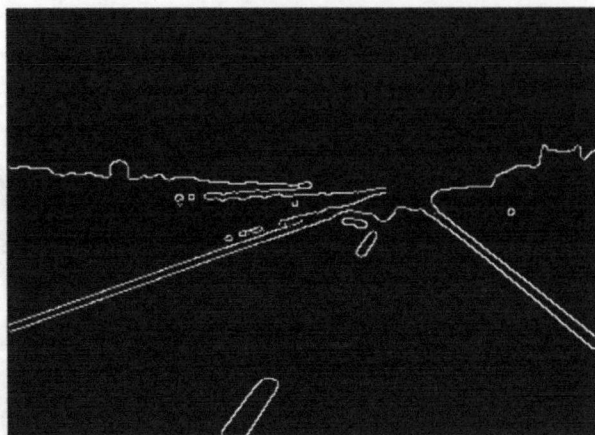

（d）边缘识别图像

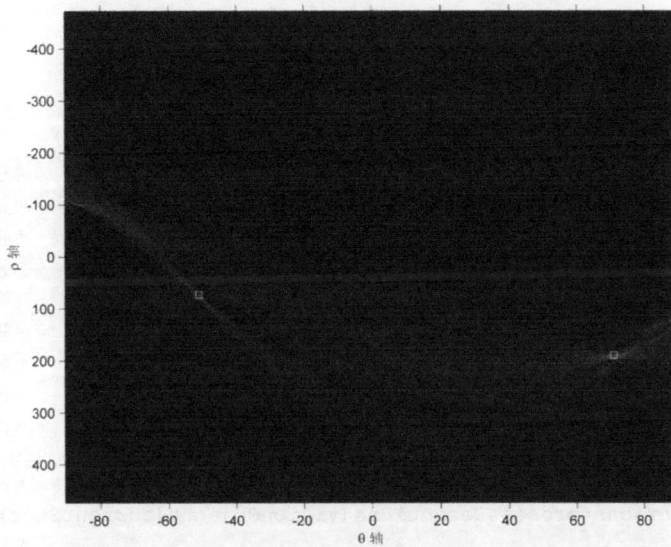

（e）霍夫变换图像

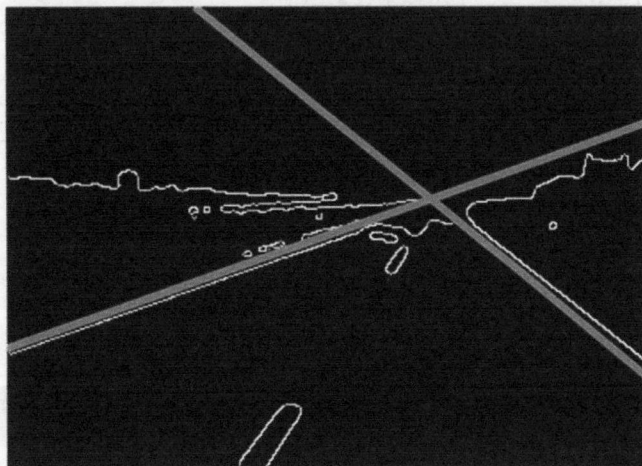

（f）车道线绘制

图 7-15　车道线识别过程（续）

（g）原始图像标注车道线识别

图 7-15　车道线识别过程（续）

【例 7-4】对视频中识别的车辆和车道线进行标注。

解：在 MATLAB 命令行窗口输入以下程序。

```
1    videoFile='sp1.mp4';                                    %视频文件
2    videoReader=VideoReader(videoFile);                     %视频阅读器
3    videoPlayer=vision.VideoPlayer;                         %视频播放器
4    time=8;                                                 %设置时间
5    videoReader.CurrentTime=time;                           %视频当前时间
6    frameWithoutAnnotations=readFrame(videoReader);         %视频帧
7    imshow(frameWithoutAnnotations);                        %显示原始视频帧
8    recordingFile='sp1.mat';                                %识别文件
9    [visionObjects,laneReports,timeStep,numSteps]=...       %读取识别文件
     readDetectionsFile(recordingFile);
10   currentStep=round(time/timeStep)+1;                     %计算当前步
11   videoDetections=processDetections(visionObjects(currentStep));
                                                             %目标识别
12   laneBoundaries=processLanes(laneReports(currentStep));  %车道边界
13   sensor=setupMonoCamera(videoReader);                    %设置单目摄像头
14   frameWithAnnotations=updateDisplay(frameWithoutAnnotations,...
                                                             %更新显示
     sensor,videoDetections, laneBoundaries);
15   imshow(frameWithAnnotations);                           %显示带注释的视频帧
16   currentStep=0;                                          %当前步重置为 0
17   videoReader.CurrentTime=0;                              %视频读取时间重置为 0
18   while currentStep < numSteps && hasFrame(videoReader)   %循环开始
19     currentStep=currentStep+1;                            %更新当前步
20     videoDetections=processDetections(...                 %目标识别
     visionObjects(currentStep),videoDetections);
21     laneBoundaries=processLanes(laneReports(currentStep)); %车道边界
22   frameWithoutAnnotations=readFrame(videoReader);         %视频帧
23   frameWithAnnotations=updateDisplay(frameWithoutAnnotations,...
                                                             %更新显示
     sensor,videoDetections,laneBoundaries);
24     videoPlayer(frameWithAnnotations);                    %视频播放
25   end                                                     %结束
```

对视频中识别的车辆和车道线进行标注，需要以下辅助函数。

（1）创建单目摄像机函数

```
1    function sensor=setupMonoCamera(vidReader)
2    focalLength=[1260,1100];
3    principalPoint=[360,245];
4    imageSize=[vidReader.height,vidReader.width];
5    intrinsics=cameraIntrinsics(focalLength,principalPoint,imageSize);
6    mountingHeight=1.45;
7    mountingPitch=1.25;
8    mountingRoll=0.15;
9    mountingYaw=0;
10   sensor=monoCamera(intrinsics,mountingHeight,'Pitch', mountingPitch, ...
         'Roll',mountingRoll,'Yaw',mountingYaw);
11   end
```

（2）更新显示函数

```
1    function frame=updateDisplay(frame,sensor,videoDetections,laneBoundaries)
2    bboxes=zeros(numel(videoDetections),4);
3    for i=1:numel(videoDetections)
4    xyLocation1=vehicleToImage(sensor,videoDetections(i).positions'+...
     [0,videoDetections(i).widths/2]);
5    xyLocation2=vehicleToImage(sensor,videoDetections(i).positions' - ...
     [0,videoDetections(i).widths/2]);
6        dx=xyLocation2(1)-xyLocation1(1);
7        if strcmp(videoDetections(i).labels,'Car')
8            dy=dx*0.85;
9        elseif  strcmp(videoDetections(i).labels,'Pedestrian')
10           dy=dx*3;
11       else
12           dy=dx;
13       end
14   bboxes(i,:)=[(xyLocation1-[0,dy]),dx,dy];
15   end
16   labels={videoDetections(:).labels}';
17   if ~isempty(labels)
18       frame=insertObjectAnnotation(frame,'rectangle',bboxes,labels,...
             'Color','yellow','FontSize',10,'TextBoxOpacity',.8,   'Line
Width',2);
19   end
20   xRangeVehicle=[1,100];
21   xPtsInVehicle=linspace(xRangeVehicle(1),xRangeVehicle(2),100)';
22   frame=insertLaneBoundary(frame,laneBoundaries(1),sensor,xPtsInVehicle,
'Color','red');
23   frame=insertLaneBoundary(frame,laneBoundaries(2),sensor,xPtsInVehicle,
'Color','green');
24   end
```

（3）读取记录的传感器识别文件函数

```
1    function [visionObjects,laneReports,timeStep,numSteps]=readDetectionsFile
(filename)
2    A=load(strcat(filename));
3    visionObjects=A.vision;
4    laneReports=A.lane;
5    timeStep=0.05;
6    numSteps=numel(visionObjects);
7    end
```

（4）处理视频车辆识别函数

```
1    function videoDetections=processDetections(visionData,videoDetections)
2    ClassificationValues={'Unknown','Unknown Small','Unknown Big', ...
         'Pedestrian','Bike','Car','Truck','Barrier'};
3    numVideoObjects=visionData.numObjects;
```

```
4    if numVideoObjects==0
5        if nargin==1
6            videoDetections=struct('positions',{},'labels',{},'widths',{});
7        end
8        return;
9    else
10   videoDetections=struct('positions',[],'labels',[],'widths',[]);
11       for i = 1:numVideoObjects
12           videoDetections(i).widths=visionData.object(i).size(2);
13           videoDetections(i).positions=visionData.object(i).position(1:2);
14           videoDetections(i).labels=ClassificationValues{visionData.object(i).
classification+1};
15       end
16   end
17   end
```

（5）处理车道边界识别函数

```
1    function laneBoundaries=processLanes(laneReports)
2    types={'Unmarked','Solid','Dashed','Unmarked','BottsDots', ...
            'Unmarked','Unmarked','DoubleSolid'};
3    leftLane=laneReports.left;
4    rightLane=laneReports.right;
5    leftParams=cast([leftLane.curvature,leftLane.headingAngle,leftLane.offset],
'double');
6    leftBoundaries=parabolicLaneBoundary(leftParams);
7    leftBoundaries.BoundaryType=types{leftLane.boundaryType};
8    rightParams=cast([rightLane.curvature,rightLane.headingAngle,rightLane.
offset],'double');
9    rightBoundaries=parabolicLaneBoundary(rightParams);
10   rightBoundaries.BoundaryType=types{rightLane.boundaryType};
11   laneBoundaries=[leftBoundaries, rightBoundaries];
12   end
```

单击"Run"按钮，运行程序，可以看到视频中的车辆和车道线识别与标注如图 7-16 所示。

图 7-16　车辆和车道线的识别与标注

项目 8
交通标志识别技术

一、交通标志的类型

　　道路交通标志作为重要的道路交通安全附属设施,可向驾驶员提供各种引导和约束信息。驾驶员实时地正确地获取交通标志信息,可保障行车更安全。

　　鉴于地区和文化差异,目前世界各个国家执行的交通标志标准有所不同。目前,我国道路交通标志的执行的标准是 GB 5768.2—2009《道路交通标志和标线 第 2 部分:道路交通标志》。由该标准可知,我国的交通标志分为主标志和辅助标志两大类,主标志又可以分为警告标志、禁令标志、指示标志、指路标志、旅游区标志、作业区标志、告示标志 7 种,其中,警告标志、禁令标志和指示标志是最重要也是最常见的交通标志,直接关系到道路交通的通畅与安全,更与汽车的行车路径规划直接相关。为引起行人和车辆驾驶员的注意,交通标志都具有鲜明的颜色特征。我国警告标志、禁令标志和指示标志共计 131 种,这些交通标志由 5 种主要颜色(红、黄、蓝、黑、白)组成。

1. 警告标志

　　警告标志主要用来警告车辆驾驶员、行人前方有危险。警告标志有明显的颜色特征:黄色底、黑色边缘、黑色内部图形。其形状大多数是顶角朝上的正三角形,部分警告标志如图 8-1 所示。

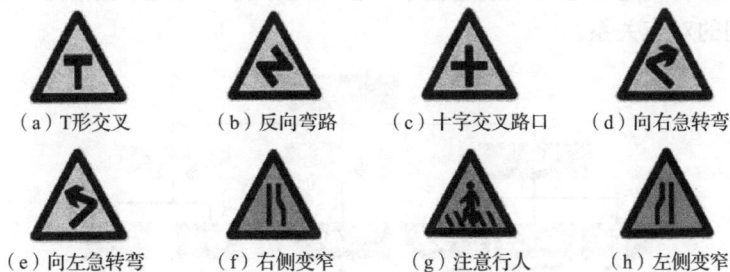

（a）T形交叉　　（b）反向弯路　　（c）十字交叉路口　　（d）向右急转弯

（e）向左急转弯　　（f）右侧变窄　　（g）注意行人　　（h）左侧变窄

图 8-1　部分警告标志

2. 禁令标志

　　禁令标志主要用来禁止或限制车辆、行人的交通行为及相应解除,道路使用者应严格遵守。禁令标志有明显的颜色特征:白色底、红色边缘、红色斜杠、黑色内部图形。而且黑色图形在红色斜杠之上（解除速度限制和解除禁止超车除外），禁令标志的形状大多数是圆形，其中特殊的是正八边形和倒三角形，这二者的个数都是一个。部分禁令标志如图8-2所示。

（a）禁止直行　（b）禁止向右转弯　（c）禁止直行和向右转弯　（d）禁止直行和向左转弯

（e）禁止向左转弯（f）禁止向左向右转弯　（g）停车让行　　　（h）减速让行

图8-2　部分禁令标志

3. 指示标志

指示标志主要用来指示车辆、行人的行进。指示标志有明显的颜色特征：蓝色底、白色内部图形。其形状多为圆形、矩形。部分指示标志如图8-3所示。

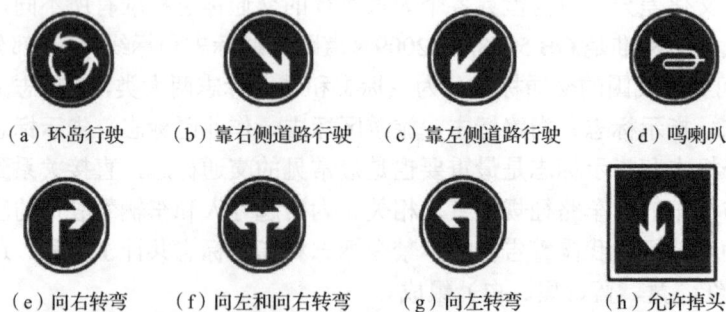

（a）环岛行驶　　（b）靠右侧道路行驶　（c）靠左侧道路行驶　　（d）鸣喇叭

（e）向右转弯　（f）向左和向右转弯　（g）向左转弯　　（h）允许掉头

图8-3　部分指示标志

交通标志的颜色与形状的关系如图8-4所示。禁令标志的颜色以红色为主，形状有倒三角形、正八边形和圆形；指示标志以蓝色为主，形状为圆形和矩形；警告标志以黄色为主，形状为正三角形。在交通标志的识别过程中，应该充分利用这些颜色信息和形状信息以及颜色与形状信息间的对应关系。

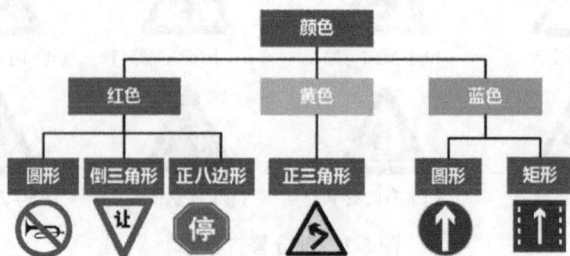

图8-4　交通标志颜色与形状的关系

交通标志具有鲜明的色彩特征，因此要实现对交通标志图像的有效分割，颜色是一个重要信息，选择合适的颜色空间对其加以分析和提取将有助于系统识别的实时性和准确性。

项目 8 交通标志识别技术

二、交通标志识别的流程

利用视觉传感器进行交通标志识别的流程主要是"原始图像采集→图像预处理→图像分割识别→图像特征提取→交通标志识别",如图 8-5 所示。

（a）原始图像采集

（b）图像预处理

（c）图像分割识别

（d）图像特征提取

（e）交通标志识别

图 8-5　交通标志识别的流程

三、交通标志识别的方法

交通标志识别的方法主要有基于颜色信息的交通标志识别、基于形状特征的交通标志识别、基于显著性的交通标志识别、基于特征提取和机器学习的交通标志识别等。

1. 基于颜色信息的交通标志识别

颜色分割就是利用交通标志特有的颜色特征,将交通标志与背景分离。颜色特征具有旋转不变性,即颜色信息不会随着图像的旋转、倾斜而发生变化,与几何、纹理等特征相比,基于颜色特征设计的交通标志识别算法对图像旋转、倾斜的情况具有较好的健壮性,所采用的颜色模型包括 RGB 模型、HSI 模型、HSV 模型及 XYZ 模型等。

| 105 |

2. 基于形状特征的交通标志识别

除颜色特征外，形状特征也是交通标志的显著特征。我国警告标志、指示标志、禁令标志共131种，其中130种都有规则的形状：圆形、矩形、正三角形、倒三角形、正八边形。颜色识别和形状识别是交通标志识别中的重要内容。识别方法通常都以颜色分割做粗识别，排除大部分的背景干扰，再提取二值图像各连通域的轮廓，进行形状特征的分析，进而确定交通标志候选区域并完成定位。

3. 基于显著性的交通标志识别

显著性作为从人类生物视觉中引入的概念，用来度量场景中具有最显眼的特征，最容易吸引人优先看到的区域。由于交通标志被设计成具有显眼的颜色和特定的形状，在一定程度上满足显著性的要求，因此可以采用显著性模型来识别交通标志。

4. 基于特征提取和机器学习的交通标志识别

无论是基于颜色和形状分析的算法，还是基于显著性的算法，由于其能包含信息的局限性，在背景复杂或者出现与目标物十分相似的干扰物时，都不能很好地去除干扰，因此通过合适的特征描述符更充分地表示交通标志，再通过机器学习方法区分标志和障碍物。

基于特征提取和机器学习的交通标志识别一般使用滑动窗口的方式或者使用之前处理得到的感兴趣块进行验证的方式。前者对全图或者交通标志可能出现的感兴趣区域操作，以多尺度的窗口滑动扫描目标区域，对得到的每一个窗口均用训练好的分类器判断是否是标志；后者则认为经过之前的处理，如颜色、形状分析等，得到的感兴趣块已经是一整个标志或者干扰物，只需对其整体进行分类即可。

图8-6所示为交通标志识别的结果。

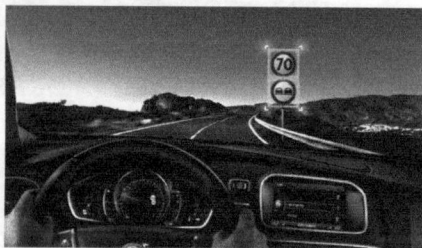

图8-6 交通标志检测的结果

学习任务 8.2 交通标志识别函数

交通标志没有专门的识别函数，通过训练目标检测器进行各种交通标志的识别。

1. ACF目标检测器

trainACFObjecDetector 为训练ACF目标检测器的函数，其调用格式为

```
detector=trainACFObjectDetector(trainingData)
detector=trainACFObjectDetector(trainingData,Name,Value)
```

其中，trainingData为地面真实训练数据（图像）；Name和Value为指定的附加选项；detector为ACF目标检测器。

2. RCNN目标检测器

trainFastRCNNObjectDetector 为训练快速的RCNN目标检测器的函数，其调用格式为

```
trainedDetector=trainFastRCNNObjectDetector(trainingData,network,options)
trainedDetector=trainFastRCNNObjectDetector(trainingData,checkpoint,options)
trainedDetector=trainFastRCNNObjectDetector(trainingData,detector,options)
trainedDetector=trainFastRCNNObjectDetector(___,'RegionProposalFcn',proposalFcn)
```

```
trainedDetector=trainFastRCNNObjectDetector(___,Name,Value)
[trainedDetector,info]=trainFastRCNNObjectDetector(___)
```

其中，trainingData 为地面真实训练数据；network 为网络名称；options 为训练选项；checkpoint
为保存检测器检查点；detector 为以前训练更快的 RCNN 检测器；proposalFcn 为区域建议函
数；Name 和 Value 为指定的附加选项；trainedDetector 为训练快速的 RCNN 目标检测器；info
为训练信息。

利用深度学习训练快速 R-CNN（卷积神经网络区域）目标检测器，可以用于识别多个对
象类。

3．目标检测器训练数据

objecDetectorTrainingData 为目标检测器创建训练数据的函数，其调用格式为

```
[imds,blds]=objectDetectorTrainingData(gTruth)
trainingDataTable=objectDetectorTrainingData(gTruth)
___=objectDetectorTrainingData(gTruth,Name,Value)
```

其中，gTruth 为地面真实数据；imds 为图像数据存储的训练数据；blds 为盒式标签数据存储
的训练数据；trainingDataTable 为训练数据表；Name 和 Value 为指定的附加选项。

学习任务 8.3　交通标志识别仿真实例

【例 8-1】训练 ACF 目标检测器检测如图 8-7 所示的停车标志 1。

图 8-7　停车标志 1

解：在 MATLAB 命令行窗口输入以下程序。

```
1   imageDir = fullfile(matlabroot, 'toolbox', 'vision',...    %定义文件路径
    'visiondata', 'stopSignImages');
2   addpath(imageDir);                                          %添加路径
3   load('stopSignsAndCars.mat');                              %加载停车标志训练数据
4   stopSigns=stopSignsAndCars(:,[1,2]);                       %提取图像文件名和停车标志
5   stopSigns.imageFilename=fullfile(toolboxdir('vision'), ...
                                                                %把图像文件添加到完整路径上
    'visiondata',stopSigns.imageFilename);
6   acfObjectDetector=trainACFObjectDetector(stopSigns, ...
                                                                %训练 ACF 停车标志检测器
    'NegativeSamplesFactor',2);
7   I=imread('tc1.jpg');                                        %读取图像
8   [bboxes,scores]=detect(acfObjectDetector,I);               %检测停车标志
9   I=insertObjectAnnotation(I,'rectangle',bboxes,scores);    %标志识别结果
10  imshow(I)                                                   %显示识别结果
```

输出结果如图 8-8 所示。

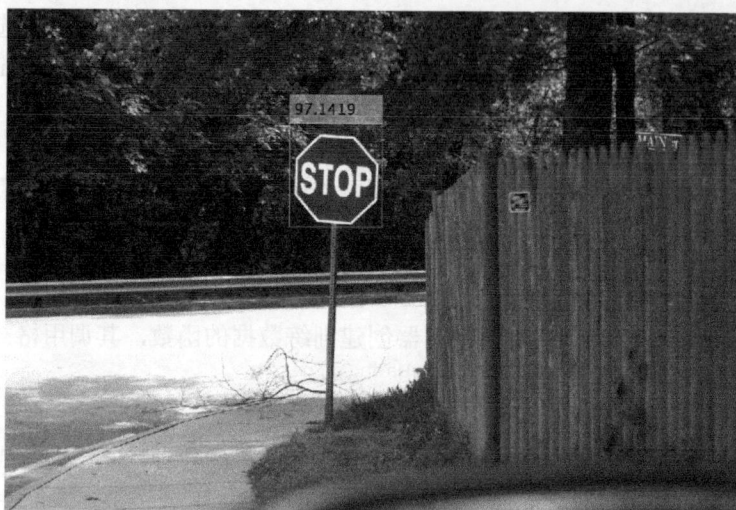

图 8-8　使用 ACF 目标检测器识别停车标志

【例 8-2】训练快速 RCNN 目标检测器识别如图 8-9 所示的停车标志 2。

图 8-9　停车标志 2

解：在 MATLAB 命令行窗口输入以下程序。

```
1    data=load('rcnnStopSigns.mat','stopSigns','fastRCNNLayers');  %加载训练数据
2    stopSigns=data.stopSigns;                                     %提取停车图像数据
3    fastRCNNLayers=data.fastRCNNLayers;                           %提取 RCNN 数据
4    stopSigns.imageFilename=fullfile(toolboxdir('vision'), ...    %添加到完整路径
     'visiondata',stopSigns.imageFilename);
5    rng(0);                                                       %设种子为 0
6    shuffledIdx=randperm(height(stopSigns));                      %随机打乱训练数据
7    stopSigns=stopSigns(shuffledIdx,:);                           %整理训练数据
8    imds=imageDatastore(stopSigns.imageFilename);                 %创建图像数据集
9    blds=boxLabelDatastore(stopSigns(:,2:end));                   %创建盒式标签数据集
10   ds=combine(imds,blds);                                        %合并数据集
11   ds=transform(ds,@(data)preprocessData(data,[920,968,3]));     %对图像预处理
12   options=trainingOptions('sgdm','MiniBatchSize',10, ...        %设置网络训练选项
     'InitialLearnRate',1e-3,'MaxEpochs',10,'CheckpointPath',tempdir);
```

```
13  frcnn=trainFastRCNNObjectDetector(ds,fastRCNNLayers,options, ...
                                                         %训练 R-CNN 检测器
    'NegativeOverlapRange',[0,0.1],'PositiveOverlapRange',[0.7,1]);
14  img=imread('tc2.jpg');                               %读取测试图像
15  [bbox,score,label]=detect(frcnn,img);                %运行图像识别
16  detectedImg=insertObjectAnnotation(img,'rectangle',bbox,score);
                                                         %插入标注
17  imshow(detectedImg)                                  %显示识别结果
18  function data=preprocessData(data,targetSize)        %预处理数据函数开始
19  scale=targetSize(1:2)./size(data{1},[1,2]);          %调整目标大小
20  data{1}=imresize(data{1},targetSize(1:2));           %图像数据
21  bboxes=round(data{2});                               %调整边框大小
22  data{2}=bboxresize(bboxes,scale);                    %边框数据
23  end                                                  %结束
```

输出结果如图 8-10 所示。这种训练可能需要几十分钟。

图 8-10　RCNN 目标检测器识别停车标志

【例 8-3】创建训练数据识别如图 8-11 所示的停车标志 3。

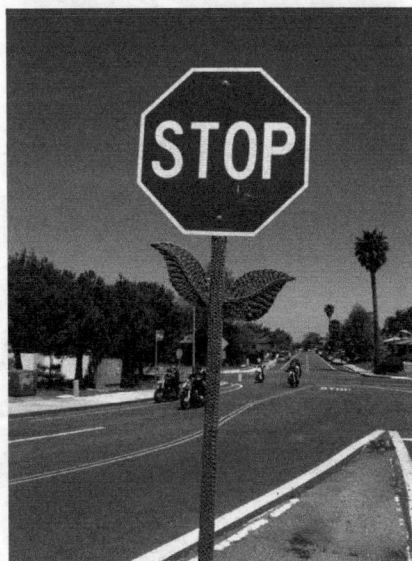

图 8-11　停车标志 3

解：在 MATLAB 命令行窗口输入以下程序。

```
1   imageDir = fullfile(matlabroot, 'toolbox', 'vision',...    %定义文件路径
    'visiondata', 'stopSignImages');
2   addpath(imageDir);                                          %添加路径
3   load('stopSignsAndCarsGroundTruth.mat', ...                 %加载地面真实数据
    'stopSignsAndCarsGroundTruth')
4   stopSignGroundTruth=selectLabels(...                        %选择停车标志数据
    stopSignsAndCarsGroundTruth,'stopSign');
5   trainingData=objectDetectorTrainingData(stopSignGroundTruth); %创建训练数据
6   summary(trainingData)                                       %汇总训练数据
7   acfDetector=trainACFObjectDetector(trainingData, ...        %训练 ACF 目标检测器
    'NegativeSamplesFactor',2);
8   I=imread('tc3.jpg');                                        %读取测试图像
9   bboxes=detect(acfDetector,I);                               %识别停车标志
10  annotation=acfDetector.ModelName;                           %定义标签
11  I=insertObjectAnnotation(I,'rectangle',bboxes,annotation);  %插入方框和标签
12  imshow(I)                                                   %显示识别结果
```

输出结果如图 8-12 所示。

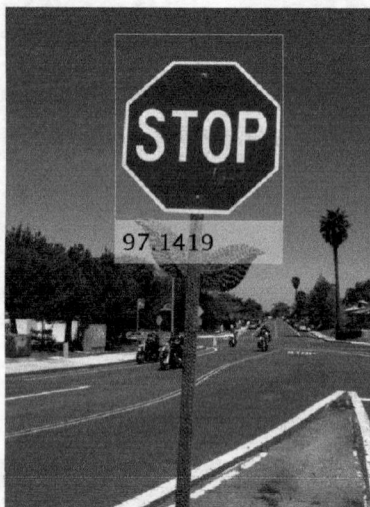

图 8-12　创建训练数据识别停车标志

【例 8-4】利用 MATLAB 对如图 8-13 所示的限速 50 标志进行识别。

图 8-13　限速 50 标志

解：本例交通标志识别步骤如下。

（1）读取原始图像和颜色空间转换。在 MATLAB 命令行窗口输入以下程序。

```
1    [filename,filepath]=uigetfile('.jpg', '输入要识别的交通标志');
2    file=strcat(filepath,filename);
3    I=imread(file);
4    Hsv=rgb2hsv(I);
5    imshow(Hsv)
```

输出结果如图 8-14 所示。

图 8-14　道路交通标志的 HSV 图像

（2）提取亮度和图像二值化。再在 MATLAB 命令行窗口输入以下程序。

```
1    I1=Hsv(:,:,1);
2    figure
3    imshow(I1)
4    BW=roicolor(I1,0.0277,0.032);
5    imshow(BW)
```

输出结果如图 8-15 和图 8-16 所示。

图 8-15　道路交通标志提取亮度后的图像

图 8-16　道路交通标志二值化图像

（3）图像优化处理。再在 MATLAB 命令行窗口输入以下程序。

```
1    se=strel('disk',10);
2    BW1=imclose(BW,se);
3    SE=ones(10);
4    PZ=imdilate(BW1,SE);
5    figure
6    imshow(PZ)
7    TC=bwfill(PZ,'holes');
8    figure
9    imshow(TC)
```

输出结果如图 8-17 所示。

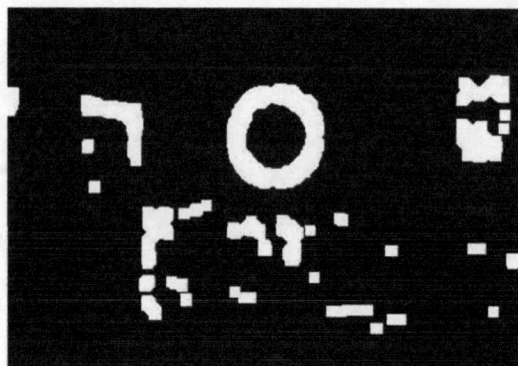

（a）道路交通标志膨胀后图像　　　　　　　　　　　　（b）道路交通标志充填后图像

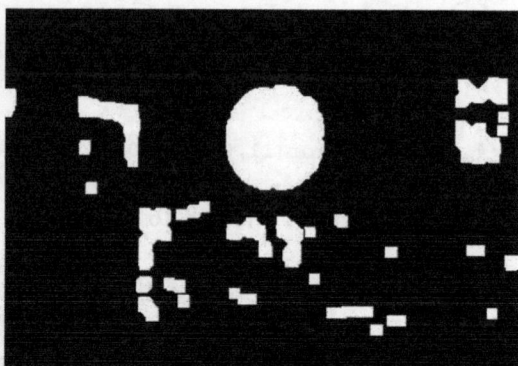

图 8-17　图像优化处理

（4）图像特征提取。再在 MATLAB 命令行窗口输入以下程序。

```
1    L=bwlabeln(TC);
2    S=regionprops(L,'Area','Centroid','BoundingBox');
3    cent=cat(1,S.Centroid);
4    boud=cat(1,S.BoundingBox);
5    Len=length(S);
6    t2=0;t4=0;t7=0;t8=0;
7    for i=1:3
8        Max(i)=0;
9        MR(i)=0;
10       MX(i)=0;
11       MY(i)=0;
```

```
12    end
13    Max1=0;Max2=0;Max3=0;ttq=0;
14    for i=1:Len
15        if (S(i).Area>=Max1)
16            Max3=Max2;Max(3)=Max(2);
17            Max2=Max1;Max(2)=Max(1);
18            Max1=S(i).Area;Max(1)=i;
19        else if(S(i).Area>=Max2)
20                Max3=Max2;Max(3)=Max(2);
21                Max2=S(i).Area;Max(2)=i;
22            else if(S(i).Area>=Max3)
23                    Max3=S(i).Area;Max(3)=i;
24                end
25            end
26        end
27    end
28    if((Max(1)&&Max(2)&&Max(3))==0)
29        imshowage=0;
30    errordlg('没有路标!! ','基本信息');
31    else
32    imshowage=1;
33    for i=1:3
34            tz(i)=0;
35            Mblen(i)=0;
36            Mbwid(i)=0;
37    end
38    [hang,lie,r]=size(BW);
39    for i=1:3
40            X=cent(Max(i),1);Y=cent(Max(i),2);
41            MX(i)=round(X);MY(i)=round(Y);
42            bx=boud(Max(i),1);
43    by=boud(Max(i),2);
44    blen=boud(Max(i),4);
45    bwid=boud(Max(i),3);
46        bx1=round(bx);
47    by1=round(by);
48    Mblen(i)=round(blen);
49    Mbwid(i)=round(bwid);
50        if (blen>=bwid)
51            MR=bwid;
52        else
53            MR=blen;
54        end
55    if (MX(i)+round(MR/4)<=lie&&MY(i)+round(MR/6)<=hang&&TC(MY(i)+ ...
      round(MR/6),MX(i)+round(MR/4))==1)
56        t2=1;
57        end
58    if (MX(i)-round(MR/4)>0&&MY(i)-round(MR/6)>0&&TC(MY(i)- ...
      round(MR/6),MX(i)-round(MR/4))==1)
59        t4=1;
60        end
61    if (MY(i)+round(MR/6)<=hang&&MX(i)-round(MR/4)>0&&TC(MY(i)+...
      round(MR/6),MX(i)-round(MR/4))==1)
62        t7=1;
63        end
64    if (MY(i)-round(MR/6)>0&&MX(i)+round(MR/4)<=lie&&TC(MY(i)- ...
      round(MR/6),MX(i)+round(MR/4))==1)
65            t8=1;
66        end
67        if(t2&&t4&&t7&&t8&&S(Max(i)).Area/(hang*lie)>0.01)
```

```
68              tz(i)=1;
69              t2=0;t4=0;t7=0;t8=0;
70         end
71   end
72   end
73   if tz(3)==1
74        YC=bwareaopen(TC,Max3);
75   elseif tz(2)==1
76        YC=bwareaopen(TC,Max2);
77   elseif  tz(2)==0
78        YC=bwareaopen(TC,Max1);
79   imshow(YC)
80   else
81       (((tz(1)+tz(2)+tz(3))==0));
82       imshowage=0;
83   errordlg('没有路标!! ','基本信息');
84   end
85   flag=[0,0,0];
86   for i=1:3
87       if(tz(i)==1)
88            high=Mblen(i);
89            liezb=round(MX(i)-Mbwid(i)/2);
90            hangzb=round(MY(i)-Mblen(i)/2);
91            width=Mbwid(i);
92            flag(i)=1;
93   Iresult=imcrop(I,[liezb hangzb width high]);
94            if(i==1)
95   imwrite(Iresult,'result_1.bmp','bmp');
96   elseif(i==2)
97                imwrite(Iresult,'result_2.bmp','bmp');
98   elseif(i==3)
99                imwrite(Iresult,'result_3.bmp','bmp');
100  end
101  end
102  end
```

输出结果如图 8-18 所示。

图 8-18　道路交通标志待测目标图像

（5）道路交通标志识别结果。再在 MATLAB 命令行窗口输入以下程序。

```
1    if imshowage==1
2        for i=1:3
3            if(flag(1)==1)
4                    figure;imshow('result_1.bmp')
```

```
5           end
6           if(flag(2)==1)
7               figure;imshow('result_2.bmp')
8           end
9           if(flag(3)==1)
10              figure;imshow('result_3.bmp')
11          end
12      end
13      else
14      imshow('err.jpg')
15  end
```

输出结果如图 8-19 所示。

图 8-19　道路交通标志识别结果

项目 9
交通信号灯识别技术

一、交通信号灯介绍

不同国家和地区采用的交通信号灯，式样各不相同。在国内，交通信号灯的设置都必须遵循 GB 14887—2011《道路交通信号灯》和 GB 14886—2016《道路交通信号灯设置与安装规范》。

我国交通信号灯的特征如图 9-1 所示。从颜色来看，交通信号灯的颜色有红色、黄色、绿色三种颜色，而且三种颜色在交通信号灯中出现的位置都有一定的顺序关系；从安装方式来看，交通信号灯有横放安装和竖放安装两种，一般安装在道路上方；从功能来看，交通信号灯有机动车信号灯、非机动车信号灯、左转非机动车信号灯、人行横道信号灯、车道信号灯、方向指示信号灯、闪光警告信号灯、道口信号灯、掉头信号灯等，其中机动车信号灯、闪光警告信号灯、道口信号灯的光信号无图案，非机动车信号灯、左转非机动车信号灯、人行横道信号灯、车道信号灯、方向指示信号灯、掉头信号灯的光信号为各种图案。

（a）横放交通信号灯

（b）竖放交通信号灯

图 9-1　我国交通信号灯的特征

二、交通信号灯识别系统

交通信号灯识别系统包括识别和识别两个基本环节。首先是定位交通信号灯，通过摄像机，从复杂的城市道路交通环境中获取图像，根据交通信号灯的颜色、几何特征等信息准确定位其位置，获取候选区域；然后是识别交通信号灯，在识别算法中已经获取交通信号灯的候选区域，通过对其进行分析及特征提取，运用分类算法，实现对其分类识别。

交通信号灯有各种识别系统。图 9-2 所示为交通信号灯识别系统的组成，它主要由图像采集模块、图像预处理模块、识别模块、识别模块、跟踪模块和通信模块组成。

```
图像采集模块 → 图像预处理模块 → 检测模块 → 识别模块 → 跟踪模块 → 通信模块
```

图 9-2　交通信号灯识别系统的组成

1. 图像采集模块

摄像机成像质量的好坏影响后续识别和跟踪的效果。一般采用彩色摄像机，其中摄像机的镜头焦距、曝光时间、增益、白平衡等参数的选择都对摄像机成像效果和后续处理有重要影响。

2. 图像预处理模块

图像预处理模块包括彩色空间选择和转换、彩色空间各分量的统计分析、基于统计分析的彩色图像分割、噪声去除、基于区域生长聚类的区域标记，通过图像预处理得到交通信号灯的候选区域。

3. 识别模块

识别模块包括离线训练和在线识别两部分。离线训练通过交通信号灯的样本和背景样本的统计学习得到分类器，利用得到的分类器完成交通信号灯的识别。

4. 识别模块

通过识别模块在图像中的识别定位，结合图像预处理得出的信号灯色彩结果、交通信号灯发光单元面积的大小和位置先验知识，完成交通信号灯的识别功能。

5. 跟踪模块

通过识别模块得到的结果可以得到跟踪目标，利用基于彩色的跟踪算法可以对目标进行跟踪，有效提高目标识别的实时性和稳定性。运动目标跟踪方法可分为四类，分别是基于区域的跟踪方法、基于特征的跟踪方法、基于主动轮廓线的跟踪方法和基于模型的跟踪方法。

6. 通信模块

通信模块是联系环境感知模块、规划决策模块与车辆底层控制模块的桥梁，通过制定的通信协议完成各系统的通信，实现信息共享。

三、交通信号灯识别的流程

利用视觉传感器进行交通信号灯识别的流程主要是"原始图像采集→图像灰度化→直方图均衡化→图像二值化→交通信号灯识别"，如图 9-3 所示。

（a）原始图像采集 （b）图像灰度化

（c）直方图均衡化 （d）图像二值化

（e）交通信号灯识别

图 9-3 交通信号灯识别的流程

四、交通信号灯识别的方法

交通信号灯识别的方法主要有基于颜色特征的识别方法和基于形状特征的识别方法。

1. 基于颜色特征的识别方法

基于颜色特征的交通信号灯识别方法主要是选取某个色彩空间，对交通信号灯的红、黄、绿三种颜色进行描述。根据色彩空间的不同，主要有基于 RGB 颜色空间的识别方法、基于 HSI 颜色空间的识别方法、基于 HSV 颜色空间的识别方法。

2. 基于形状特征识别的方法

基于形状特征的识别方法主要是利用交通信号灯和它的相关支撑物之间的几何信息，也可以将交通信号灯的颜色特征和形状特征结合起来，以减少单独利用某一特征所带来的不利影响。

图 9-4 所示为交通信号灯识别的结果。

图 9-4 交通信号灯识别的结果

学习任务 9.2 交通信号灯识别仿真实例

【例 9-1】利用 MATLAB 图像处理对如图 9-5 所示的交通信号灯进行识别。

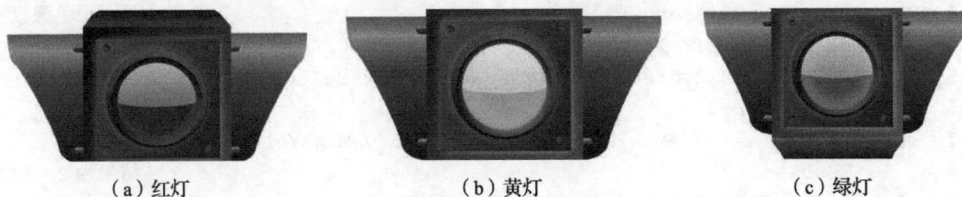

（a）红灯　　　　　　（b）黄灯　　　　　　（c）绿灯

图 9-5 交通信号灯

解：本例交通信号灯识别步骤如下。

（1）读取原始图像。

（2）颜色空间转换。

（3）绘制直方图。

（4）统计直方图中的红、绿、黄像素点。

（5）输出红黄绿像素点的个数。

（6）输出识别结果。

在 MATLAB 命令行窗口输入以下程序。

```
1    [filename,filepath]=uigetfile('jpg','输入要识别的信号灯');        %输入信号灯
```

```
2    file=strcat(filepath,filename);                                      %定义信号灯文件
3    Image_f=imread(file);                                                %读取信号灯文件
4    subplot(2,2,1)                                                       %设置图像位置
5    imshow(Image_f)                                                      %显示原始图像
6    title('原始图像')                                                     %原始图像标注
7    hsv_f=rgb2hsv(Image_f);                                              %将 RGB 转换成 HSV
8    H=hsv_f(:,:,1)*255;                                                  %提取 H
9    S=hsv_f(:,:,2)*255;                                                  %提取 S
10   V=hsv_f(:,:,3)*255;                                                  %提取 V
11   subplot(2,2,2)                                                       %设置图像位置
12   imshow(hsv_f)                                                        %显示 HSV 图像
13   title('HSV 图像')                                                     %HSV 图像标注
14   subplot(2,2,4)                                                       %设置图像位置
15   imhist(uint8(H));                                                    提取 H 直方图
16   title('直方图')                                                       %直方图标注
17   [y,x,z]=size(Image_f);                                               %原始图像尺寸
18   Red_y=zeros(y,1);                                                    %红色赋初值 0 矩阵
19   Green_y=zeros(y,1);                                                  %绿色赋初值 0 矩阵
20   Yellow_y=zeros(y,1);                                                 %黄色赋初值 0 矩阵
21   for i=1:y                                                            %循环开始
22    for j=1:x                                                           %循环开始
23     if(((H(i,j)>=0)&&(H(i,j)<15))&&(V(i,j)>50)&&(S(i,j)>30))           %判断红色条件
24          Red_y(i,1)=Red_y(i,1)+1;                                     %计算红色像素
25     elseif(((H(i,j)>=66)&&(H(i,j)<130))&&(V(i,j)>50)&&(S(i,j)>30))
                                                                          %判断绿色条件
26          Green_y(i,1)=Green_y(i,1)+1;                                 %计算绿色像素
27     elseif(((H(i,j)>=20)&&(H(i,j,1)<65))&&(V(i,j)>50)&&(S(i,j)>30))
                                                                          %判断黄色条件
28          Yellow_y(i,1)=Yellow_y(i,1)+1;                               %计算黄色像素
29     end                                                               %判断结束
30    end                                                                %循环结束
31   end                                                                 %循环结束
32   Max_Red_y=max(Red_y)                                                %最大红色像素
33   Max_Green_y=max(Green_y)                                            %最大绿色像素
34   Max_Yellow_y=max(Yellow_y)                                          %最大黄色像素
35   if((Max_Red_y>Max_Green_y)&&(Max_Red_y>Max_Yellow_y))              %判断红色
36          Result=1;                                                    %结果为 1
37   elseif((Max_Green_y>Max_Red_y)&&(Max_Green_y>Max_Yellow_y))         %判断绿色
38          Result=2;                                                    %结果为 2
39   elseif((Max_Yellow_y>Max_Green_y)&&(Max_Yellow_y>Max_Red_y))        %判断黄色
40          Result=3;                                                    %结果为 3
41   else                                                                %否则
42          Result=4;                                                    %其他为 4
43   end                                                                 %结束
44   if(Result==1)                                                       %如果结果为
45          disp('识别结果为红灯');                                         %识别结果为红灯
46   elseif(Result==2);                                                  %如果结果为 2
47          disp('识别结果为绿灯');                                         %识别结果为绿灯
48   elseif(Result==3)                                                   %如果结果为 3
49          disp('识别结果为黄灯');                                         %识别结果为黄灯
50   else                                                                %否则
51          disp('识别失败');                                              %识别失败
52   end                                                                 %结束
```

当输入为红灯时，输出图像如图 9-6 所示。

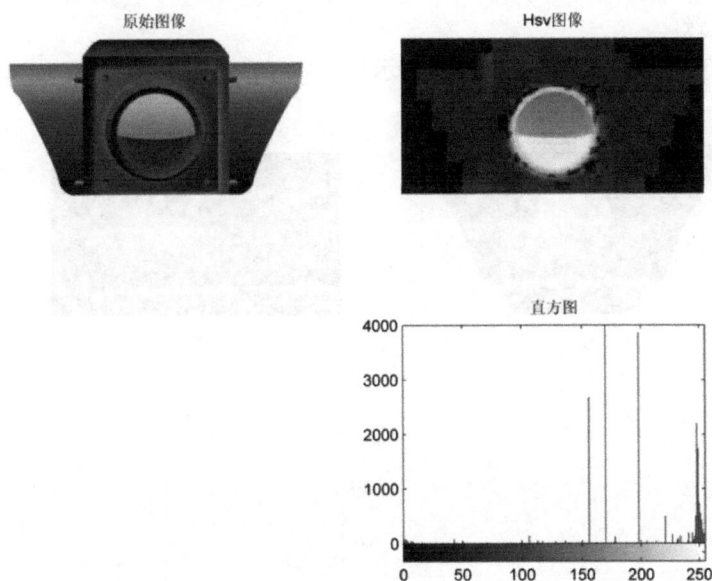

图 9-6 红灯识别

输出结果为

```
Max_Red_y=15
Max_Green_y=2
Max_Yellow_y=1
```

识别结果为红灯。

当输入为黄灯时，输出图像如图 9-7 所示。

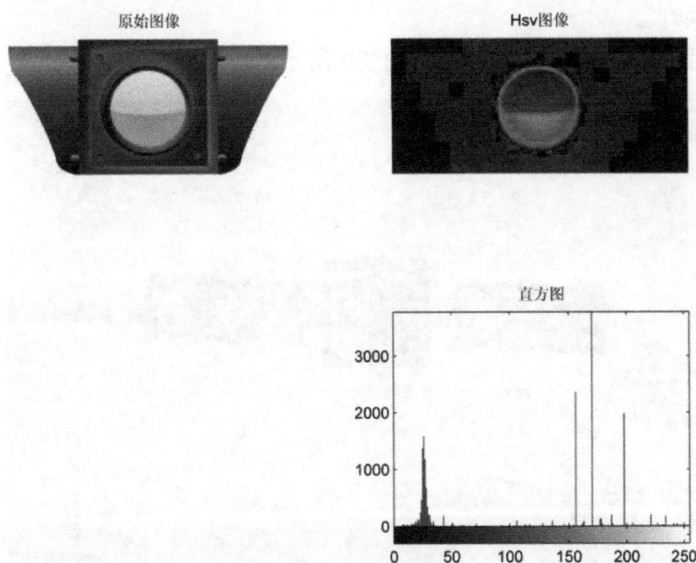

图 9-7 黄灯识别

输出结果为

```
Max_Red_y=13
```

```
Max_Green_y=1
Max_Yellow_y=95
```

识别结果为黄灯。

当输入为绿灯时，输出图像如图 9-8 所示。

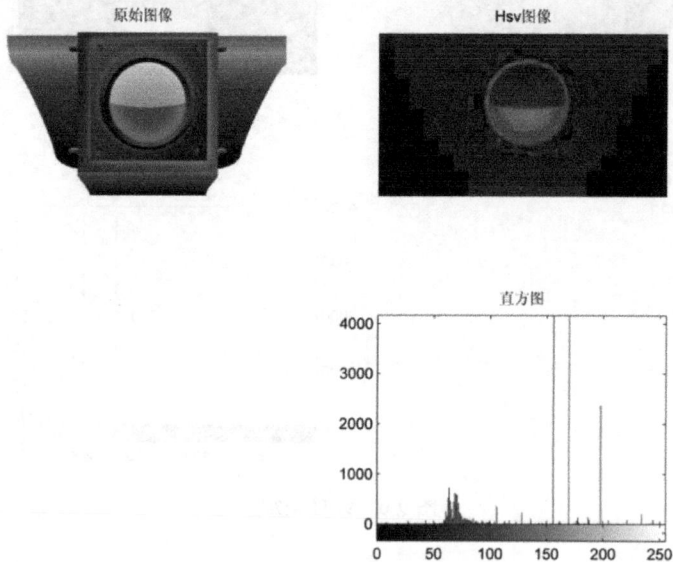

图 9-8　绿灯识别

输出结果为

```
Max_Red_y=0
Max_Green_y=93
Max_Yellow_y=78
```

识别结果为绿灯。

【例 9-2】利用例 9-1 的程序，识别如图 9-9 所示的绿色信号灯。

图 9-9　绿色信号灯

解： 当图 9-9 作为输入图像时，输出图像如图 9-10 所示。

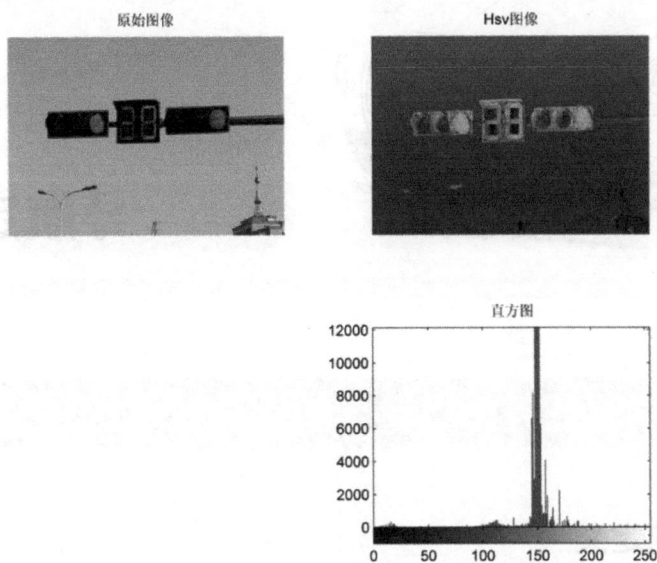

图 9-10 绿色信号灯识别

输出结果为

```
Max_Red_y=53
Max_Green_y=126
Max_Yellow_y=23
```

识别结果为绿灯。

项目 10
导航定位技术

一、导航定位的定义

智能网联汽车或无人驾驶汽车的导航定位通过全球定位系统（GPS）、北斗卫星导航定位系统（BDS）、惯性导航系统、激光雷达等，获取车辆的位置和航向信息。

按照定位的方式，定位可分为绝对定位、相对定位和组合定位。

1. 绝对定位

绝对定位是指通过 GPS 或 BDS 实现，采用双天线，通过卫星获得车辆在地球上的绝对位置和航向信息。

2. 相对定位

相对定位是指根据车辆的初始位姿，通过惯性导航获得车辆的加速度和角加速度信息，将其对时间进行积分，得到相对初始位姿的当前位姿信息。

3. 组合定位

组合定位是将绝对定位和相对定位进行结合，以弥补单一定位方式的不足。

智能网联汽车通过定位系统准确感知自身在全局环境中的位置，并与环境有机结合起来，再通过导航系统准确感知汽车所要行驶的方向和路径等信息，如图 10-1 所示。实际应用中，通过信息融合技术实现定位与导航技术的组合，从而使环境信息与车辆信息融合成为一个系统性的整体。

图 10-1　智能网联汽车的导航定位

现在大多数智能网联汽车处于 L1 和 L2 级别，仅需要实现普通的 ADAS 功能便已足够，这一阶段对于卫星定位的精度要求只需要导航级精度即可。

当智能网联汽车步入 L3 级别甚至以上时，就要求在高速公路、停车场泊车等特殊场景实现全自动驾驶，这需要高精度定位技术实现厘米级的定位，才能真正做到在高速公路上变道超车、上下匝道以及定点泊车等功能。

二、常用定位技术

目前，智能网联汽车的定位技术主要有全球定位系统（GPS）、差分全球定位系统（DGPS）、北斗卫星导航定位系统（BDS）、惯性导航系统（INS）以及激光雷达定位等。

1. 全球定位系统

基于 GPS 定位的方法是一种绝对位姿估计方法。该方法通过 GPS 来进行车辆定位。基于 GPS 的定位方法优点在于可全天候连续定位，且适用于全局定位；缺点在于受环境影响较大，高楼、树木、隧道等都会屏蔽 GPS 信号，而且 GPS 定位精度低、更新周期长，远远不能满足自动驾驶的需求。

2. 差分全球定位系统

为解决 GPS 的问题，可以通过差分定位的方法来解决定位问题。基本原理就是车辆在行驶过程中以 GPS 为基准，在 GPS 更新的时候，通过差分辅助，完成车辆厘米级的精确定位。

3. 北斗卫星导航定位系统

北斗卫星导航定位系统目前在汽车领域还没有大面积推广应用，但在国家制订的智能网联汽车发展规划中已明确提出要大力推广北斗卫星导航定位系统在智能网联汽车和无人驾驶汽车中的应用。

4. 惯性导航系统

惯性导航系统（INS）由陀螺仪、加速度传感器及软件构成，通过测量运动载体的角速度和加速度数据，并将这些数据对时间进行积分运算，从而得到运动载体的速度、位置和姿态。汽车在驶入深山隧道时，汽车上安装的惯性导航系统的定位导航作用会非常显著。

5. 激光雷达定位

通过激光雷达的地图信息进行匹配的方法也是一种绝对位姿估计方法。该方法通过事先建立的地图信息，在无人驾驶过程中不断将识别到的数据特征与地图信息进行对比匹配，从而得到车辆在地图中的绝对位姿。基于地图信息匹配定位方法的优点在于无累积误差，不需要对道路进行改造；缺点在于包含地图生成和地图匹配两个步骤，而地图生成需要提前采集制作，在室外场景中绘制地图的数据量十分巨大，而且给地图匹配中的实时性带来很大挑战。

高精度定位是无人驾驶汽车的核心关键技术。所谓高精度，是指定位精度要达到厘米级，究竟哪种方案是最佳的还有待验证，期待未来有更好的高精度定位方法。

百度 Apollo 系统使用了激光雷达、RTK（载波相位差分）技术与 IMU（惯性测量单元）融合的方案，多种传感器融合加上一个误差状态卡尔曼滤波器，使定位精度可以达到 5～

10 cm，且具备高可靠性和健壮性，市区允许最高速度超过 60 km/h。

三、全球定位系统

全球定位系统（GPS）是由美国国防部建设的基于卫星的无线电导航定位系统。它能连续为世界各地的陆海空用户提供精确的位置、速度和时间信息，最大优势是覆盖全球，全天候工作，可以为高动态、高精度平台服务，目前得到了普遍应用。

1. GPS 的组成

GPS 由卫星、控制站和接收器组成，如图 10-2 所示。在任何特定时间，大约有 30 颗 GPS 卫星在太空运行，它们各自距离地球表面约 2×10^4 km；控制站分散在世界各地，用于监视和控制卫星，其主要目的是让系统保持运行，并验证 GPS 广播信号的精确度；GPS 接收器存在于手机、计算机、汽车、船舶以及许多其他设备中，如果周围没有高楼等障碍物并且天气良好，GPS 接收器应每次至少识别到 4 颗 GPS 卫星。

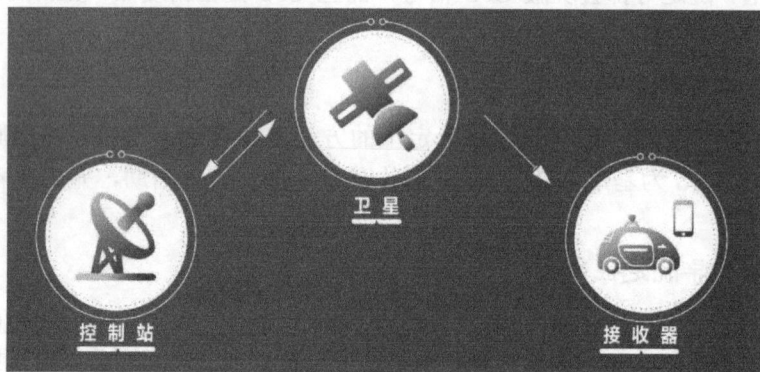

图 10-2　GPS 的组成

2. GPS 的工作原理

GPS 卫星不断地传送轨道信息和卫星上的原子钟产生的精确时间信息，GPS 接收机上有一个专门接收无线电信号的接收器，同时也有自己的时钟。当 GPS 接收机收到一颗卫星传来的信号时，接收机可以测定该卫星离用户的空间距离，用户就位于以观测卫星为球心、以观测距离为半径的球面与地球表面相交的圆弧的某一点；当 GPS 接收机观测到第二颗卫星的信号时，以第二颗卫星为球心，以第二个观测距离为半径的球面也与地球表面相交为一个圆弧，上述两个圆弧在地球表面会有两个交会点，还不能确定出用户唯一的位置；当 GPS 接收机观测到第三颗卫星的信号时，以第三颗卫星为球心，以第三个观测距离为半径的球面也与地球表面相交为一个圆弧。上述三个圆弧在地球表面相交于一点，该点即为 GPS 用户所在的位置。如果没有时钟误差，用户接收机只要利用接收观测到的 3 颗卫星的距离观测值，就可以确定出用户所在的唯一位置。但由于 GPS 接收机的时钟有误差，测得的距离含有误差，因此定位时要求接收机至少观测到 4 颗卫星的距离观测值才能同时确定出用户所在空间位置及接收机时钟差。当 GPS 接收机观测到 4 颗以上的卫星信号时，就可以得到更为精确和可靠的位置、速度和时间信息。

图 10-3 所示为 4 颗卫星定位原理。

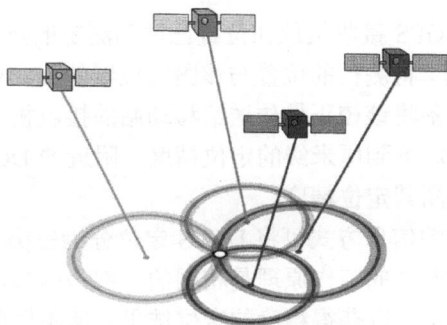
图 10-3   4 颗卫星定位原理

3. GPS 的特点

GPS 具有以下特点。

（1）能够全球全天候定位。GPS 卫星的数目较多，且分布均匀，保证了地球上任何地方、任何时间至少可以同时观测到 4 颗 GPS 卫星，确保实现全球全天候连续的导航定位服务。

（2）覆盖范围广。能够覆盖全球 98% 的范围，可满足位于全球各地或近地空间的军事用户连续精确地确定三维位置、三维运动状态和时间的需要。

（3）定位精度高。GPS 相对定位精度在 50 km 以内可达 6～10 m，100～500 km 可达 7～10 m，1000 km 以上可达 9～10 m。

（4）观测时间短。20 km 以内的相对静态定位仅需 15～20 min；快速静态相对定位测量时，当每个流动站与基准站相距 15km 以内时，流动站观测时间只需 1～2 min；采取实时动态定位模式时，每站观测仅需几秒。

（5）可提供全球统一的三维地心坐标，可同时精确测定测站平面位置和大地高程。

（6）测站之间无须通视，只要求测站上空开阔，这既可大大减少测量工作所需的经费和时间，也可使选点工作更灵活，可省去经典测量中的传算点、过渡点等的测量工作。

四、差分全球定位系统

卫星距离测量存在着卫星钟与传播延迟导致的误差等问题。为了提高 GPS 定位精度，可以采用差分全球定位系统进行车辆的定位。差分全球定位系统（DGPS）是在 GPS 的基础上利用差分技术使用户能够从 GPS 系统中获得更高的精度。DGPS 系统由基准站、数据传输设备和移动站组成，如图 10-4 所示。

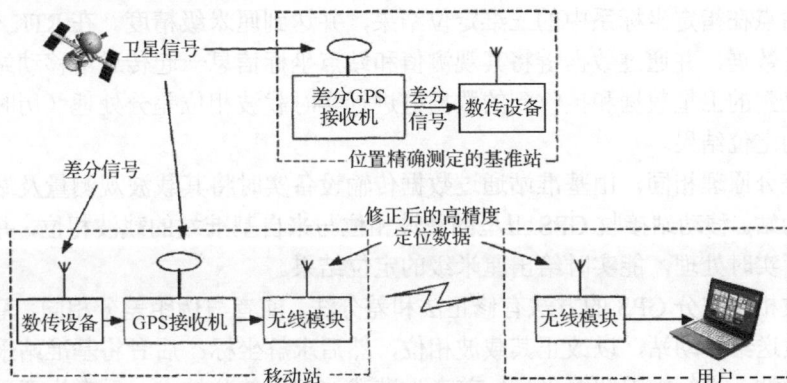
图 10-4   DGPS 系统的组成

DGPS 实际上是把一台 GPS 接收机放在位置已精确测定的点上，组成基准站。基准站接收机通过接收 GPS 卫星信号，将测得的位置与该固定位置的真实位置的差值作为公共误差校正量，通过无线数据传输设备将该校正量传送给移动站的接收机。移动站的接收机用该校正量对本地位置进行校正，最后得到厘米级的定位精度。附近的 DGPS 用户接收到修正后的高精度定位信息，从而大大提高其定位精度。

根据 DGPS 基准站发送的信息方式可将 DGPS 定位分为三类，即位置差分、伪距差分和载波相位差分。这三类差分方式的工作原理是相同的，都是由基准站发送改正数，由移动站接收并对其测量结果进行改正，以获得精确的定位结果。所不同的是，发送改正数的具体内容不一样，其差分定位精度也不同。

1. 位置差分

位置差分是最简单的差分方法，适用于所有 GPS 接收机。位置差分要求基准站和移动站观测同一组卫星。安装在基准站上的 GPS 接收机观测 4 颗卫星后便可进行三维定位，解算出基准站的观测坐标。由于存在着轨道误差、时钟误差、大气影响、多径效应以及其他误差等，因此解算出的观测坐标与基准站的已知坐标是不一样的，存在误差。将已知坐标与观测坐标之差作为位置改正数，通过基准站的数据传输设备发送出去，由移动站接收，并且对其解算的移动站坐标进行改正,最后得到的改正后的移动坐标已消去了基准站和移动站的共同误差，如卫星轨道误差、大气影响等，提高了定位精度。位置差分法适用于用户与基准站间距离在 100 km 以内的情况。

2. 伪距差分

伪距差分是目前用途最广的一种技术，几乎所有的商用 DGPS 接收机均采用这种技术。利用基准站已知坐标和卫星星历可计算出基准站与卫星之间的计算距离，将计算距离与观测距离之差作为改正数，发送给移动站，移动站利用此改正数来改正测量的伪距。最后，用户利用改正后的伪距来解出本身的位置，就可消去公共误差，提高定位精度。

与位置差分相似，伪距差分能将两站公共误差抵消，但随着用户到基准站距离的增加，又出现了系统误差，这种误差用任何差分法都是不能消除的。用户和基准站之间的距离对精度有决定性影响。

3. 载波相位差分

载波相位差分（RTK）技术是建立在实时处理两个测站的载波相位基础上的，它能够实时地提供测站点在指定坐标系中的三维定位结果，并达到厘米级精度。在 RTK 作业模式下，基站采集卫星数据，并通过数据链将其观测值和站点坐标信息一起传送给移动站，而移动站通过对所采集到的卫星数据和接收到的数据链进行实时载波相位差分处理（历时不足 1 s），得出厘米级的定位结果。

与伪距差分原理相同，由基准站通过数据传输设备实时将其载波观测量及站坐标信息一同传送给移动站。移动站接收 GPS 卫星的载波相位与来自基准站的载波相位，并组成相位差分观测值进行实时处理，能实时给出厘米级的定位结果。

实现载波相位差分 GPS 的方法有修正法和差分法。前者与伪距差分相同，基准站将载波相位修正量发送给移动站，以改正其载波相位，然后求解坐标；后者将基准站采集的载波相位发送给移动站，进行求差解算坐标。前者为准载波相位差分技术，后者为真正的载波相位差分技术。

五、北斗卫星导航定位系统

北斗卫星导航定位系统（BDS）是由中国自行研制开发的区域性有源三维卫星定位与通信系统，是继美国的 GPS、俄罗斯的 GLONASS 之后第三个成熟的卫星导航定位系统。北斗卫星导航定位系统致力于向全球用户提供高质量的定位、导航和授时服务，其建设与发展则遵循开放性、自主性、兼容性、渐进性这四项原则。

1. 北斗卫星导航定位系统的组成

北斗卫星导航定位系统由空间段、地面段和用户段三部分组成，如图 10-5 所示。空间段包括 5 颗静止轨道卫星和 30 颗非静止轨道卫星；地面段包括主控站、注入站和监测站等若干个地面站；用户段由北斗用户终端以及与美国 GPS、俄罗斯的 GLONASS、欧洲的 GALILEO 等其他卫星导航系统兼容的终端组成。

图 10-5　北斗卫星导航定位系统的组成

2. 北斗卫星导航定位系统的特点

北斗卫星导航定位系统具有以下特点。

（1）北斗卫星导航定位系统同时具备定位与通信功能，不需要其他通信系统支持；而 GPS 只能定位。

（2）覆盖范围大，没有通信盲区。

（3）特别适合于集团用户大范围监控管理和数据采集用户的数据传输应用。

（4）融合北斗导航定位系统和卫星增强系统两大资源，因此也可利用 GPS，使应用更加丰富。

（5）自主系统，安全、可靠、稳定，保密性强，适合关键部门应用。

六、惯性导航系统

1. 惯性导航系统的定义

惯性导航系统（INS）是一种利用惯性传感器测量载体的角速度信息，并结合给定的初始条件实时推算速度、位置、姿态等参数的自主式导航系统。具体来说，惯性导航系统属于一种推算导航方式，即从一已知点的位置根据连续测得的运动载体航向角和速度推算出其下一点的位置，可连续测出运动体的当前位置。

惯性导航系统主要采用加速度传感器和陀螺仪传感器来测量载体参数，其原理如图 10-6所示。另外，有的惯性导航系统还有磁强计，用于测量磁感应强度。

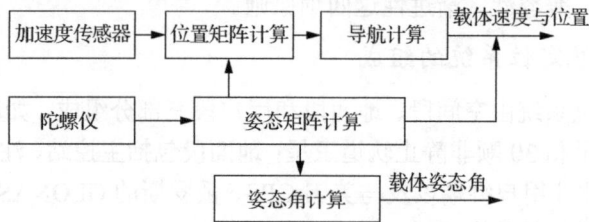

图 10-6　惯性导航系统的原理

加速度传感器和陀螺仪结合就是惯性测量单元（IMU），一个测量速度，一个测量方向。IMU 的一个重要特征在于它以高频率更新，其频率可达到 1 000 Hz，所以 IMU 可以提供接近实时的位置信息。

惯性导航系统可以看成是 IMU 与软件的结合。图 10-7 所示为 IMU 产品，通过内置的微处理器，能够以最高 200 Hz 的频率输出实时的高精度三维位置、速度、姿态信息。

图 10-7　IMU 产品

2. 惯性导航系统的作用

惯性导航系统主要有两个作用。一个作用是在 GPS 信号丢失或很弱的情况下暂时填补GPS 留下的空缺，用积分法取得最接近真实的三维高精度定位。即便是北斗加 GPS 加GLONASS，卫星导航信号还是有很多无法覆盖的地方，所以无人驾驶汽车必须配备惯性导航系统。另一个作用是配合激光雷达。GPS+IMU 为激光雷达的空间位置和脉冲发射姿态提供高精度定位，建立激光雷达云点的三维坐标系。惯性导航系统可用于定位，与其他传感器融合时，也需要统一到一个坐标系下。定位是最常用的，通过 IMU、惯性导航系统和 GPS等，得到一个预测的全局位置。当激光雷达实时扫描单次的点云数据后，结合单次的点云数据进行匹配，并进行特征提取。这些特征包括路沿、车道线、高度等周围点线面的特征。对于高精度地图，提取过的特征与实时提取的特征进行匹配，最终得到精准的车辆位置，这是激光雷达的定位过程。

3. 惯性导航系统的特点

惯性导航系统具有以下主要优点。

（1）由于它是不依赖于任何外部信息，也不向外部辐射能量的自主式导航系统，因此隐蔽性好，也不受外界电磁干扰的影响。

（2）可全天候在全球任何地点工作。

（3）能提供位置、速度、航向和姿态角数据，所产生的导航信息连续性好而且噪声低。

（4）数据更新率高，短期精度和稳定性好。

惯性导航系统具有以下主要缺点。

（1）由于导航信息经过积分而产生，因此定位误差随时间而增大，长期精度差。

（2）每次使用之前需要较长的初始对准时间。

（3）设备的价格较昂贵。

（4）不能给出时间信息。

学习任务 10.2　导航定位函数

1. GPS 函数

MATLAB 中提供的 GPS 函数为 gpsSensor，其调用格式为

```
GPS=gpsSensor
GPS=gpsSensor('ReferenceFrame',RF)
GPS=gpsSensor(___,Name,Value)
```

其中，ReferenceFrame 为参考帧；Name 和 Value 为设置 GPS 属性；GPS 为全球定位接收系统。

GPS 应用格式为

```
[position,velocity,groundspeed,course]=GPS(truePosition,trueVelocity)
```

其中，truePosition 为 GPS 接收机在局部导航坐标系中的定位；trueVelocity 为 GPS 接收机在局部导航坐标系中的速度；position 为 GPS 接收机在 LLA 坐标系中的位置；velocity 为 GPS 接收机在局部导航坐标系中的速度；groundspeed 为 GPS 接收机在局部导航坐标系中水平速度的大小；course 为 GPS 接收机在局部导航坐标系中的水平速度方向。

2. IMU 函数

MATLAB 提供的 IMU 函数为 imuSensor，其调用格式为

```
IMU=imuSensor
IMU=imuSensor('accel-gyro')
IMU=imuSensor('accel-mag')
IMU=imuSensor('accel-gyro-mag')
IMU=imuSensor(___,Name,Value)
```

其中，accel-gyro 为加速度计-陀螺仪；accel-mag 为加速度计-磁强计；accel-gyro-mag 为加速度计-陀螺仪—磁强计；Name 和 Value 为设置 IMU 属性；IMU 为惯性测量单元。

IMU 应用格式主要有

```
[accelReadings,gyroReadings]=IMU(acc,angVel)
[accelReadings,gyroReadings]=IMU(acc,angVel,orientation)
[accelReadings,magReadings]=IMU(acc,angVel)
[accelReadings,magReadings]=IMU(acc,angVel,orientation)
[accelReadings,gyroReadings,magReadings]=IMU(acc,angVel)
[accelReadings,gyroReadings,magReadings]=IMU(acc,angVel,orientation)
```

其中，acc 为局部导航坐标系中 IMU 的加速度；angVel 为局部导航坐标系中 IMU 的角速度；

orientation 为 IMU 在局部导航坐标系中的定位；accelReadings 为传感器体坐标系中 IMU 加速度计的测量值；gyroReadings 为传感器体坐标系中 IMU 的陀螺仪的测量值；magReadings 为传感器体坐标系中 IMU 的磁强计测量值。

学习任务 10.3　导航定位仿真实例

【例 10-1】从固定输入产生 GPS 位置测量，假设所在位置为纬度 37.52°，经度 122.12°，高程（海拔高度）为 55.13 m。

解： 在 MATLAB 命令行窗口输入以下程序。

```
1    fs=1;                                                     %采样频率
2    duration=1000;                                            %设置模拟时间
3    numSamples=duration*fs;                                   %样本数
4    refLoc=[37.52,122.12,55.13];                              %参考位置
5    truePosition=zeros(numSamples,3);                         %真实位置赋初值
6    trueVelocity=zeros(numSamples,3);                         %真实速度赋初值
7    gps=gpsSensor('UpdateRate',fs,'ReferenceLocation',refLoc);%创建 GPS
8    position=gps(truePosition,trueVelocity);                  %调用 GPS
9    t=(0:(numSamples-1))/fs;                                  %时间
10   subplot(3,1,1)                                            %设置图形位置
11   plot(t,position(:,1),t,ones(numSamples)*refLoc(1))        %绘制纬度曲线
12   ylabel('纬度(°)')                                         %y 轴标注
13   subplot(3,1,2)                                            %设置图形位置
14   plot(t,position(:,2),t,ones(numSamples)*refLoc(2))        %绘制经度曲线
15   ylabel('经度(°)')                                         %y 轴标注
16   subplot(3,1,3)                                            %设置图形位置
17   plot(t,position(:,3),t,ones(numSamples)*refLoc(3))        %绘制高程曲线
18   ylabel('高程(m)')                                         %y 轴标注
19   xlabel('时间(s)')                                         %x 轴标注
```

输出结果如图 10-8 所示。

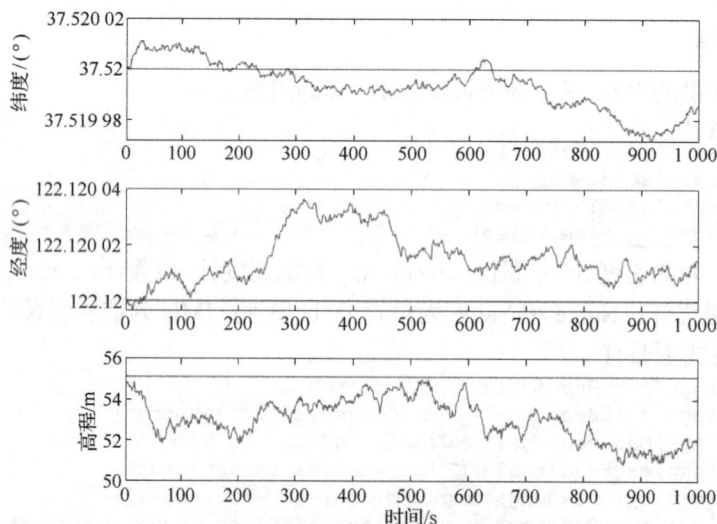

图 10-8　GPS 输出曲线

位置读数的噪声由水平位置精度、垂直位置精度、速度精度和衰减因子控制。

重置 GPS 对象，将衰减因子设置为 0.5，使用指定固定位置的变量调用 gps，绘制结果，如图 10-9 所示。可以看出，GPS 位置测量值围绕真实位置振荡。

```
reset(gps)
gps.DecayFactor=0.5;
position=gps(truePosition,trueVelocity);
```

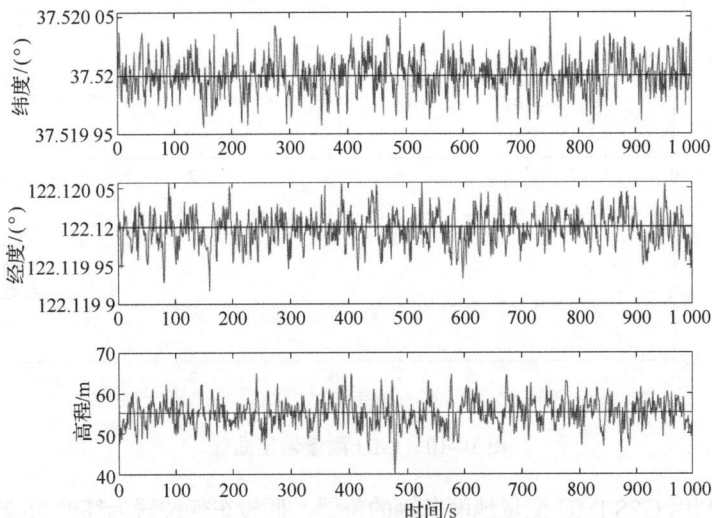

图 10-9　调整后的 GPS 输出曲线

【例 10-2】从平稳输入生成理想的 IMU 数据。

解：在 MATLAB 命令行窗口输入以下程序。

```
1   IMU=imuSensor('accel-gyro-mag');              %创建 IMU 模型
2   numSamples=1000;                              %设置样本数
3   acceleration=zeros(numSamples,3);             %加速度赋初值
4   angularVelocity=zeros(numSamples,3);          %角速度赋初值
5   [accelReading,gyroReading,magReading]= ...    %调用 IMU
        IMU(acceleration,angularVelocity);
6   t=(0:(numSamples-1))/IMU.SampleRate;          %时间
7   subplot(3,1,1)                                %设置图形位置
8   plot(t,accelReading)                          %绘制加速度曲线
9   legend('X轴','Y轴','Z轴')                      %曲线标注
10  ylabel('加速度(m/s^2)')                        %y轴标注
11  subplot(3,1,2)                                %设置图形位置
12  plot(t,gyroReading)                           %绘制角速度曲线
13  legend('X轴','Y轴','Z轴')                      %曲线标注
14  ylabel('角速度(rad/s)')                        %y轴标注
15  subplot(3,1,3)                                %设置图形位置
16  plot(t,magReading)                            %绘磁感应强度曲线
17  legend('X轴','Y轴','Z轴')                      %曲线标注
18  xlabel('时间(s)')                              %x轴标注
19  ylabel('磁感应强度(uT)')                        %y轴标注
```

输出结果如图 10-10 所示。

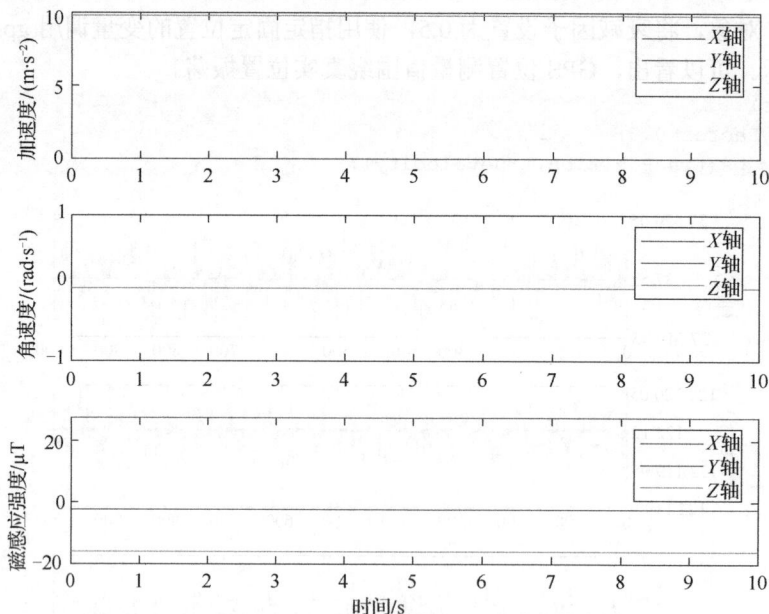

图 10-10　IMU 测量输出曲线

【例 10-3】利用 GPS/IMU 测量地面车辆的位置，假设车辆位置为纬度 36.2°，经度 120.5°，高程为 50.1 m。

解：利用 GPS/IMU 测量地面车辆的位置，按以下步骤进行。

（1）仿真设置

设置采样率。在 GPS/IMU 系统中，IMU 中的加速度计和陀螺仪以较高的采样率运行，GPS 以较低的采样率运行。本例中，GPS 的采样频率设为 10 Hz，IMU 的采样频率设为 100 Hz。

仿真设置程序如下。

```
1    gpsFs=10;                              %GPS 采样频率
2    imuFs=100;                             %IMU 采样频率
3    localOrigin=[36.2,120.5,50.1];         %车辆位置
4    imuSamplesPerGPS=(imuFs/gpsFs);        %采样比值
```

（2）融合滤波器

创建融合滤波器以便 GPS/IMU 测量。融合滤波器使用扩展卡尔曼滤波器来跟踪方向（四元数）、位置、速度和传感器偏差。

创建融合滤波器的程序如下。

```
gndFusion=insfilterNonholonomic('ReferenceFrame','ENU',...    %创建融合滤波器
    'IMUSampleRate',imuFs,'ReferenceLocation',localOrigin,...
    'DecimationFactor',2);
```

（3）创建地面车辆轨迹

地面车辆根据指定的采样率、航路点、到达时间和方向计算姿态，其轨迹为圆形。

```
1    r=10;                                  %轨迹半径
2    speed=3;                               %车辆速度
3    center=[0,0];                          %中心坐标
4    initialYaw=90;                         %初始偏航角
```

```
5    numRevs=2;                                            %行驶圈数
6    revTime=2*pi*r/speed;                                 %行驶时间
7    theta=(0:pi/2:2*pi*numRevs).';                        %转角
8    t=linspace(0,revTime*numRevs,numel(theta))';          %到达时间
9    x=r.*cos(theta)+center(1);                            %x 坐标
10   y=r.*sin(theta)+center(2);                            %y 坐标
11   z=zeros(size(x));                                     %z 坐标
12   position=[x,y,z];                                     %车辆位置
13   yaw=theta+deg2rad(initialYaw);                        %初始偏航角
14   yaw=mod(yaw,2*pi);                                    %取模运算
15   pitch=zeros(size(yaw));                               %俯仰角赋初值
16   roll=zeros(size(yaw));                                %横滚角赋初值
17   orientation=quaternion([yaw,pitch,roll],'euler','ZYX','frame');  %定义方向
18   groundTruth=waypointTrajectory('SampleRate',imuFs, ...    %生成车辆轨迹
         'Waypoints',position,'TimeOfArrival',t, ...
         'Orientation',orientation);
```

（4）GPS 设置

根据指定的采样频率和参考位置设置 GPS，其他参数控制输出信号中噪声的性质。
GPS 设置程序如下。

```
1    gps=gpsSensor('UpdateRate',gpsFs,'ReferenceFrame','ENU');  %GPS 函数
2    gps.ReferenceLocation=localOrigin;                    %GPS 参考位置
3    gps.DecayFactor=0.5;                                  %GPS 衰减因子
4    gps.HorizontalPositionAccuracy=1.0;                   %GPS 水平位置精度
5    gps.VerticalPositionAccuracy=1.0;                     %GPS 垂直位置精度
6    gps.VelocityAccuracy=0.1;                             %GPS 速度精度
```

（5）IMU 传感器设置

通常情况下，地面车辆使用 6 轴 IMU 传感器进行姿态估计。要对 IMU 传感器建模，需要定义包含加速度计和陀螺仪的 IMU 传感器模型。在实际应用中，这两个传感器可能来自单个集成电路，也可能来自单独的集成电路。这里设置的属性值是低成本 MEMS 传感器的典型值。

IMU 传感器设置程序如下。

```
1    imu=imuSensor('accel-gyro','ReferenceFrame','ENU',...    %IMU 传感器函数
         'SampleRate',imuFs);
2    imu.Accelerometer.MeasurementRange=19.6133;           %加速度计最大测量值
3    imu.Accelerometer.Resolution=0.0023928;               %加速度计分辨率
4    imu.Accelerometer.NoiseDensity=0.0012356;             %加速度计噪声密度
5    imu.Gyroscope.MeasurementRange=deg2rad(250);          %陀螺仪最大测量值
6    imu.Gyroscope.Resolution=deg2rad(0.0625);             %陀螺仪分辨率
7    imu.Gyroscope.NoiseDensity=deg2rad(0.025);            %陀螺仪噪声密度
```

（6）滤波器初始化状态

滤波器初始化状态程序如下。

```
1    [initialPos,initialAtt,initialVel]=groundTruth();     %设置地面真值
     reset(groundTruth);                                   %重置初始状态
2    gndFusion.State(1:4)=compact(initialAtt).';           %融合状态-方向
3    gndFusion.State(5:7)=imu.Gyroscope.ConstantBias;      %融合状态-陀螺偏压
4    gndFusion.State(8:10)=initialPos.';                   %融合状态-位置
5    gndFusion.State(11:13)=initialVel.';                  %融合状态-速度
6    gndFusion.State(14:16)=imu.Accelerometer.ConstantBias;  %融合状态-加速度计偏压
```

（7）滤波器方差初始化

滤波器方差初始化程序如下。

```
1    Rvel=gps.VelocityAccuracy.^2;                          %GPS 速度精度
2    Rpos=gps.HorizontalPositionAccuracy.^2;                %GPS 水平定位精度
3    gndFusion.ZeroVelocityConstraintNoise=1e-2;            %测量噪声
4    gndFusion.GyroscopeNoise=4e-6;                         %陀螺仪噪声
5    gndFusion.GyroscopeBiasNoise=4e-14;                    %陀螺仪偏压噪声
6    gndFusion.AccelerometerNoise=4.8e-2;                   %加速度计噪声
7    gndFusion.AccelerometerBiasNoise=4e-14;                %加速度计偏压噪声
8    gndFusion.StateCovariance=1e-9*ones(16);               %初始误差协方差
```

（8）绘图设置

绘图设置程序如下。

```
1    useErrScope=true;                                      %设绘图为真
2    if useErrScope                                         %如果绘图为真
3        errscope=HelperScrollingPlotter('NumInputs',4,'TimeSpan',10,...
                                                            %绘制方向和位置误差曲线
         'SampleRate',imuFs,'YLabel',{'方向（°）','X 位置误差（m）',...
         'Y 位置误差（m）','Z 位置误差（m）'}, ...
         'Title',{'','','',''},'YLimits',[-3,3;-3,3;-3,3;-3,3]);
4    end                                                    %结束
```

（9）仿真循环

仿真循环程序如下。

```
1    totalSimTime=30;                                       %仿真时间
2    numsamples=floor(min(t(end),totalSimTime)*gpsFs);      %取整数
3    truePosition=zeros(numsamples,3);                      %真实位置赋初值
4    trueOrientation=quaternion.zeros(numsamples,1);        %真实方向赋初值
5    estPosition=zeros(numsamples,3);                       %测试位置赋初值
6    estOrientation=quaternion.zeros(numsamples,1);         %测试方向赋初值
7    idx=0;                                                 %设 idx 为0
8    for sampleIdx=1:numsamples                             %循环开始
9      for i=1:imuSamplesPerGPS                             %循环开始
10      if ~isDone(groundTruth)                             %如果地面真值是真
11          idx=idx+1;                                      %计数加 1
12          [truePosition(idx,:),trueOrientation(idx,:),... %地面真值
                trueVel,trueAcc,trueAngVel]=groundTruth();
13          [accelData, gyroData]=imu(trueAcc,trueAngVel, ... %IMU 测量
                trueOrientation(idx,:));
14          predict(gndFusion,accelData,gyroData);          %估计传感器数据
15          [estPosition(idx,:),estOrientation(idx,:)]=pose(gndFusion);
                                                            %记录估计的位置和方向
16          if useErrScope                                  %判断误差存在
17              orientErr=rad2deg(...                       %方向误差
                    dist(estOrientation(idx,:),trueOrientation(idx,:)));
18              posErr=estPosition(idx,:)-truePosition(idx,:);  %位置误差
19              errscope(orientErr,posErr(1), posErr(2), posErr(3));  %误差范围
20          end                                             %结束
21      end                                                 %结束
22    end                                                   %结束
23    if ~isDone(groundTruth)                               %如果是地面真值
24        [lla,gpsVel]=gps(truePosition(idx,:),trueVel);    %GPS 输出
25        fusegps(gndFusion,lla,Rpos,gpsVel,Rvel);          %更新滤波器
```

| 26 | end | %结束 |
| 27 | end | | %结束 |

输出结果如图 10-11 所示。

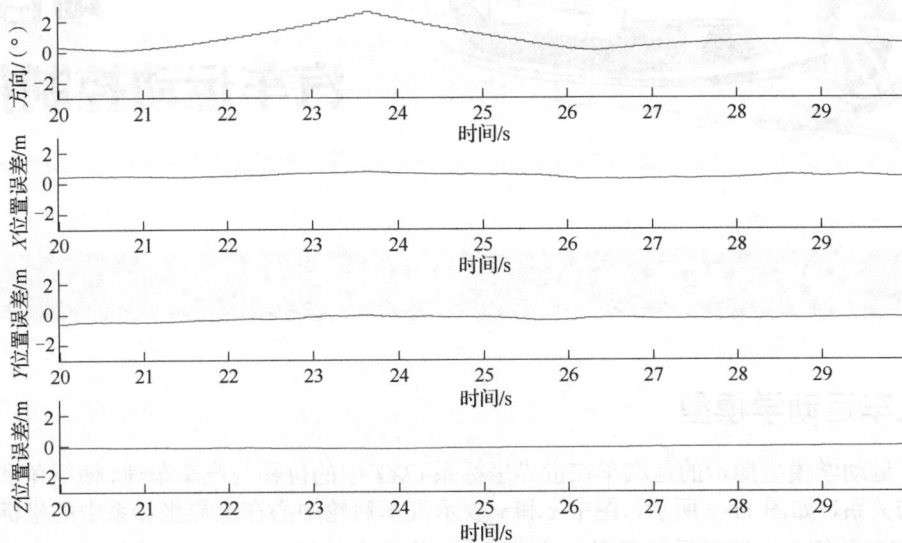

图 10-11　车辆位置测量误差

项目 11
汽车运动控制技术

一、汽车运动学模型

汽车运动学模型揭示的是汽车在世界坐标系 OXY 中的位移与汽车车速、横摆角和前轮转角之间的关系，如图 11-1 所示，图中 x 和 y 表示汽车后轮中心在世界坐标系中的坐标，x_f 和 y_f 表示汽车前轮中心在世界坐标系中的坐标，L 为汽车轴距，θ 为汽车横摆角，δ 为汽车前轮转角。

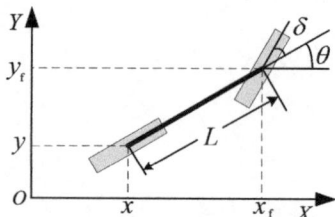

图 11-1　汽车运动学模型

汽车前后轮中心的坐标与汽车横摆角和前轮转角之间的关系为

$$\begin{cases} \dot{x}_f \sin(\theta+\delta) - \dot{y}_f \cos(\theta+\delta) = 0 \\ \dot{x}\sin\theta - \dot{y}\cos\theta = 0 \end{cases} \tag{11-1}$$

前轮坐标可以用后轮坐标和轴距 L 表示为

$$\begin{cases} x_f = x + L\cos\theta \\ y_f = y + L\sin\theta \end{cases} \tag{11-2}$$

消去 x_f 和 y_f 可得

$$\dot{x}\sin(\theta+\delta) - \dot{y}\cos(\theta+\delta) - \dot{\theta}L\cos\delta = 0 \tag{11-3}$$

后轮的约束条件为

$$\begin{cases} \dot{x} = v_x \cos\theta \\ \dot{y} = v_x \sin\theta \end{cases} \tag{11-4}$$

可以求得 $\dot{\theta}$ 为

$$\dot{\theta} = \frac{v_x \tan\delta}{L} \tag{11-5}$$

汽车运动学模型为

$$\begin{bmatrix} \dot{x} \\ \dot{y} \\ \dot{\theta} \end{bmatrix} = \begin{bmatrix} \cos\theta \\ \sin\theta \\ \tan\delta/L \end{bmatrix} v_x \tag{11-6}$$

智能网联汽车或无人驾驶汽车的路径跟踪控制过程中，一般$[x,y,\theta]$为状态量，$[v_x,\dot{\theta}]$为控制量，则汽车运动学模型可以转换为

$$\begin{bmatrix} \dot{x} \\ \dot{y} \\ \dot{\theta} \end{bmatrix} = \begin{bmatrix} \cos\theta \\ \sin\theta \\ 0 \end{bmatrix} v_x + \begin{bmatrix} 0 \\ 0 \\ 1 \end{bmatrix} \dot{\theta} \tag{11-7}$$

二、汽车动力模型

将汽车简化为一个单轨二轮模型，引入以下假设。

（1）忽略转向系统的作用，直接以前轮转角作为输入。

（2）忽略悬架的作用，认为汽车只做平行于地面的平面运动，即汽车沿 z 轴的位移、绕 y 轴的俯仰角和绕 x 轴的侧倾角均为零。

（3）汽车沿 x 轴的纵向速度不变，只有沿 y 轴的侧向运动和绕 z 轴的横摆运动二个自由度。

（4）轮胎侧偏特性处于线性范围。

（5）前后轮轮距相同，左右轮的转向角相同。

（6）忽略空气动力的作用。

（7）忽略左、右轮胎由于载荷变化引起的轮胎特性变化以及轮胎回正力矩的作用。

简化后的二自由度汽车行驶模型如图 11-2 所示。图中，v_x 为汽车质心前进速度；v_y 为汽车质心侧向速度；ω 为汽车横摆角速度；l_f 为汽车质心至前轴距离；l_r 为汽车质心至后轴距离；α_f、α_r 分别为前轮侧偏角和后轮侧偏角；δ 为前轮转向角；F_{yf}、F_{yr} 分别为前轮和后轮的侧向力；F_{xf}、F_{xr} 分别为前轮和后轮的纵向力。

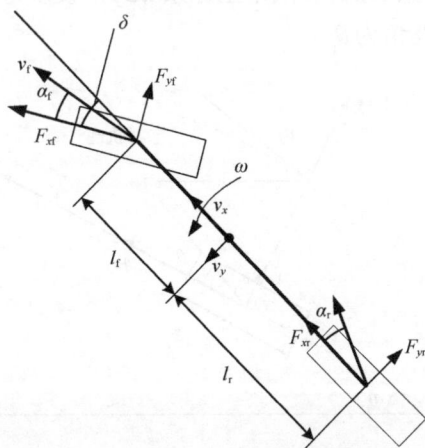

图 11-2　简化后的二自由度汽车行驶模型

汽车前轮和后轮的侧偏角分别为

$$\alpha_{\mathrm{f}} = \frac{v_y}{v_x} + \frac{l_{\mathrm{f}}\omega}{v_x} - \delta$$

$$\alpha_{\mathrm{r}} = \frac{v_y}{v_x} - \frac{l_{\mathrm{r}}\omega}{v_x}$$

(11-8)

假设轮胎侧向力处于线性范围内，汽车前轮和后轮侧向力分别为

$$F_{y\mathrm{f}} = K_{\alpha\mathrm{f}}\alpha_{\mathrm{f}}$$

$$F_{y\mathrm{r}} = K_{\alpha\mathrm{r}}\alpha_{\mathrm{r}}$$

(11-9)

式中，$K_{\alpha\mathrm{f}}$、$K_{\alpha\mathrm{r}}$ 分别为前轮和后轮综合侧偏刚度。

汽车质心处侧向加速度为

$$a_y = \dot{v}_y + v_x\omega = \ddot{y} + \dot{x}\omega$$

(11-10)

根据牛顿定律，可以列出二自由度汽车的微分方程为

$$ma_y = F_{y\mathrm{f}} + F_{y\mathrm{r}}$$

$$I_z\dot{\omega} = l_{\mathrm{f}}F_{y\mathrm{f}} - l_{\mathrm{r}}F_{y\mathrm{r}}$$

(11-11)

式中，m 为汽车质量；I_z 为汽车转动惯量。

汽车动力学方程为

$$m(\ddot{y} + \dot{x}\omega) = K_{\alpha\mathrm{f}}\left(\frac{\dot{y}}{\dot{x}} + \frac{l_{\mathrm{f}}\omega}{\dot{x}} - \delta\right) + K_{\alpha\mathrm{r}}\left(\frac{\dot{y}}{\dot{x}} - \frac{l_{\mathrm{r}}\omega}{\dot{x}}\right)$$

$$I_z\dot{\omega} = l_{\mathrm{f}}K_{\alpha\mathrm{f}}\left(\frac{\dot{y}}{\dot{x}} + \frac{l_{\mathrm{f}}\omega}{\dot{x}} - \delta\right) - l_{\mathrm{r}}K_{\alpha\mathrm{r}}\left(\frac{\dot{y}}{\dot{x}} - \frac{l_{\mathrm{r}}\omega}{\dot{x}}\right)$$

(11-12)

其矩阵形式为

$$\begin{bmatrix} \ddot{y} \\ \dot{\omega} \end{bmatrix} = \begin{bmatrix} \dfrac{K_{\alpha\mathrm{f}} + K_{\alpha\mathrm{r}}}{m\dot{x}} & \dfrac{l_{\mathrm{f}}K_{\alpha\mathrm{f}} - l_{\mathrm{r}}K_{\alpha\mathrm{r}}}{m\dot{x}} - \dot{x} \\ \dfrac{l_{\mathrm{f}}K_{\alpha\mathrm{f}} - l_{\mathrm{r}}K_{\alpha\mathrm{r}}}{I_z\dot{x}} & \dfrac{l_{\mathrm{f}}^2K_{\alpha\mathrm{f}} + l_{\mathrm{r}}^2K_{\alpha\mathrm{r}}}{I_z\dot{x}} \end{bmatrix} \begin{bmatrix} \dot{y} \\ \omega \end{bmatrix} + \begin{bmatrix} -\dfrac{K_{\alpha\mathrm{f}}}{m} \\ -\dfrac{l_{\mathrm{f}}K_{\alpha\mathrm{f}}}{I_z} \end{bmatrix} \delta$$

(11-13)

图 11-3 中建立世界坐标系 XOY 和汽车坐标系 xOy，设参考轨迹曲率为 ρ，汽车横摆角为 θ，参考轨迹对应参考横摆角为 θ_{ρ}。

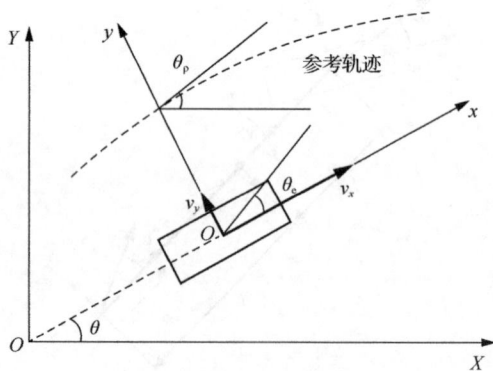

图 11-3　汽车运动关系

实际汽车在车道上平稳行驶时，横摆角 θ 较小，考虑汽车坐标系与世界坐标系间的转换关系，得到世界坐标系下汽车速度为

$$
\begin{cases}
\dot{Y} = \dot{x}\sin\theta + \dot{y}\cos\theta \approx \dot{x}\theta + \dot{y} \\
\dot{X} = \dot{x}\cos\theta - \dot{y}\sin\theta \approx \dot{x} - \dot{y}\theta
\end{cases}
\tag{11-14}
$$

研究汽车横向控制时，参考轨迹纵向速度不变，选取状态变量为 $x_n = [\dot{y},\theta,\omega,Y]$，控制量 u_n 为前轮转角 δ，输出量为 $y_n = [\theta,Y]$，则得到状态方程为

$$
\begin{bmatrix} \ddot{y} \\ \dot{\theta} \\ \dot{\omega} \\ \dot{Y} \end{bmatrix}
=
\begin{bmatrix}
\dfrac{K_{\alpha f}+K_{\alpha r}}{m\dot{x}} & \dfrac{l_f K_{\alpha f}-l_r K_{\alpha r}}{m\dot{x}}-\dot{x} & 0 & 0 \\
0 & 0 & 1 & 0 \\
\dfrac{l_f K_{\alpha f}-l_r K_{\alpha r}}{I_z \dot{x}} & \dfrac{l_r^2 K_{\alpha r}+l_f K_{\alpha f}}{I_z \dot{x}} & 0 & 0 \\
1 & \dot{x} & 0 & 0
\end{bmatrix}
\begin{bmatrix} \dot{y} \\ \theta \\ \omega \\ Y \end{bmatrix}
+
\begin{bmatrix}
-\dfrac{K_{\alpha f}}{m} \\ 0 \\ \dfrac{l_f K_{\alpha f}}{I_z} \\ 0
\end{bmatrix}\delta
\tag{11-15}
$$

车辆理想侧向加速度为

$$
\dot{v}_y(s) = v_x^2 \rho(s)
\tag{11-16}
$$

式中，$\rho(s)$ 为参考轨迹的曲率。

侧向加速度误差为

$$
\ddot{e}_{cg} = (\dot{v}_y + v_x\omega) - \dot{v}_y(s) = \dot{v}_y + v_x\dot{\theta}_e
\tag{11-17}
$$

式中，$\theta_e = \theta - \theta_\rho$ 为车辆偏航角。

侧向速度误差为

$$
\dot{e}_{cg} = v_y + v_x\sin\theta_e
\tag{11-18}
$$

车辆侧向控制误差模型为

$$
\begin{bmatrix} \dot{e}_{cg} \\ \ddot{e}_{cg} \\ \dot{\theta}_e \\ \ddot{\theta}_e \end{bmatrix}
=
\begin{bmatrix}
0 & 1 & 0 & 0 \\
0 & \dfrac{-(K_{\alpha f}+K_{\alpha r})}{mv_x} & \dfrac{K_{\alpha f}+K_{\alpha r}}{m} & \dfrac{l_r K_{\alpha r}-l_f K_{\alpha f}}{mv_x} \\
0 & 0 & 0 & 1 \\
0 & \dfrac{l_r K_{\alpha r}-l_f K_{\alpha f}}{I_z v_x} & \dfrac{l_f K_{\alpha f}-l_r K_{\alpha r}}{I_z} & \dfrac{-(l_f^2 K_{\alpha f}+l_r^2 K_{\alpha r})}{I_z v_x}
\end{bmatrix}
\begin{bmatrix} e_{cg} \\ \dot{e}_{cg} \\ \theta_e \\ \dot{\theta}_e \end{bmatrix}
$$

$$
+
\begin{bmatrix}
0 \\ \dfrac{K_{\alpha f}}{m} \\ 0 \\ \dfrac{l_f K_{\alpha f}}{I_z}
\end{bmatrix}\delta
+
\begin{bmatrix}
0 \\ \dfrac{l_r K_{\alpha r}-l_f K_{\alpha f}}{mv_x}-v_x \\ 0 \\ \dfrac{-(l_f^2 K_{\alpha f}+l_r^2 K_{\alpha r})}{I_z v_x}
\end{bmatrix}\rho(s)
\tag{11-19}
$$

学习任务 11.2　汽车运动控制模块

1. 纵向控制器模块

纵向控制器模块根据指定的参考速度、当前速度和当前行驶方向计算车辆的加速度和减速度，控制车辆速度。

纵向控制器模块如图 11-4 所示，它主要控制车辆的纵向速度。

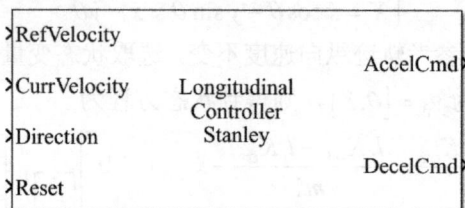

图 11-4　纵向控制器模块

纵向控制器模块的输入是参考速度（RefVelocity）、车辆的当前速度（CurrVelocity）、车辆的行驶方向（Direction）和触发将速度误差积分重置为零（Reset），输出是车辆的加速命令（AccelCmd）和减速命令（DecelCmd）。

单击纵向控制器模块，进入纵向控制器模块设置界面，可以对其各种参数进行设置，如图 11-5 所示。

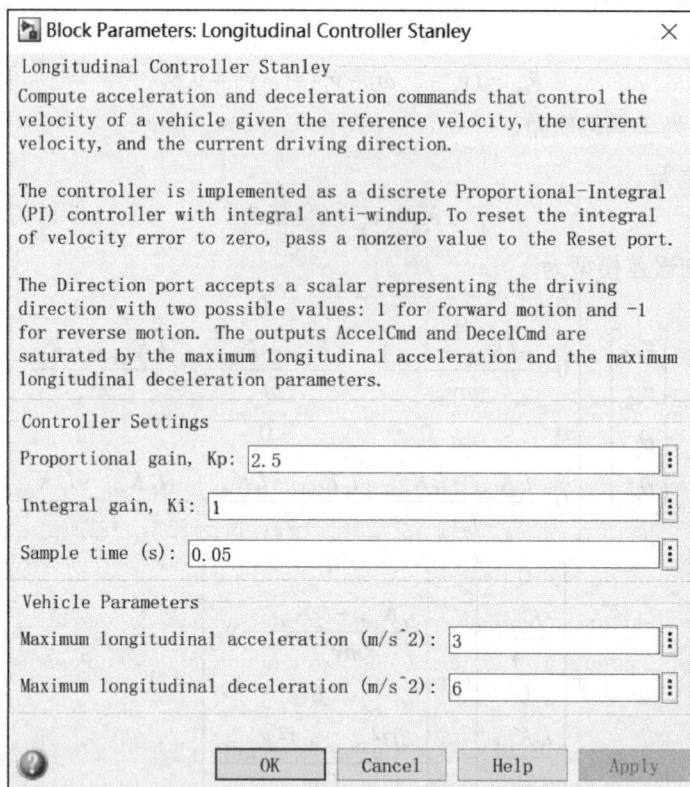

图 11-5　纵向控制器模块设置界面

纵向控制器模块设置有控制器设置（Controller Settings）和车辆参数（Vehicle Parameters）设置。控制器设置有比例增益（Proportional gain）、积分增益（Integral gain）和采样时间（Sample time），车辆参数设置有最大纵向加速度（Maximum longitudinal acceleration）和最大纵向减速度（Maximum longitudinal deceleration）。

纵向控制器模块详情参见"Automated Driving Toolbox"的"Longitudinal Controller Stanley"。

2. 横向控制器模块

横向控制器模块根据车辆的当前速度和方向，调整车辆的当前姿态以匹配参考姿态，计算转向角度，控制车辆的转向。

横向控制器模块如图 11-6 所示，它控制车辆的横向运动。

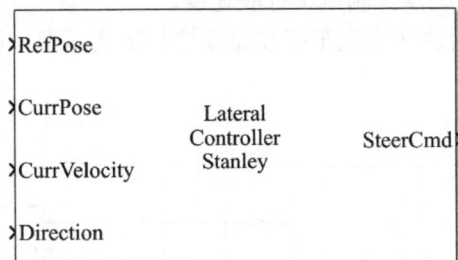

图 11-6　横向控制器模块

横向控制器模块的输入是参考姿态（RefPose）、车辆的当前姿态（CurrPose）、车辆的当前速度（CurrVelocity）和车辆的行驶方向（Direction），输出是转向命令（SteerCmd）。

单击横向控制器模块，进入横向控制器模块设置界面，可以对其各种参数进行设置，如图 11-7 所示。横向控制器模块设置有控制器设置（Controller Settings）和车辆参数（Vehicle Parameters）设置。

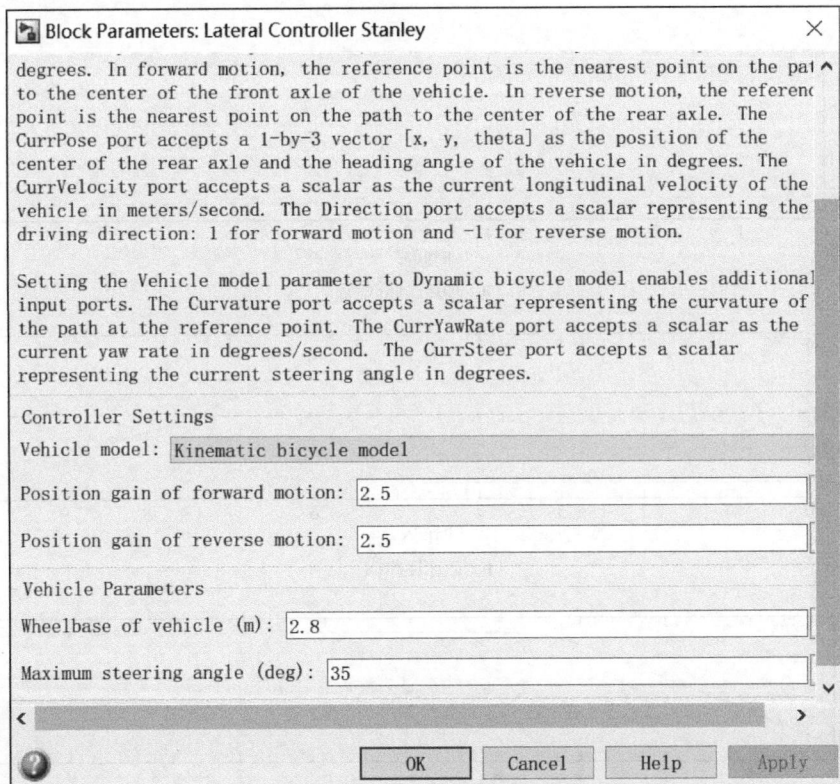

图 11-7　横向控制器模块设置界面

横向控制器模块详情参见"Automated Driving Toolbox"的"Lateral Controller Stanley"。

学习任务 11.3　汽车运动控制仿真实例

【例 11-1】利用纵向控制器控制汽车行驶速度。

解： 利用纵向控制器模块建立汽车行驶速度控制仿真模型，如图 11-8 所示。

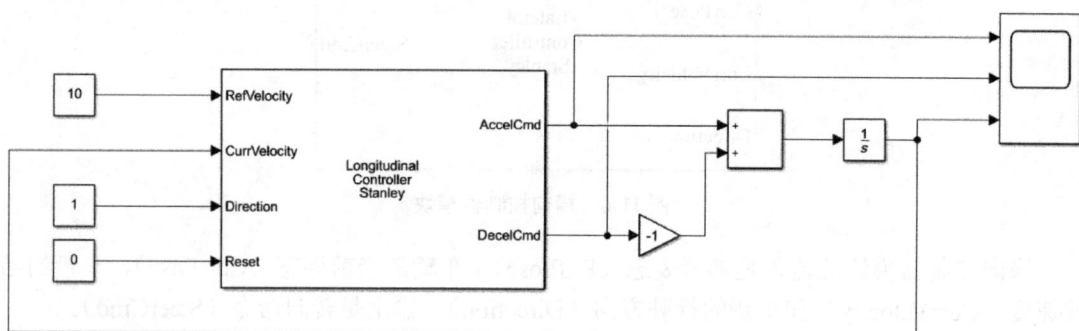

图 11-8　汽车行驶速度控制仿真模型

汽车从 0 加速到 10 m/s，仿真曲线如图 11-9 所示。

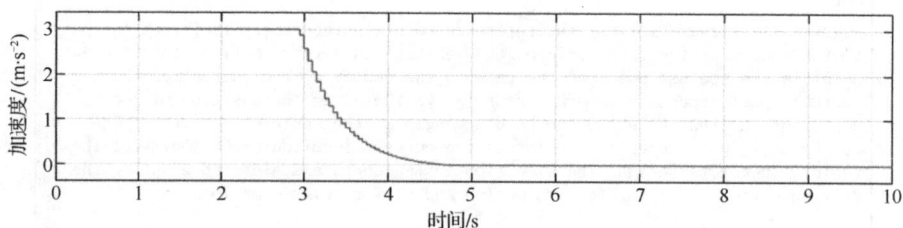

（a）加速度曲线

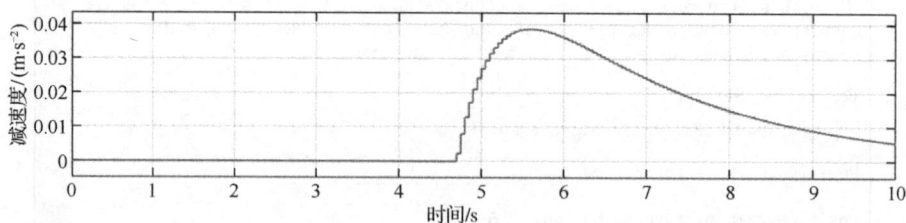

（b）减速度曲线

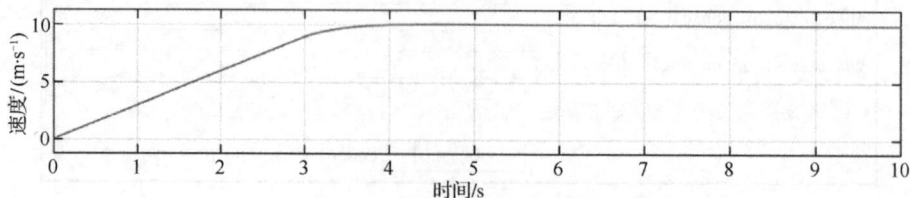

（c）速度曲线

图 11-9　汽车行驶速度控制仿真曲线

【例 11-2】利用横向控制器控制汽车行驶路径。

解：利用 MATLAB 的 Simulink 建立仿真模型，在 MATLAB 编辑器窗口输入以下命令。

```
1   openExample('driving/LateralControlTutorialExample',...    %打开例子
    'supportingFile','helperCreateDrivingScenario.m')
2   open_system('LateralControlTutorial')                      %打开横向控制仿真模型
3   sim('LateralControlTutorial');                             %对横向控制进行仿真
4   helperPlotRoadAndPath(scenario, refPoses)                  %绘制道路和参考路径
5   function helperPlotRoadAndPath(scenario,refPoses)          %道路和参考路径函数
6     h=figure('Color','white');                               %把图设置为白色
7     ax1=axes(h,'Box','on');                                  %设置坐标区
8     plot(scenario,'Parent',ax1)                              %绘制场景图
9     hold on                                                  %保持图形
10    plot(ax1,refPoses(:,1),refPoses(:,2),'b')                %绘制坐标轴
11    xlim([0,300])                                            %x 轴范围
12    ylim([0,150])                                            %y 轴范围
13  end                                                        %结束
```

汽车行驶横向控制仿真模型如图 11-10 所示。

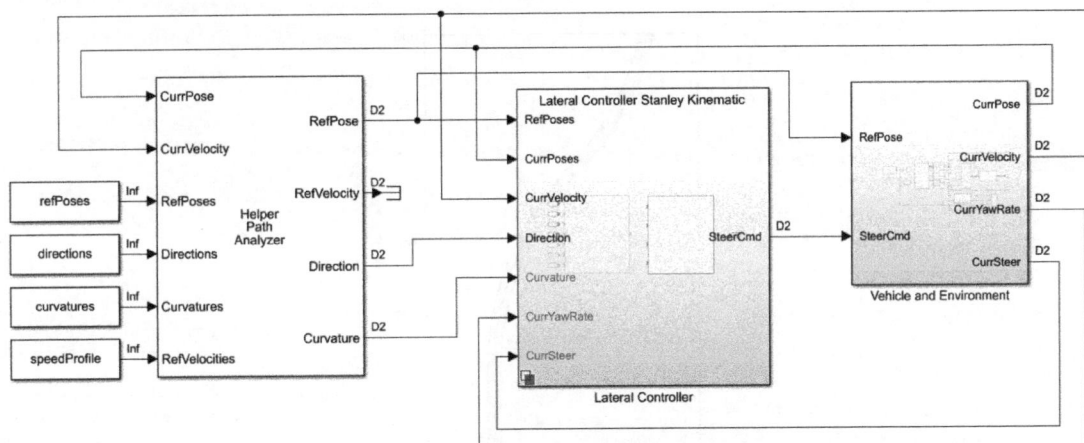

图 11-10　汽车行驶横向控制仿真模型

汽车行驶横向控制仿真模型由三部分组成，即帮助路径分析模块（Helper Path Analyzer）、横向控制器模块（Lateral Controller）、车辆和环境模块（Vehicle and Environment）。

帮助路径分析模块为横向控制器模块提供参考信号，给定车辆的当前姿态，它通过搜索参考路径上与车辆最近的点来确定参考姿态。

横向控制器模块包含两种情况：一种是配置汽车运动学模型；另一种是配置汽车动力学模型。它们都可以控制汽车的转向角度，通过命令进行选择。例如，如果要选择横向控制器的运动学模块，使用以下命令。

```
variant='LateralControlTutorial/Lateral Controller';
set_param(variant,'LabelModeActivechoice','Kinematic');
```

如果要选择横向控制器的动力学模块，使用以下命令。

```
set_param(variant,'LabelModeActivechoice','Dynamic');
```

车辆和环境模块如图 11-11 所示，它使用汽车三自由度模型来模拟车辆的运动。

道路和参考路径如图 11-12 所示。

打开鸟瞰图，可以看到车辆的行驶状态，如图 11-13 所示。

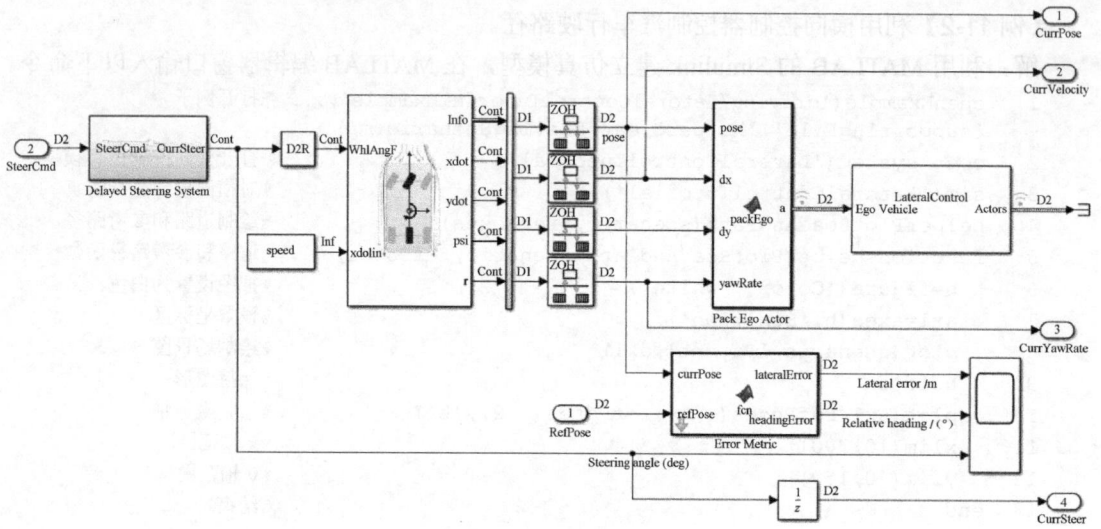

图 11-11　车辆和环境模块

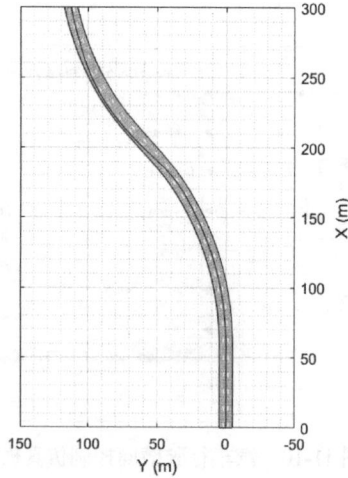

图 11-12　道路和参考路径

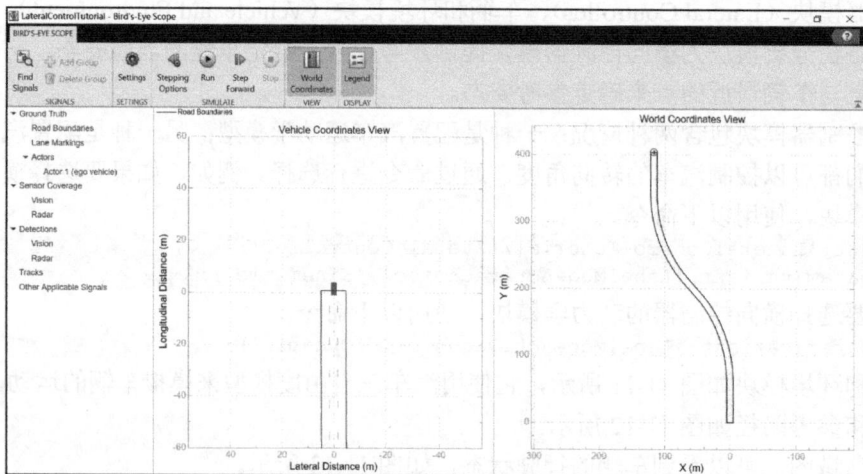

图 11-13　车辆运动控制仿真

利用以下命令可以获得基于运动学模型的车辆运动控制仿真曲线，如图 11-14 所示。可以看出，显示范围内的路径最大横向偏差小于 0.3 m，最大相对航向和最大转向角小于 3°。

```
scope='LateralControlTutorial/Vehicle and Environment/Scope';
open_system(scope)
```

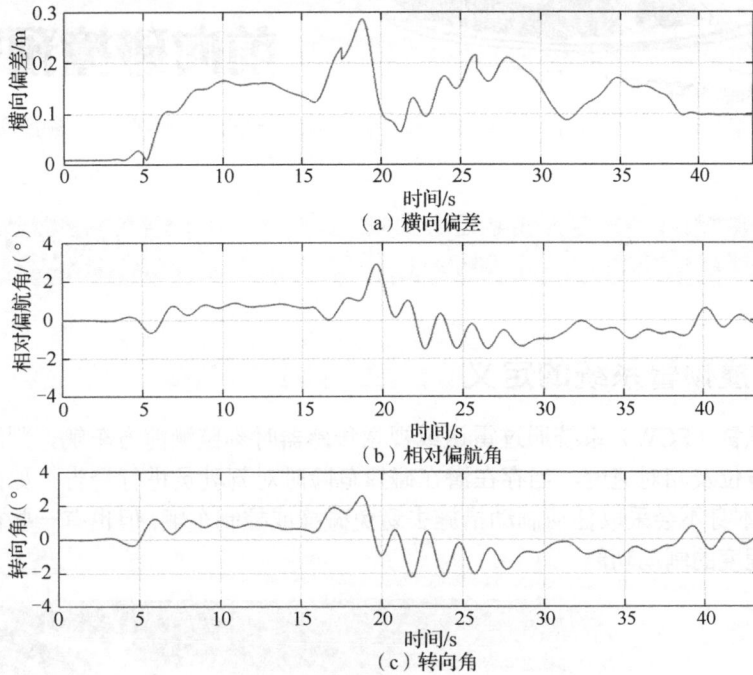

图 11-14　基于运动学模型的车辆运动控制仿真曲线

横向控制器改成汽车动力学模型，车辆运动控制仿真曲线如图 11-15 所示。可以看出，采用汽车动力学模型，路径最大横向偏差明显减小，说明横向控制性能提高。

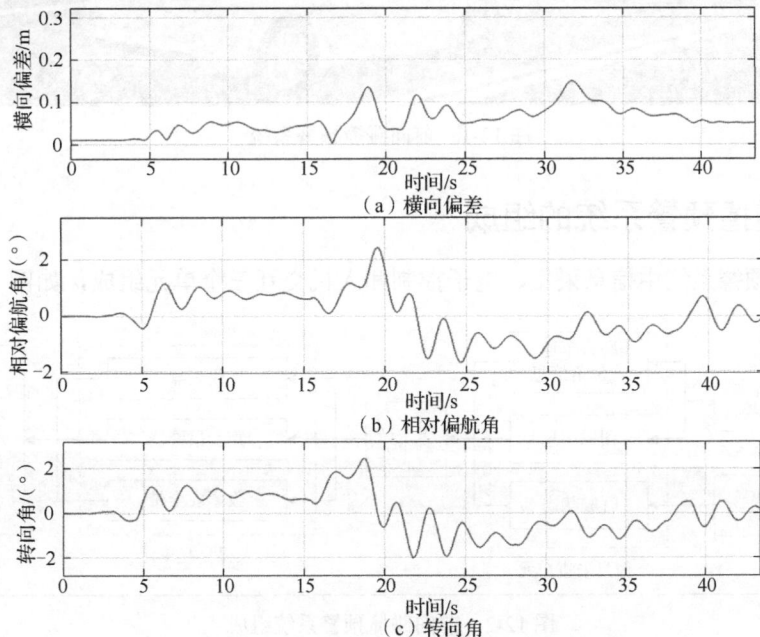

图 11-15　基于动力学模型的车辆运动控制仿真曲线

项目 **12**
前向碰撞预警系统

一、前向碰撞预警系统的定义

前向碰撞预警（FCW）系统通过雷达或视觉传感器时刻监测前方车辆，判断本车与前车之间的距离、方位及相对速度，当存在潜在碰撞危险时对驾驶员进行警告，如图 12-1 所示。FCW 系统一般本身不会采取任何制动措施去避免碰撞或控制车辆，但也有一些前向碰撞预警系统提供不同程度的制动功能。

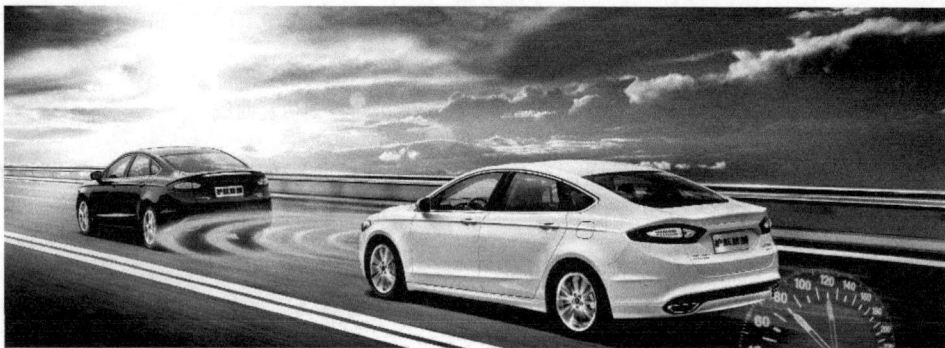

图 12-1　前向碰撞预警系统

二、前向碰撞预警系统的组成

前向碰撞预警系统由信息采集、电子控制和人机交互三个单元组成，如图 12-2 所示。

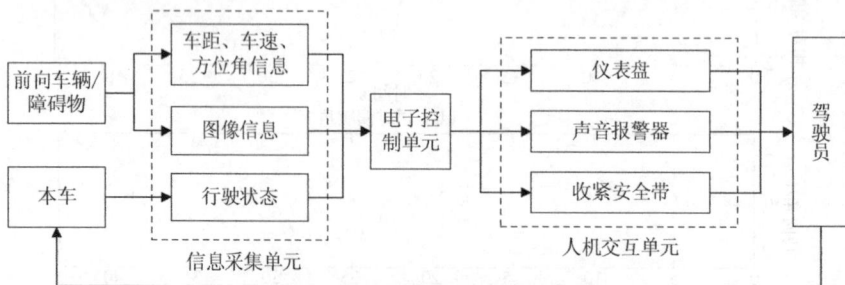

图 12-2　前向碰撞预警系统组成

1. 信息采集单元

信息采集单元主要利用毫米波雷达采集前向车辆或障碍物的车距、车速和方位角信息，或利用视觉传感器采集前向车辆或障碍物的图像信息，利用自身车速和加速度传感器采集本车的速度、加速度等信息。

2. 电子控制单元

电子控制单元主要对前向车辆或障碍物的图像信息和车距、车速等信息进行信息融合，确定障碍物的类型和距离，结合本车行驶状态信息，采用一定的决策算法，评估是否存在潜在的碰撞风险，若存在，则向人机交互单元发出预警指令。

3. 人机交互单元

人机交互单元主要接收由电子控制单元传来的指令，根据预警程度或级别的定义，进行相应预警信息的发布，如在仪表盘或抬头显示区域显示预警信息或闪烁预警图标、发出报警声音和收紧安全带等，提醒驾驶员采取措施进行规避。驾驶员接受预警信息后对本车采取制动行为，若碰撞风险消失，则碰撞报警取消。

三、前向碰撞预警系统的工作原理

前向碰撞预警系统主要利用雷达、视觉等传感器来进行监测。一般对本车行驶轨迹内的最近障碍车辆进行预警，并且不受在非本车行驶轨迹内的前方更近障碍物等的影响。在正确识别有效目标的基础上，结合本车当前行驶状况与有效目标运动情况进行决策分析，最终以适时适当的方式提醒驾驶员采取规避措施。

前向碰撞预警系统的工作原理如图 12-3 所示，它是通过分析传感器获取的前方道路信息对前方车辆进行识别和跟踪，如果有车辆被识别出来，则对前方车距进行测量。同时，利用车速估计，根据安全车距预警模型判断追尾可能，一旦存在追尾危险，便根据预警规则及时给予驾驶员主动预警。

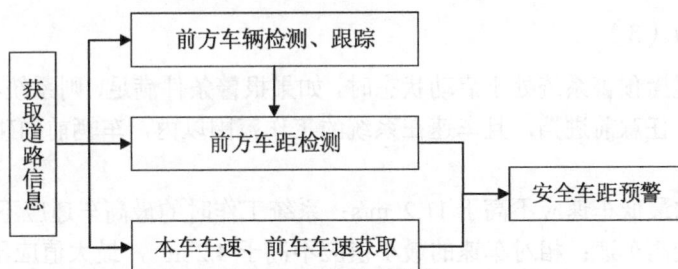

图 12-3 前向碰撞预警系统的工作原理

四、前向碰撞预警系统的工作模式

燃油汽车前向碰撞预警系统在工作过程中的状态切换过程如图 12-4 所示。

图 12-4 中，v_{min} 为系统工作时的最低车速（m/s）；v_{max} 为系统工作时的最高车速（m/s）；δ 为车速变化的迟滞量（m/s）。

状态功能描述定义了系统在每个工作状态下所执行的功能。

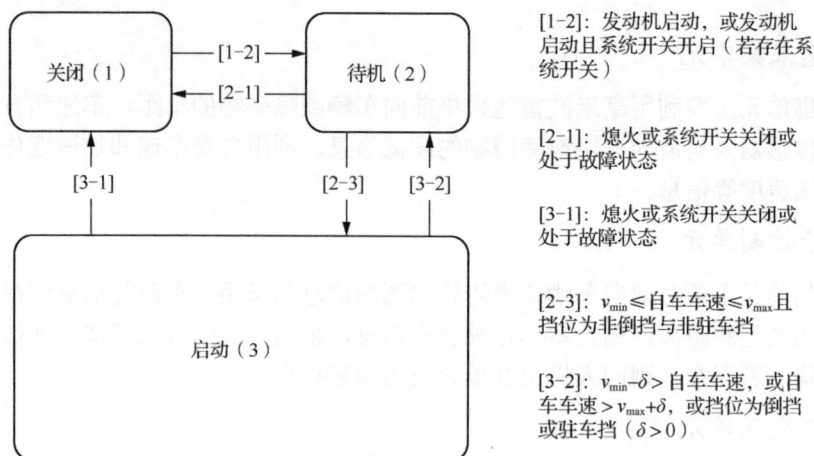

图 12-4 燃油汽车前向碰撞预警系统在工作过程中的状态切换过程

1. 系统关闭（1）

当前向碰撞预警系统处于关闭状态时，将不会进行报警。在这个状态下，可以向驾驶员提供一个除打开点火开关以外的启动系统的其他途径，如设置一个系统开启/关闭的开关。当点火开关被置于关的挡位时，前向碰撞预警系统切换到系统关闭状态；当系统故障识别单元识别到系统不能正常工作时，系统进入故障模式，系统被切换到关闭状态。

2. 系统待机（2）

当前向碰撞预警系统处于待机状态时，将不会进行报警。在这个状态下，系统识别自车的车速及挡位状态。如果自车车速在系统工作的车速范围内，且挡位选在前进挡，系统将从待机状态切换到启动状态。当点火周期完成，发动机开始工作之后，或当发动机正在工作，驾驶员手动启动了系统开关时，系统将从关闭状态切换到待机状态。当自车车速不在车辆前向碰撞预警系统的工作范围（考虑了车速变化的迟滞量）内，或驾驶员将挡位切换到倒挡、驻车挡时，系统将从启动状态退出，进入待机状态。

3. 系统启动（3）

当车辆前向碰撞预警系统处于启动状态时，如果报警条件满足，则系统将发出报警命令。只要车辆挡位处于任意前进挡，且车速在系统的工作范围以内，车辆前向碰撞预警系统将进入此状态。

系统工作时的最低车速应不高于 11.2 m/s；系统工作时的最高车速应不低于 27.8 m/s 或车辆能够达到的最高车速；相对车速的最小值应不高于 4.2 m/s，最大值应不低于 20 m/s。

五、前向碰撞预警系统的报警

1. 预备碰撞报警及碰撞报警

车辆前向碰撞预警系统可以提供两种不同报警内容：预备碰撞报警及碰撞报警。

预备碰撞报警的目的是告知其前方存在障碍车辆。在这种情况下，驾驶人应准备采取必要措施避免碰撞。

碰撞报警是告知驾驶人应采取必要措施避免碰撞。

报警方式可选择单独或综合使用视觉、听觉或触觉方式。碰撞报警中，在使用视觉的同时，必须使用听觉和/或触觉报警方式告知驾驶人。

报警应由以下因素决定：自车和障碍车辆之间的相对速度、车间距离及自车车速、驾驶人对报警的反应时间及自车与障碍车辆可能存在的制动减速度。

报警方式中，视觉和听觉方式的报警特征见表 12-1。

表 12-1　视觉和听觉方式的报警特征

报警类型	视觉报警特征	听觉报警特征
碰撞报警	颜色：红色 位置：主视前方 亮度：高亮 间歇：建议使用短间隔式间歇	音量：应高于车内其他所有听觉报警 音调：应容易听到且易与车内其他不相关的报警区分 间歇：建议使用短间隔式间歇
预备碰撞报警	颜色：黄色或黄褐色 亮度：日间足够亮，夜晚不刺眼 间歇：持续报警或长间隔式间歇	音量：应超过背景杂音 音调：应不使人厌烦 间歇：建议持续报警，长间隔式间歇，单一声音，或语言提醒

2. 报警形式

车辆前向碰撞预警系统的报警形式应满足以下要求。

（1）碰撞报警应包含一种视觉报警及一种听觉与/或触觉报警，其中触觉报警可以采用安全带预警的方式实现。

（2）预备碰撞报警应包含视觉或听觉或两者组合的报警形式，可以选择触觉形式作为补充。

（3）如果自车驾驶人正在采取制动操作，建议不要采取制动报警的形式向驾驶人报警。

（4）如果自车正在自动施加制动力，碰撞报警及预备碰撞报警中可以采取制动报警的形式。

（5）制动报警的持续时间应不超过 1 s，所产生的减速度应不超过 0.5g，该报警过程中所产生的车速下降范围应不超过 2 m/s。同时，为保证制动报警的有效性，应满足平均减速度不低于 0.1g，持续时间不低于 100 ms 的要求。

（6）听觉报警提示音量应选择合理、清晰可辨，应可以区分与前撞危险不相关的其他报警（如横向危险报警）。

六、报警距离

GB/T 33577—2017《智能运输系统　车辆前向碰撞预警系统性能要求和测试规程》中推荐了报警距离计算方法。

报警距离的计算原理如图 12-5 所示。

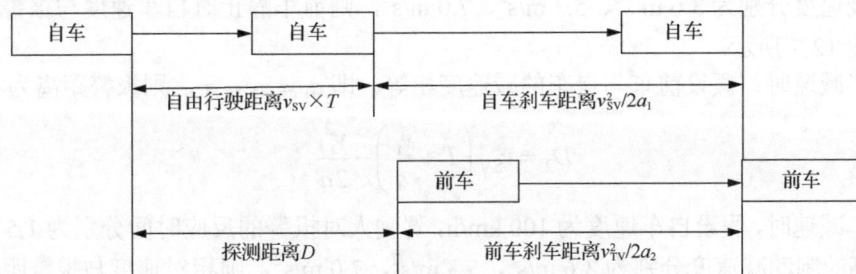

图 12-5　报警距离的计算原理

基本的报警算法是基于前车和自车车速计算出报警距离，并与测量到的实际距离对比，如果报警距离超过了实际距离，就向驾驶人报警。由图 12-5 可得基本的报警距离为

$$D = v_{SV}T + \left(\frac{v_{SV}^2}{2a_1} - \frac{v_{TV}^2}{2a_2} \right) \tag{12-1}$$

式中，D 为车间距离；v_{SV} 为自车车速；v_{TV} 为前车车速；T 为驾驶人对报警的反应时间；a_1 为自车减速度；a_2 为前车减速度。

当前车与自车车速相等时，报警距离为

$$D_1 = v_{SV}T \tag{12-2}$$

当自车以恒定车速行驶时，假设驾驶人对报警的反应时间分别为 1.5 s、0.66 s、0.4 s，则前车匀速行驶时自车速度与报警距离的关系如图 12-6 所示。

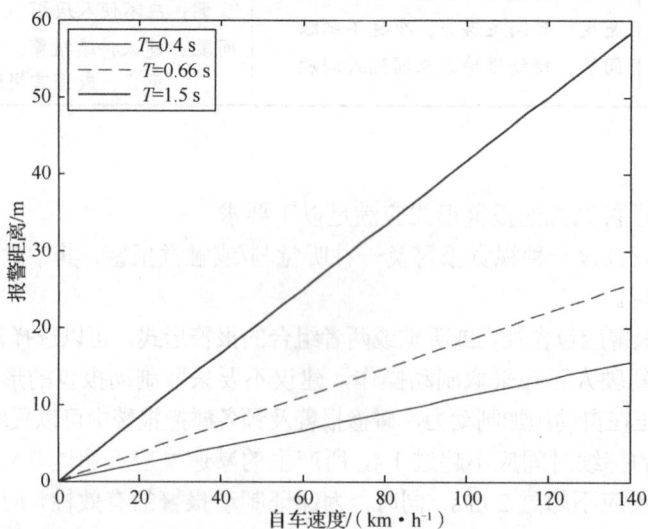

图 12-6　前车匀速行驶时自车速度与报警距离的关系

当前车静止时，报警距离为

$$D_2 = v_rT + \frac{v_r^2}{2a_1} \tag{12-3}$$

式中，v_r 为相对速度。

当自车遇到静止的前车时，假设驾驶人对报警的反应时间分别为 1.5 s、0.66 s、0.4 s，车辆的制动减速度分别为 3.6 m/s²、5.3 m/s²、7.0 m/s²，则前车静止时自车速度与报警距离之间的关系如图 12-7 所示。

当前车减速时，假设前车与自车的减速度相等，即 $a_1 = a_2 = a$，则报警距离为

$$D_2 = v_{SV}\left(T + \frac{v_r}{a} \right) - \frac{v_r^2}{2a} \tag{12-4}$$

当前车减速时，假设自车速度为 100 km/h，驾驶人对报警的反应时间分别为 1.5 s、0.66 s、0.4 s，车辆的制动减速度分别为 3.6 m/s²、5.3 m/s²、7.0 m/s²，则相对速度与报警距离之间的关系如图 12-8 所示。

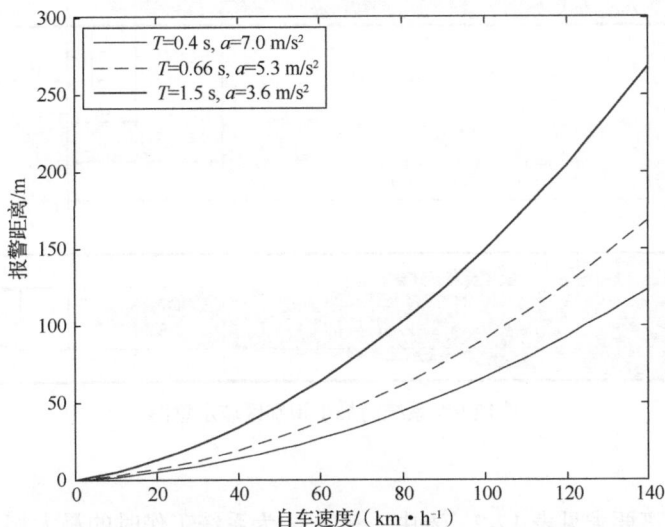

图 12-7　前车静止时自车速度与报警距离之间的关系

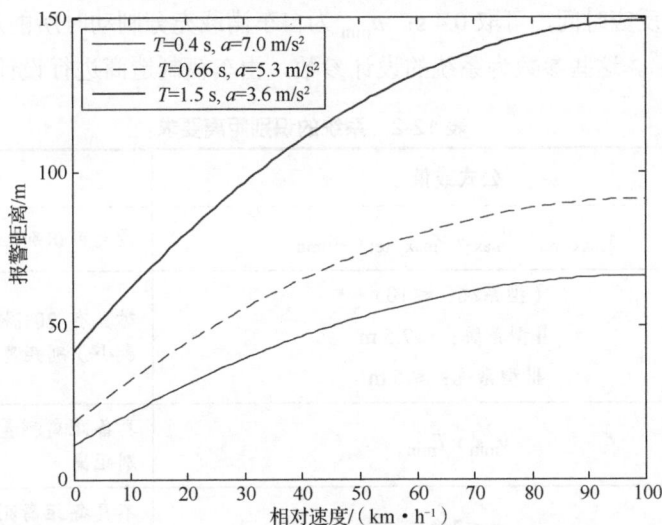

图 12-8　相对速度与报警距离之间的关系

假设驾驶人对报警的反应时间为 0.8 s，自车的减速度为 6.67 m/s²，则最短报警距离为

$$D_{\min} = \frac{v_r^2}{2 \times (6.67 - a_2)} + 0.8 v_r \tag{12-5}$$

七、障碍车辆识别区域

1. 系统的最小识别区域

系统的最小识别区域如图 12-9 所示。图中，d_0 为不具备距离测量能力时的最小可识别距离；d_1 为具备距离测量能力时的最小可识别距离；d_2 为对切入车辆的最小识别距离；$d_{\max}$ 为最大可识别距离；h 为最高可识别离地高度；h_1 为最低可识别离地高度；W_L 为车道宽度；W_V 为自车宽度。

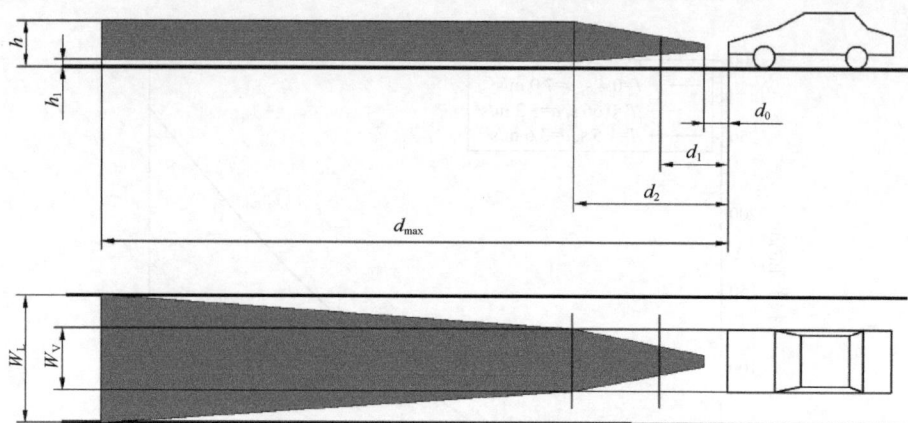

图 12-9　系统的最小识别区域示意图

2. 识别距离

系统的识别距离要求见表 12-2。表中，v_{max_rel} 为系统工作时的最大相对车速；v_{min} 为系统工作时的最低车速；T_{max} 为报警后驾驶人的最长制动反应时间，可取 1.5 s；T_{min} 为报警后驾驶人的最短制动反应时间，可取 0.4 s；a_{min} 为自车满载充分制动时所能达到减速度的最低标准，可取 3.6 m/s²。这些参数为系统的设计参数，由车辆制造商进行设计。

表 12-2　系统的识别距离要求

距离	公式或值	含义
d_{max}	$v_{max\_rel} \times T_{max} + v_{max\_rel}^2 / 2a_{min}$	最大可识别距离
d_2	Ⅰ型系统：≤10 m Ⅱ型系统：≤7.5 m Ⅲ型系统：≤5 m	对具有 20%横向偏移量的前车的最小识别距离
d_1	$v_{min} \times T_{min}$	具备距离测量能力时的最小可识别距离
d_0	≤2 m	不具备距离测量能力时的最小可识别距离

3. 识别宽度和高度

系统的识别宽度和高度要求见表 12-3。

表 12-3　系统的识别宽度和高度要求

距离	最小识别宽度	最小识别高度
d_{max}	W_L	h_1=0.2 m, h=1.1 m
d_2	W_V	h_1=0.2 m, h=1.1 m
d_1	无特定要求	无特定要求
d_0	无特定要求	无特定要求

八、前向碰撞预警系统的应用

前向碰撞预警系统能够在车距过小时主动发出报警信息，能够较好地避免因跟车距离过小而发生的车辆追尾。在目前应用中，搭载有前向碰撞预警系统的车型较多，应用广泛，并通常与辅助制动系统共同工作，以免在预警不及时或预警未被驾驶员采纳的情况下发生追尾碰撞，提高行车的安全性和舒适性。

上海通用前向碰撞预警系统在汽车行驶速度大于 40 km/h 时，前向碰撞预警功能自动启用，也可以通过车辆设置关闭，如图 12-10 所示。

图 12-10　前向碰撞预警系统通过车辆设置关闭

前向碰撞预警系统的工作过程分为监测到前方车辆、过于接近前车、有碰撞风险时，如图 12-11 所示。

（1）监测到前方车辆。系统监测到前方车辆后，前向碰撞预警系统自动启动，仪表中的前向碰撞预警指示灯绿色点亮，如图 12-12 所示。前向碰撞预警探测距离约 60 m。

图 12-11　前向碰撞预警系统的工作过程

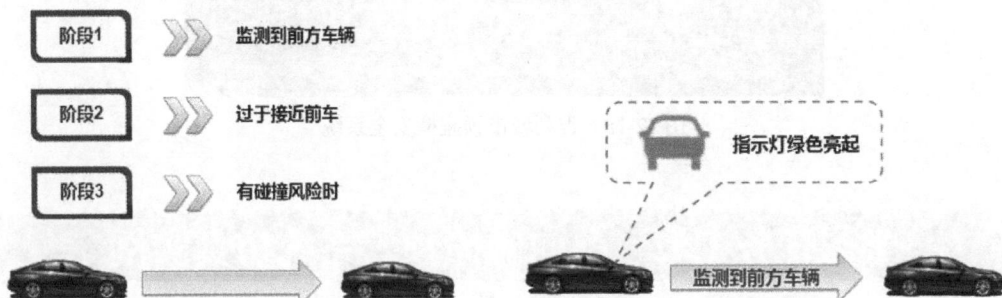

图 12-12　监测到前方车辆

（2）过于接近前车。系统监测到与前车过于接近时，仪表盘中的前向碰撞预警指示灯琥珀色点亮，如图 12-13 所示。

图 12-13　过于接近前车

（3）有碰撞风险时。当与前方车辆有碰撞风险时，根据车型、配置不同，前挡风玻璃上的红色碰撞指示器或抬头显示仪中警告灯将会闪烁，同时扬声器发出报警音或安全警报座椅发生震动警告，如图 12-14 所示。

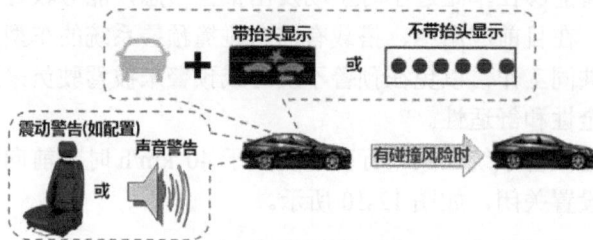

图 12-14　有碰撞风险时

在国产品牌车型中，前向防撞预警系统也开始逐渐应用。吉利汽车将其称为城市预碰撞安全系统，目前已经在帝豪 GL、帝豪 GS、博越、博瑞的部分车型配置中搭载。该系统主要通过前保险杠下方的中程毫米波雷达扫描前方路面，如图 12-15 所示。当前方车辆突然制动或减速而驾驶员并未及时做出反应的情况下，城市预碰撞安全系统会主动提醒驾驶员制动或自动进行制动，以避免碰撞发生。同时，在制动过程中系统会监测制动力与前车距离的关系，在制动不足的情况下进行辅助制动，最大限度地避免碰撞发生。

图 12-15　吉利城市预碰撞安全系统

学习任务 12.2　前向碰撞预警系统仿真实例

【例 12-1】利用毫米波雷达对前向碰撞预警系统进行仿真。驾驶场景为前向碰撞预警场景，包括一辆移动的主车和一辆停在道路 200 m 处的目标车辆。主车在制动前的初始速度为 100 km/h，减速度为 3 m/s^2；主车在目标车辆后保险杠前 1 m 完全停止。主车采样毫米波雷达识别前方车辆。毫米波雷达安装在主车的前保险杠上，离地面 0.2 m，方位角为 20°，角度分辨率为 4°，其最大测量距离为 100 m，距离分辨率为 2.5 m。

解：在 MATLAB 编辑器窗口输入以下程序。

```
1   initialDist=200;                                      %初始距离
2   initialSpeed=100;                                     %初始速度
3   brakeAccel=3;                                         %减速度
4   finalDist=1;                                          %终了距离
5   [scenario egoCar]=helperCreateSensorDemoScenario('FCW',initialDist, ...
                                                          %创建驾驶场景
```

```
            initialSpeed,brakeAccel,finalDist);
6    radarSensor=radarDetectionGenerator('SensorIndex',1,'UpdateInterval',0.1,...
                                                            %创建雷达检测器
            'SensorLocation',[egoCar.Wheelbase+egoCar.FrontOverhang,0],...
            'Height',0.2,'FieldOfView',[20,5],'MaxRange',100,'AzimuthResolution',4,...
            'RangeResolution',2.5,'ActorProfiles',actorProfiles(scenario));
7    [bep,figScene]=helperCreateSensorDemoDisplay(scenario,egoCar,radarSensor);
                                                            %FCW 场景显示
8    metrics=struct;                                        %结构初始化
9    while advance(scenario)                                %场景循环
10       gTruth=targetPoses(egoCar);                        %目标姿态
11       time=scenario.SimulationTime;                      %雷达识别时间戳
12       [dets,~,isValidTime]=radarSensor(gTruth,time);     %雷达识别
13       if isValidTime                                     %如果时间有效
14            helperUpdateSensorDemoDisplay(bep,egoCar,radarSensor,dets);
                                                            %更新场景显示
15            metrics=helperCollectScenarioMetrics(metrics,gTruth,dets);
                                                            %收集数据
16       end                                                %结束
17       helperPublishSnapshot(figScene,time>=9.1);         %拍摄快照
18   end                                                    %结束
```

输出结果如图 12-16 所示，可以看到驾驶场景中汽车的运动和识别，主车在目标车辆后保险杠前 1 m 完全停止。这里要注意，当前文件夹要选择 matlab2019b\examples\driving。

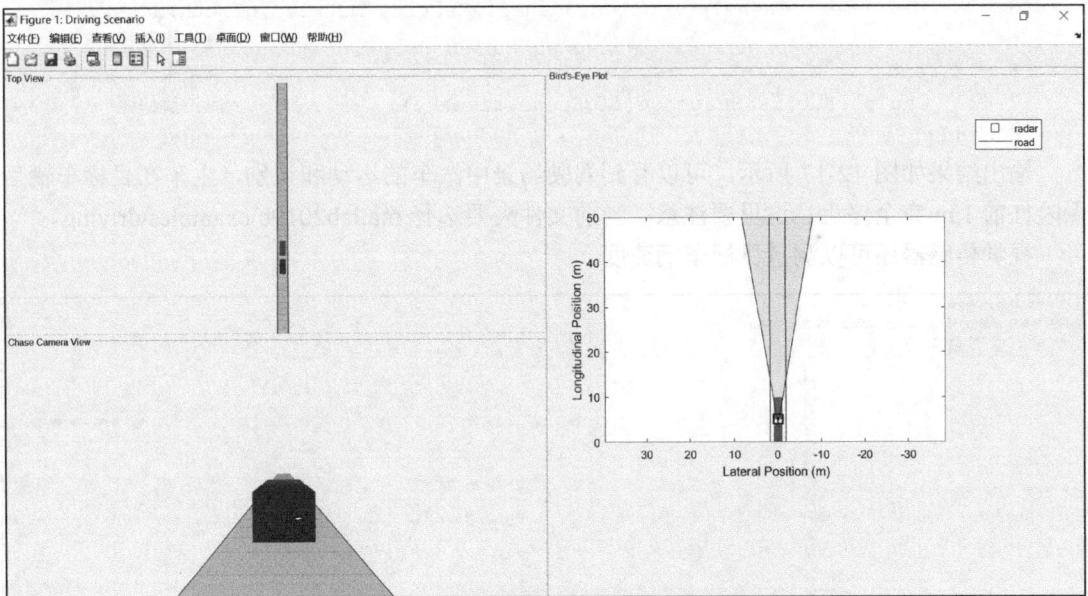

图 12-16　基于毫米波雷达的汽车前向碰撞仿真

【例 12-2】利用视觉传感器对前向碰撞预警系统进行仿真。驾驶场景为前向碰撞预警场景，包括一辆移动的主车和一辆停在道路 100 m 处的目标车辆。主车在制动前的初始速度为 80 km/h，减速度为 3 m/s^2。主车在目标车辆后保险杠前 1 m 完全停止。视觉传感器安装在车辆的前挡风玻璃上，离地 1.1 m，向道路倾斜 1°，采样时间为 0.1 s。传感器的摄像头有 480×640 像素的成像阵列和 800 像素的焦距。传感器可以在单个图像中定位物体，精度为 5 像素，最大探测范围为 150 m。

解： 在 MATLAB 编辑器窗口输入以下程序。

```
1    initialDist=100;                                        %初始距离
2    initialSpeed=80;                                        %初始速度
3    brakeAccel=3;                                           %减速度
4    finalDist=1;                                            %终了距离
5    [scenario,egoCar]=helperCreateSensorDemoScenario('FCW',initialDist, ...
                                                            %创建驾驶场景
         initialSpeed,brakeAccel,finalDist);
6    visionSensor=visionDetectionGenerator('SensorIndex',1,... %创建视觉检测器
         'UpdateInterval',0.1,'SensorLocation',[0.75*egoCar.Wheelbase,0], ...
         'Height',1.1,'Pitch',1,'Intrinsics',cameraIntrinsics(800,[320,240],
[480,640])),...
         'BoundingBoxAccuracy',5,'MaxRange',150, ...
         'ActorProfiles',actorProfiles(scenario));
7    [bep,figScene]=helperCreateSensorDemoDisplay(scenario, ... %FCW场景显示
         egoCar,visionSensor);
8    metrics=struct;                                         %结构初始化
9    while advance(scenario)                                 %场景循环
10       gTruth=targetPoses(egoCar);                         %目标姿态
11       time=scenario.SimulationTime;                       %雷达识别时间戳
12       [dets,~,isValidTime]=visionSensor(gTruth,time);     %雷达识别
13       if isValidTime                                      %如果时间有效
14           helperUpdateSensorDemoDisplay(bep,egoCar,visionSensor,dets);
                                                            %更新场景显示
15           metrics=helperCollectScenarioMetrics(metrics,gTruth,dets);
                                                            %收集数据
16       end                                                 %结束
17        helperPublishSnapshot(figScene,time>=6);           %拍摄快照
18   end                                                     %结束
```

输出结果如图 12-17 所示，可以看到驾驶场景中汽车的运动和识别，主车在目标车辆后保险杠前 1 m 完全停止。这里要注意，当前文件夹要选择 matlab2019b\examples\driving。

视觉传感器还可以测量目标车辆速度。

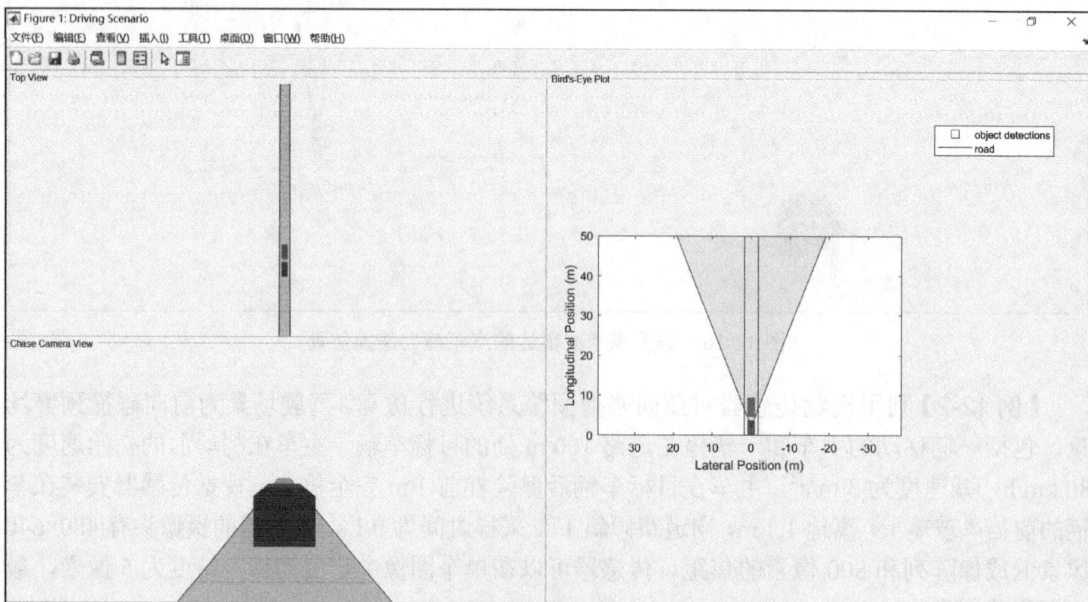

图 12-17 基于视觉传感器的汽车前向碰撞仿真

　　驾驶场景有三辆车，主车和前面的目标车辆行驶速度都是 60 km/h，前面的目标车辆与主车辆之间距离为 50 m。超车辆以 80 km/h 速度从主车辆旁的左车道超车，并在前面目标车辆目的后面并入主车道。

　　在 MATLAB 编辑器窗口输入以下程序。

```
1   leadDist=50;                                          %二车辆距离
2   speed=60;                                             %主车速度
3   passSpeed=80;                                         %超车速度
4   mergeFract=0.55;                                      %并入车道范围
5   [scenario,egoCar]=helperCreateSensorDemoScenario('Passing',leadDist, ...
                                                          %创建驾驶场景
            speed,passSpeed,mergeFract);
6   release(visionSensor);                                %配置视觉检测器
7   visionSensor.ProcessNoiseIntensity=5;                 %噪声强度
8   visionSensor.ActorProfiles = actorProfiles(scenario); %驾驶场景
9   snapTime=5.9;                                         %快照时间
10  metrics=helperRunSensorDemoScenario(scenario,egoCar, ...  %运行
            visionSensor,snapTime);
```

输出结果如图 12-18 所示，测量结果存储在工作区的 metrics 文件中。

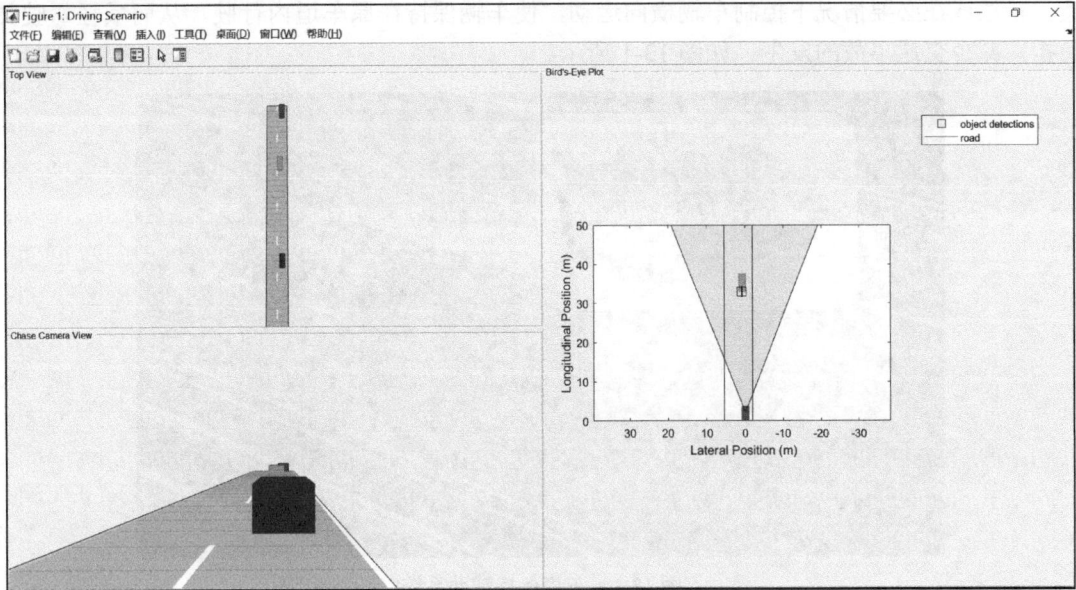

图 12-18　基于视觉传感器的汽车速度测量

学习任务 13.1　车道保持辅助系统认知

一、车道保持辅助系统的定义

　　车道保持辅助（Lane Keeping Assist，LKA）系统能够实时监测车辆与车道边线的相对位置，持续或在必要情况下控制车辆横向运动，使车辆保持在原车道内行驶，从而减轻驾驶员负担，减少交通事故的发生。如图 13-1 所示。

图 13-1　车道保持辅助系统

二、车道保持辅助系统的要求

　　车道保持辅助系统具有以下一般要求。

　　（1）系统应能在车道边线状态良好的环境下识别车辆与车道边线的相对位置，辅助驾驶员将车辆保持在原车道内行驶。

　　（2）系统至少应具备车道偏离抑制或车道居中控制功能。

　　（3）系统应具备开机自检功能，能检查 LKA 系统相关的主要电气部件和传感元件是否正常工作。

　　（4）系统应具备手动开/关功能，且应避免驾驶员误操作。

　　（5）系统应监测自身状态并向驾驶员提示清晰、易懂的状态信息，包括系统故障、系统待机/激活、系统开/关等。其中，系统开/关信息可通过调取菜单等间接方式查看。

（6）系统应设置功能抑制、失效、退出条件并通过机动车产品使用说明书予以说明。

（7）系统的状态转换如图 13-2 所示。

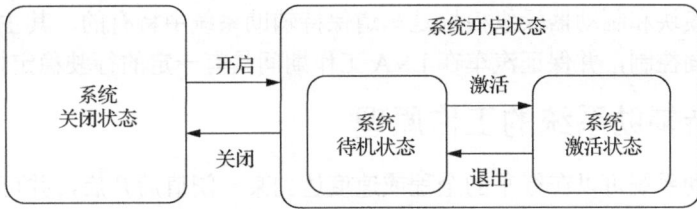

图 13-2　系统的状态转换

车道保持辅助系统具有以下性能要求。

（1）车道偏离抑制功能应确保车道偏离不超过车道边线外侧 0.4 m，车道居中控制功能应确保车道偏离不超过车道边线外侧。

（2）车道偏离抑制功能引起的车辆纵向减速度应不大于 3 m/s^2，引起的车速减少量应不大于 5 m/s。

（3）系统激活时引起的车辆横向加速度应不大于 3 m/s^2，车辆横向加速度变化率应不大于 5 m/s^3。

（4）系统至少应在 70～120 km/h 的车速范围内正常运行。

三、车道保持辅助系统的组成

车道保持辅助系统主要由信息采集单元、电子控制单元和执行单元等组成，如图 13-3 所示。在系统工作期间，驾驶员将会接收车道偏离的报警信息，并选择对转向系统和制动系统中的一项或者多项动作进行控制，也可交由系统完全控制。系统中所有的信息均以数字信号的形式进行传递，通过汽车总线技术实现。

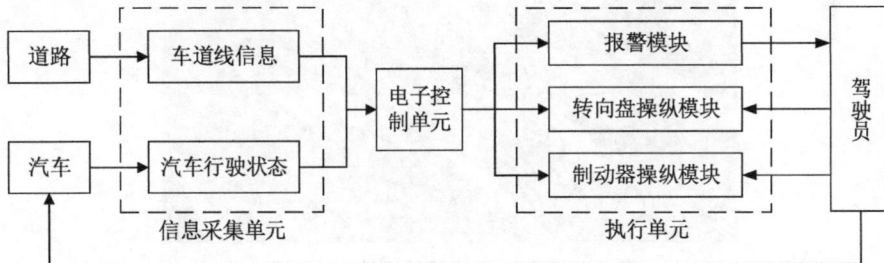

图 13-3　车道保持辅助系统组成

1. 信息采集单元

信息采集单元在车道保持辅助系统中的功能与车道偏离预警系统的功能相似，主要通过传感器采集车道信息和汽车自身行驶信息并发送给电子控制单元。

2. 电子控制单元

电子控制单元主要通过特定的算法对信息进行处理，并判断是否做出车道偏离修正的相应操作。该单元性能直接影响车道偏离修正的及时性，因此在选择中央处理器和设计控制算法时，要着重考虑运算能力和运算速度。

3. 执行单元

执行单元主要有报警模块、转向盘操纵模块和制动器操纵模块。其中，报警模块与车道偏离预警系统类似，通过转向盘或座椅振动、仪表盘显示、声音警报中的一种或多种形式实现。转向盘操纵模块和制动器操纵模块是车道保持辅助系统中特有的，其主要实现横向运动和纵向运动的协同控制，并保证汽车在 LKA 工作期间具有一定的行驶稳定性。

四、车道保持辅助系统的工作原理

车道保持辅助系统可以在行车的全程或速度达到某一阈值后开启，并可以手动关闭，实时保持汽车的行驶轨迹。当系统正常工作时，信息采集单元通过车载传感器采集车速信号、转向盘转角信号以及汽车速度信息，电子控制单元对信息进行处理，比较车道线和汽车的行驶方向，判断汽车是否偏离行驶车道。当汽车行驶可能偏离车道线时，发出报警信息；当汽车距离偏离侧车道线小于一定阈值或已经有车轮偏离出车道线时，电子控制单元计算出辅助操舵力和减速度，根据偏离的程度控制转向盘和制动器的操纵模块，施加操舵力和制动力使汽车稳定地回到正常轨道；若驾驶员打开转向灯，正常进行变线行驶，则系统不会做出任何提示。

车道保持辅助系统工作过程如图 13-4 所示，在系统起作用时，将不同时刻的汽车行驶照片重叠后可以看出，图中后面起第二个车影已经偏离行驶轨道，于是系统发出报警信息，第三个和第四个车影是系统主动进行车道偏离纠正的过程，在第五个车影时，汽车已经重新处于正确的行驶线路上，车道保持辅助系统完成一个完整的工作周期。

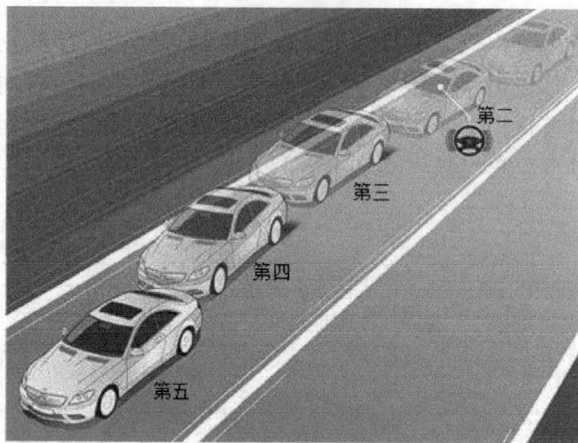

图 13-4　车道保持辅助系统工作过程

五、车道保持辅助系统的应用实例

车道保持辅助系统目前已经在较多车型中装配，不仅提高了行车的安全性，防止开车过程中注意力不集中造成的车道偏离，也使驾驶员养成了变道主动开启转向灯的习惯，否则 LKAS 将会发出报警或产生较大的转向阻力矩。目前，日系车中 LKAS 的配置率较高，如日产、丰田、本田等品牌。

本田汽车对 LKA 系统也有较为深入的研究，目前已经在雅阁、思域、凌派、CR-V 等车型中运用，如图 13-5 所示。本田的 LKA 系统主要是通过单眼摄像机识别车道两侧的行车线，并辅助施加转向盘转向操作，使车辆始终保持在车道中间行驶，大幅缓解高速行驶时的驾驶疲劳。

图 13-5　本田车道保持辅助系统

大众 CC 车道保持辅助系统如图 13-6 所示，其原理是通过紧贴在前风挡玻璃上的数字式灰度摄像头实时拍摄前方道路上的左右车道线，对其进行监控。拍摄到的图像由电脑转换成信息数据并进行处理，分析汽车是否行驶在车道线的中间，若车辆的偏移量并超出了允许值便会向电动助力转向系统 EPS 发出修舵动作指令，加以干预纠正，汽车便会自动回到两条车道线中间来。如果遇到弯度较大的弯道且车道线清晰，汽车也会自动沿着弯道转弯行驶。

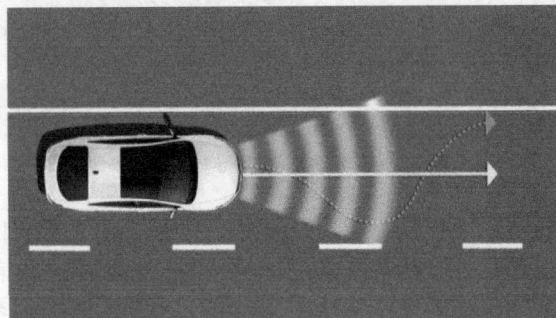

图 13-6　大众 CC 车道保持辅助系统

福特汽车车道保持辅助系统如图 13-7 所示。该系统主要采用 Gentex 公司出品的多功能摄影系统，核心架构为 Mobileye 公司的 EyeQ 视讯处理器。这个处理器可以处理摄像头所收集的信息，实现车道侦测、车辆侦测、行人侦测、大灯控制等功能。

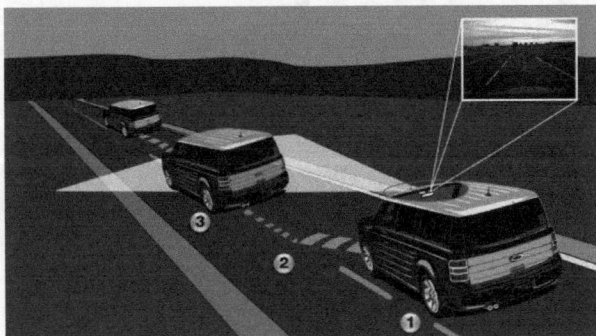

图 13-7　福特汽车车道保持辅助系统

奥迪车道保持辅助系统如图 13-8 所示。车道保持辅助系统可以帮助驾驶员将车辆保持在原车道上行驶，用一个摄像机来识别车道边界线，车辆行驶时，如果车道保持辅助系统识别出了车道两侧的边界线，那么该系统就处于"时刻准备工作"的状态。如果车辆行驶中靠近了识别出的某条车道边界线，则转向盘就会发生振动，从而对驾驶员进行提醒。如果在车辆横过车道边界线之前拨动了转向灯，则就不发出这种振动提醒，因为系统认为这是驾驶员要变道。在接近或者横过识别出的车道边界线时，这种振动提醒只发生一次，只有在第一次振动提醒发生后，车辆已经行驶到离这条车道边界线足够远且又接近这条边界线时，才会第二次出现这种振动提醒，这样就可避免在车辆与某条车道边界线平行行驶时一直出现这种振动提醒的恼人场面。车道保持辅助系统是为高速公路和主干线公路而设计的，所以该系统在车速高于约 65 km/h 时才会工作。环境条件恶劣时，如车道脏污或者覆盖着雪、车道过窄、车道边界线不清晰，则该系统暂时会不工作。

图 13-8　奥迪车道保持辅助系统

系统当前的状态会显示在组合仪表上，如图 13-9 所示。如果组合仪表上的指示灯呈绿色亮起，表示该系统已经接通且处于随时准备工作的状态；如果组合仪表上的指示灯呈黄色亮起，表示该系统已经接通，但当前情况无法工作，在这种状态时，该系统不会提醒司机；如果组合仪表上的指示灯根本没亮，表示该系统已经关闭，要想激活该系统，必须操纵转向拨杆上的相应按钮。

图 13-9　奥迪车道保持辅助系统的仪表显示

组合仪表上的指示灯如果呈黄色亮起，有以下原因。

（1）只有一条车道边界线或根本没有车道边界线。

（2）没能识别出车道边界线，如因雪、脏污、潮湿或者逆光。

（3）车辆正在行驶的车道上的边界线多于两条，如道路施工时的白色和黄色边界线。

（4）车速低于约 65 km/h。

（5）车道宽度小于约 2.5 m 或大于约 5 m。

（6）转弯太急，转弯半径小于约 250 m。

学习任务 13.2　车道保持辅助系统模块

车道保持辅助系统模块模拟车道保持辅助（LKA）系统，该系统通过调整前转向角使主车沿直行或弯道的中心行驶。该控制器降低了主车相对于车道中心线的侧向偏差和相对偏航角，并采用自适应模型预测控制（MPC）在满足转向角约束的情况下计算最优控制动作。

车道保持辅助系统模块位于模型预测控制工具箱（Model Predictive Control Toolbox）中，图 13-10 所示。

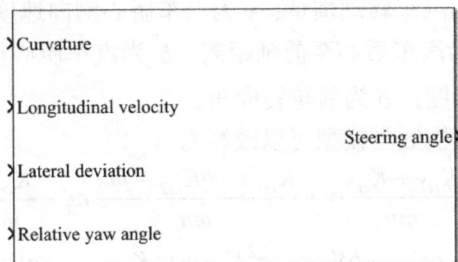

图 13-10　车道保持辅助系统模块

车道保持辅助系统模块的输入分别是道路曲率（Curvature）、主车纵向速度（Longitudinal velocity）、横向偏差（Lateral deviation）、相对偏航角（Relative yaw angle），输出为转向角（Steering angle）。

单击车道保持辅助系统模块，进入车道保持辅助系统模块设置界面，对其各种参数进行设置，如图 13-11 所示。

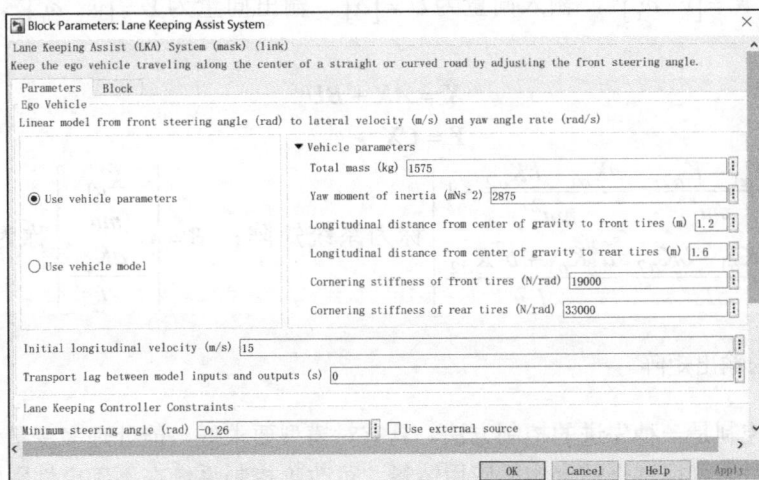

图 13-11　车道保持辅助系统模块设置界面

车道保持辅助系统模块设置包括参数设置和块选项，其中参数设置包括主车设置、车道保持控制器约束（Lane keeping Controller Constraints）、模型预测控制器设置（Model predictive controller settings），块选项包括优化、数据类型、输入选择、自定义。

学习任务 13.3 车道保持辅助系统仿真实例

【例 13-1】基于模型预测控制的车道保持辅助系统仿真。

解：基于模型预测控制的车道保持辅助系统仿真需要建立二自由度汽车状态方程式。

二自由度汽车操纵稳定性数学模型为

$$m(\dot{v} + u\omega_r) = K_{\alpha 1}\left(\frac{v}{u} + \frac{a\omega_r}{u} - \delta_1\right) + K_{\alpha 2}\left(\frac{v}{u} - \frac{b\omega_r}{u}\right)$$

$$I_z\dot{\omega}_r = aK_{\alpha 1}\left(\frac{v}{u} + \frac{a\omega_r}{u} - \delta_1\right) - bK_{\alpha 2}\left(\frac{v}{u} - \frac{b\omega_r}{u}\right)$$

式中，m 为汽车质量；I_z 为汽车转动惯量；v 为汽车质心侧向速度；u 为汽车质心前进速度；ω_r 为汽车横摆角速度；a 为汽车质心至前轴距离；b 为汽车质心至后轴距离；$K_{\alpha 1}$、$K_{\alpha 2}$ 分别为前轮和后轮综合侧偏刚度；δ 为前轮转向角。

二自由度汽车操纵稳定性数学模型可以改写为

$$\dot{v} = \frac{K_{\alpha 1} + K_{\alpha 2}}{mu}v + \frac{K_{\alpha 1}a - bK_{\alpha 2} - mu}{mu}\omega_r - \frac{K_{\alpha 1}}{m}\delta$$

$$\dot{\omega}_r = \frac{aK_{\alpha 1} - bK_{\alpha 2}}{I_z u} + \frac{a^2 K_{\alpha 1} + b^2 K_{\alpha 2}}{I_z u}\omega_r - \frac{aK_{\alpha 1}}{I_z}\delta$$

矩阵方程式为

$$\begin{bmatrix} \dot{v} \\ \dot{\omega}_r \end{bmatrix} = \begin{bmatrix} \dfrac{K_{\alpha 1} + K_{\alpha 2}}{mu} & \dfrac{aK_{\alpha 1} - bK_{\alpha 2}}{mu} - v \\ \dfrac{aK_{\alpha 1} - bK_{\alpha 2}}{I_z u} & \dfrac{a^2 K_{\alpha 1} + b^2 K_{\alpha 2}}{I_z u} \end{bmatrix}\begin{bmatrix} v \\ \omega_r \end{bmatrix} + \begin{bmatrix} \dfrac{-K_{\alpha 1}}{m} \\ \dfrac{-aK_{\alpha 1}}{I_z} \end{bmatrix}\delta$$

取状态向量为 $\boldsymbol{X} = \begin{bmatrix} v & \omega_r \end{bmatrix}^T$，输入向量为 $\boldsymbol{U} = \begin{bmatrix} \delta \end{bmatrix}$，输出向量为 $\boldsymbol{Y} = \begin{bmatrix} v & \omega_r \end{bmatrix}^T$，状态空间模型为

$$\dot{\boldsymbol{X}} = \boldsymbol{AX} + \boldsymbol{BU}$$
$$\boldsymbol{Y} = \boldsymbol{CX}$$

式中，$\boldsymbol{A} = \begin{bmatrix} \dfrac{K_{\alpha 1} + K_{\alpha 2}}{mu} & \dfrac{aK_{\alpha 1} - bK_{\alpha 2}}{mu^2} - 1 \\ \dfrac{aK_{\alpha 1} - bK_{\alpha 2}}{I_z} & \dfrac{a^2 K_{\alpha 1} + b^2 K_{\alpha 2}}{I_z u} \end{bmatrix}$ 称为系统矩阵；$\boldsymbol{B} = \begin{bmatrix} -\dfrac{K_{\alpha 1}}{mu} \\ -\dfrac{aK_{\alpha 1}}{I_z} \end{bmatrix}$ 称为控制矩阵；

$\boldsymbol{C} = \begin{bmatrix} 1 & 0 \\ 0 & 1 \end{bmatrix}$ 称为输出矩阵。

模型预测控制是一种先进的控制方法，具有对模型要求低、能处理多变量和有约束的控制等优点。模型预测控制更贴合实际应用情景，可改善控制系统在不确定性影响下的控制系统保持良好状态的能力。

　　模型预测控制基本控制思想是求解一个最优化的问题来获得最优的控制序列控制未来的行为，如图 13-12 所示。曲线 1 为系统控制变量，曲线 2、4 分别为 k、$k+1$ 时刻的参考曲线，对控制指标进行在线优化获得对应时刻最佳的输出曲线 3、5，但是由于受到迟滞、时变等不确定性的影响，在 $k+1$ 时刻输出值与期望的优化值存在偏差 Δy，因此需要对 k 时刻的预测曲线 7 进行误差补偿，得到 $k+1$ 时刻的反馈曲线 6，即校正后的优化曲线，进入到下一时刻的在线优化。

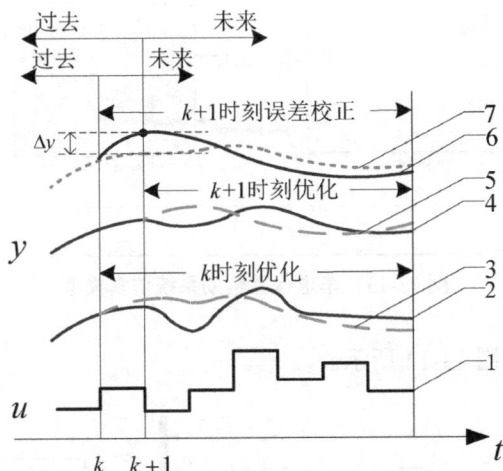

图 13-12　模型预测控制基本方法原理图

　　在 MATLAB 命令行窗口输入以下程序。

```
1    addpath(fullfile(matlabroot,'examples','mpc','main'));      %添加路径
2    mdl='mpcLKAsystem';                                          %定义车道保持辅助系统
3    open_s ystem(mdl)                                            %打开车道保持辅助系统仿真模型
4    Ts=0.1;                                                      %采样时间
5    T=15;                                                        %仿真时间
6    m=2050;                                                      %汽车质量
7    Iz=5600;                                                     %转动惯量
8    a=1.5;                                                       %汽车质心至前轴距离
9    b=1.8;                                                       %汽车质心至后轴距离
10   K1=-38900;                                                   %前轮综合侧偏刚度
11   K2=-39200;                                                   %后轮综合侧偏刚度
12   Vx=20;                                                       %汽车行驶速度
13   A=[(K1+K2)/m/Vx,Vx+(K1*a+K2*b)/m/Vx;...                      %计算矩阵A
        (a*K1-b*K2)/Iz/Vx,(K1*a^2+K2*b^2)/Iz/Vx];
14   B=[-K1/m,-K1*a/Iz]';                                         %计算矩阵B
15   C=eye(2);                                                    %计算矩阵C
16   G=ss(A,B,C,0);                                               %构建状态空间模型
17   PredictionHorizon=10;                                        %预测步数
18   time=0:0.1:15;                                               %响应时间
19   md=getCurvature(Vx,time);                                    %计算曲线曲率
20   u_min=-0.5;                                                  %最小转角率
21   u_max=0.5;                                                   %最大转角率
22   sim(mdl)                                                     %开始仿真
23   mpcLKAplot(logsout)                                          %绘制仿真结果
```

车道保持辅助系统仿真模型主要由曲率预览器模块（Curvature Previewer）、传感器动力

学模块（Sensor Dynamics）、车道保持辅助系统模块（Lane Keeping Assist System）和车辆动力学模块（Ego Vehicle Dynamics）组成，如图 13-13 所示。

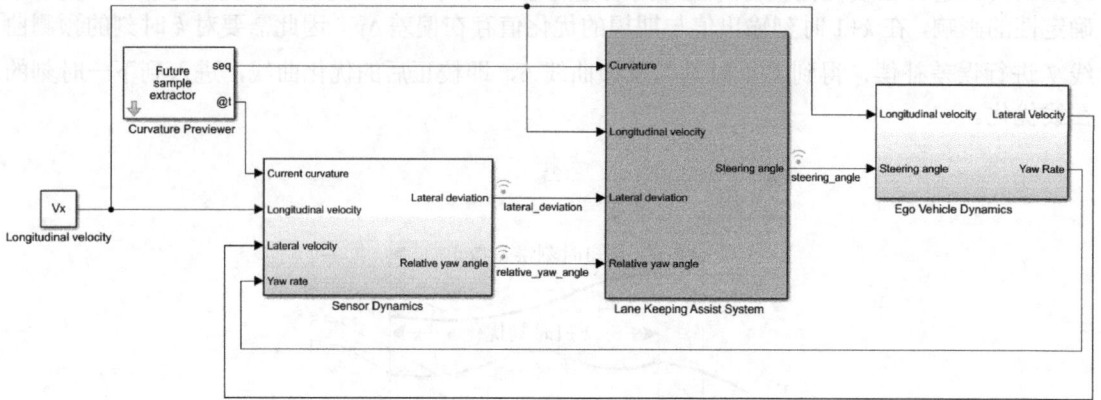

图 13-13　车道保持辅助系统仿真模型

传感器动力学模块如图 13-14 所示。

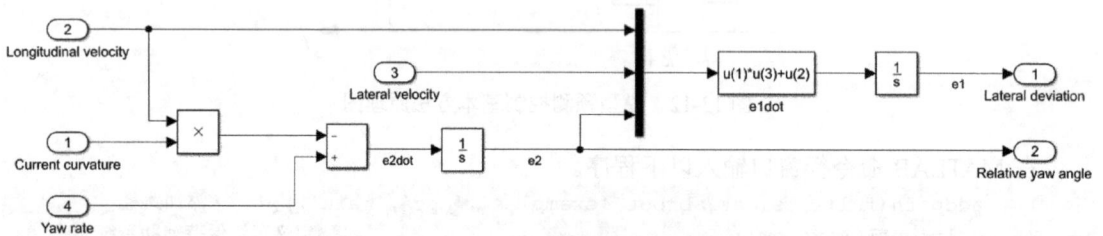

图 13-14　传感器动力学模块

车辆动力学模块如图 13-15 所示。

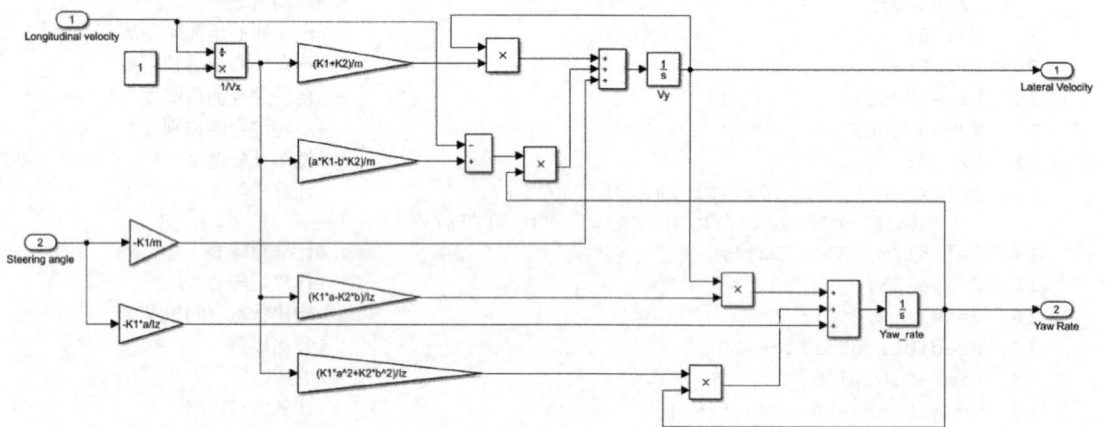

图 13-15　车辆动力学模块

仿真结果如图 13-16 所示。可以看出，横向偏差和相对偏航角都收敛到零，也就是说，车辆能够根据预览的曲率跟随道路行驶，车道保持辅助系统有效。

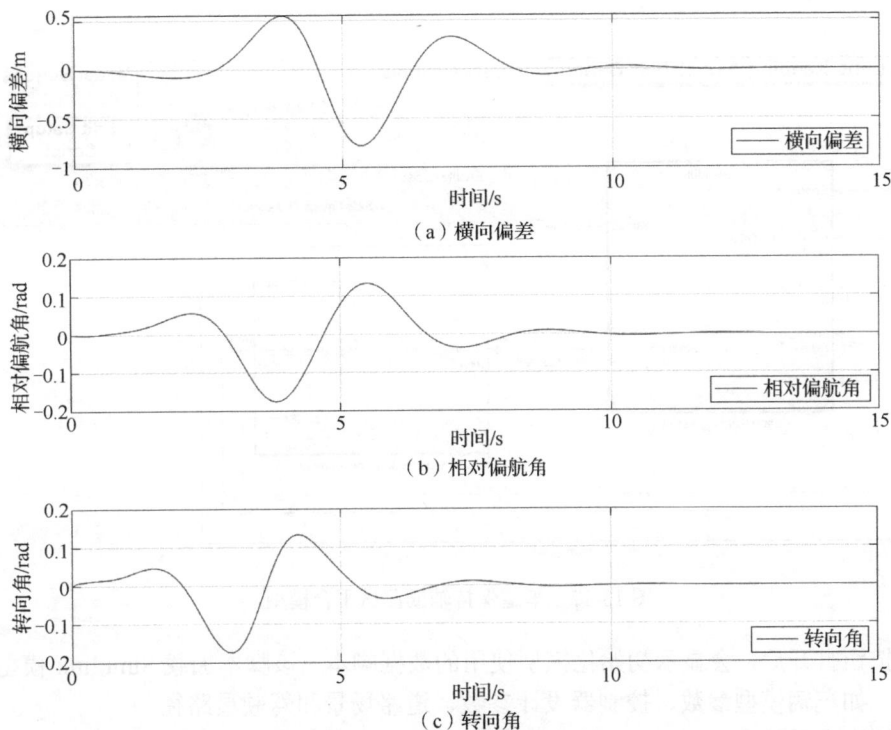

图 13-16　车道保持辅助系统仿真结果

【例 13-2】基于测试平台的车道保持辅助系统仿真。

车道保持辅助系统（LKA）是能够帮助驾驶员在标记的车道内保持安全行驶。当 LKA 系统识别到车辆偏离车道时，可以自动调整转向以恢复车道内的正确行驶，而无须驾驶员的额外干预。为了使 LKA 正常工作，汽车必须识别车道边界以及前方车道的转弯方向。理想的 LKA 设计主要取决于预瞄的曲率、横向偏差和车道中心线与汽车之间的相对偏航角。LKA 必须对实际车道检测器的缺失、不完整或不准确的测量数据具有健壮性。

MATLAB 提供了车道保持辅助系统测试平台。

一、车道保持辅助系统测试平台模型

使用以下命令，打开车道保持辅助系统测试平台模型。

```
1    addpath(fullfile(matlabroot,'examples','mpc','main'));
2    open_system('LKATestBenchExample')
```

输出结果如图 13-17 所示。

车道保持辅助系统测试平台主要由车道保持辅助模块（Lane Keeping Assist）、车辆和环境模块（Vehicle and Environment）、用户控制（User Controls）和模型按钮（Model Buttons）组成。

车道保持辅助模块主要控制车辆的前轮转角，车辆和环境模块主要模拟汽车的运动和环境。

用户控制包括启用辅助（Enable Assist）、安全横向距离（Safe Lateral Distance）和协助状态（Assist Status）。启用辅助有关闭和打开模式；安全横向距离可以设置最小值和最大值；协助状态是显示反映输入值的颜色，未定义是红色，当有数值输入时，红色变成灰色。

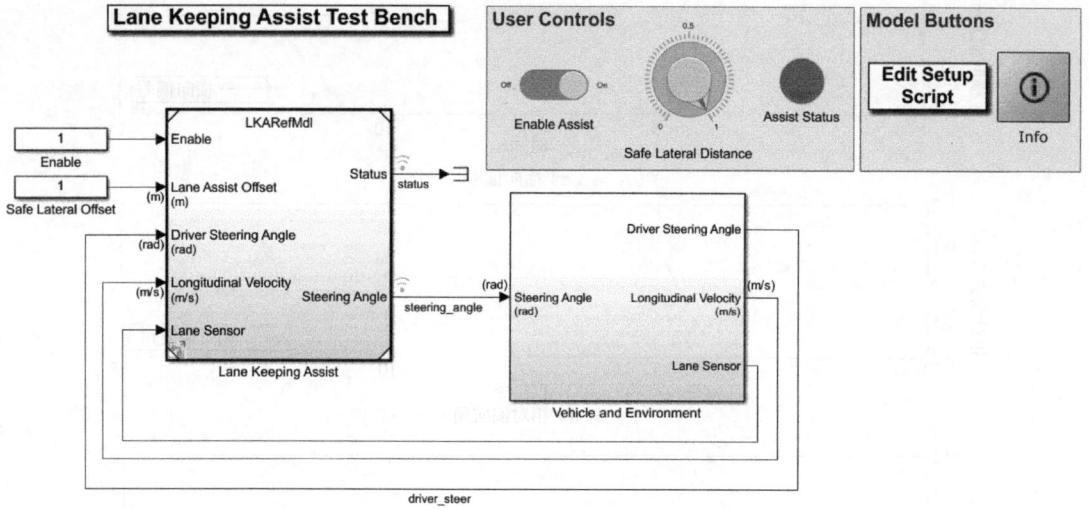

图 13-17　车道保持辅助测试平台模型

模型按钮打开后，会显示初始化模型使用的数据脚本，该脚本加载 Simulink 模型所需的某些常量，如车辆模型参数、控制器设计参数、道路场景和驾驶员路径。

本实例汽车质量为 1 575 kg，转动惯量为 2 875 kg·m²，质心至前轴距离为 1.2 m，质心至后轴距离为 1.6 m，前轮侧偏刚度为 19 000 N/m，后轮侧偏刚度为 33 000 N/m。

1. 车道保持辅助模块仿真模型

车道保持辅助模块仿真模型如图 13-18 所示。

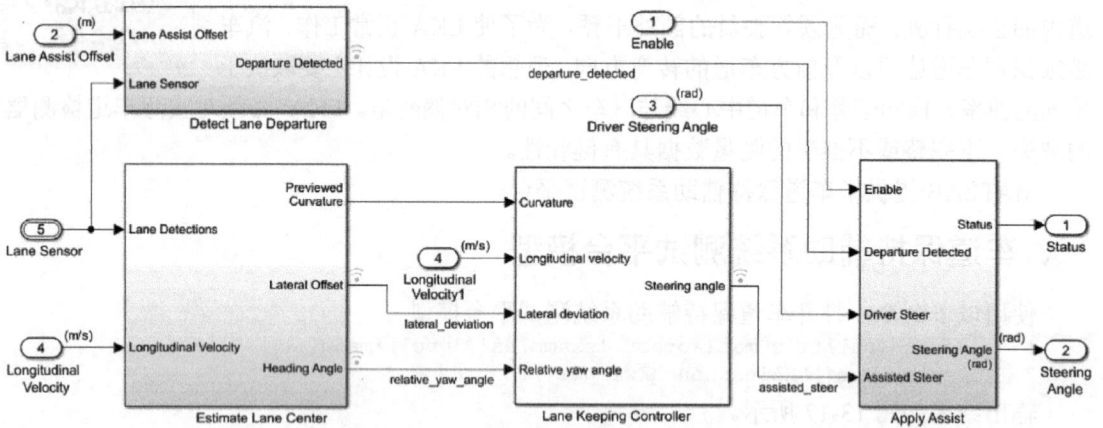

图 13-18　车道保持辅助模块仿真模型

车道保持辅助模块仿真模型又由车道偏离识别（Detect Lane Departure）、估计车道中心（Estimate Lane Center）、车道保持控制器（Lane Keeping Controller）和应用辅助（Apply Assist）模块组成。

（1）车道偏离识别模块。车道偏离识别模块如图 13-19 所示，当车辆太靠近识别车道时，车道偏离识别模块输出为真的信号；当车辆和车道边界之间的偏移小于车道辅助偏移输入时，可以识别到车辆偏离。

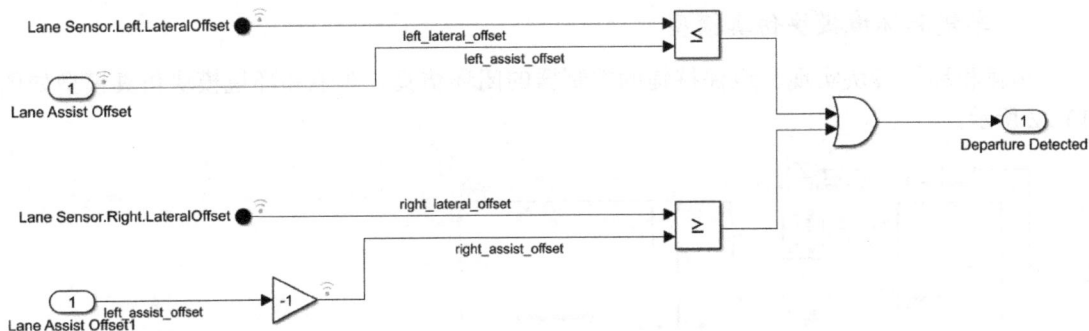

图 13-19 车道偏离识别模块

（2）估计车道中心模块。估计车道中心模块如图 13-20 所示，它将来自车道识别传感器的数据输出到车道保持控制器。

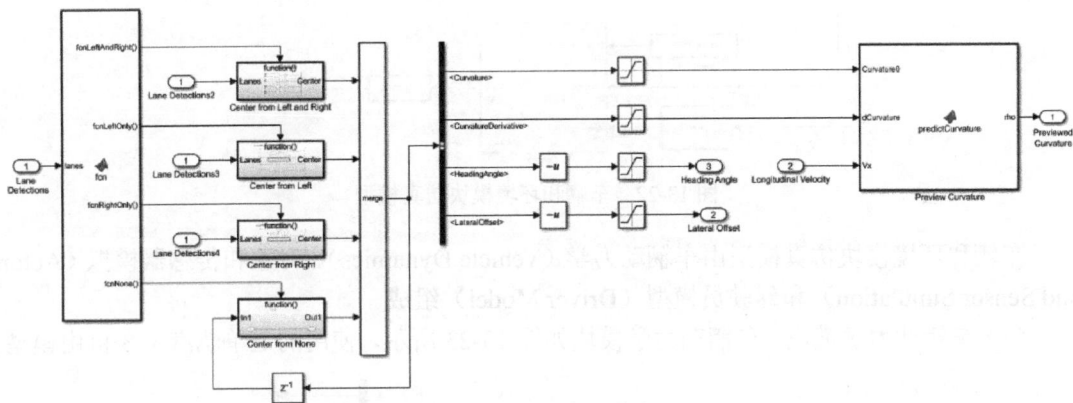

图 13-20 估计车道中心模块

（3）车道保持控制器模块。车道保持控制器模块的目标是通过控制前轮转向角使车辆保持在车道上并沿着弯曲的道路行驶。

LKA 控制器根据传感器识别的道路曲率、横向偏差、相对偏航角和汽车的行驶速度计算汽车的转向角度。

（4）应用辅助模块。应用辅助模块如图 13-21 所示，它决定是车道保持控制器控制汽车还是驾驶员控制汽车，应用辅助模块在驾驶员指令转向和车道保持控制器的辅助转向之间切换。当识别到车道偏离时，辅助转向开始；当驾驶员再次开始在车道内转向时，控制权返还给驾驶员。

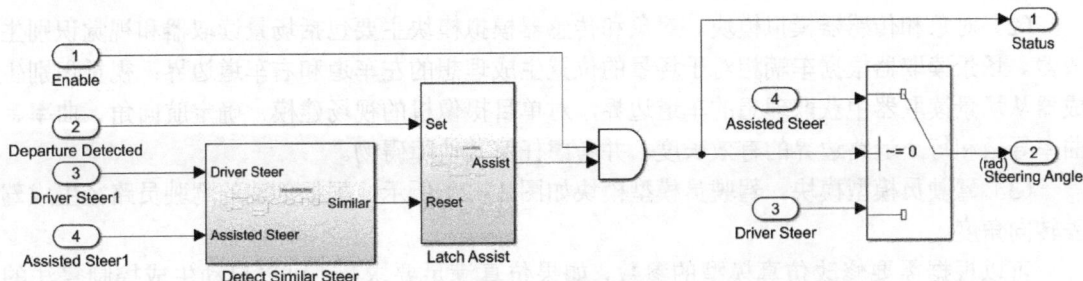

图 13-21 应用辅助模块

2. 车辆和环境模块仿真模型

车辆和环境模块实现车道保持辅助控制器的闭环仿真。车辆和环境模块仿真模型如图 13-22 所示。

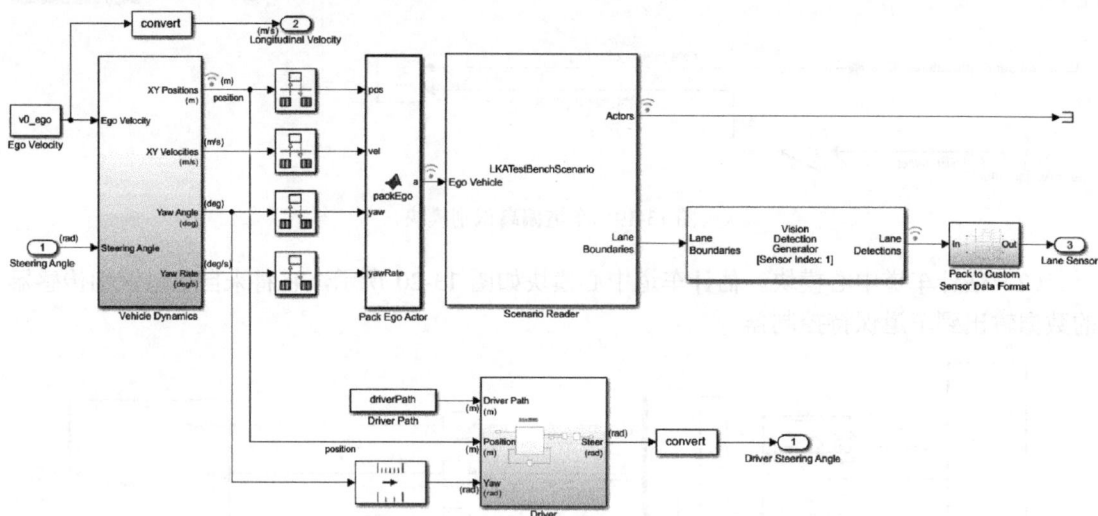

图 13-22　车辆和环境模块仿真模型

车辆和环境模块仿真模型由车辆动力学（Vehicle Dynamics）、对象和传感器模拟（Actors and Sensor Simulation）和驾驶员模型（Driver Model）组成。

（1）车辆动力学模块。车辆动力学模块如图 13-23 所示，使用的是单轨汽车 3 自由模型。

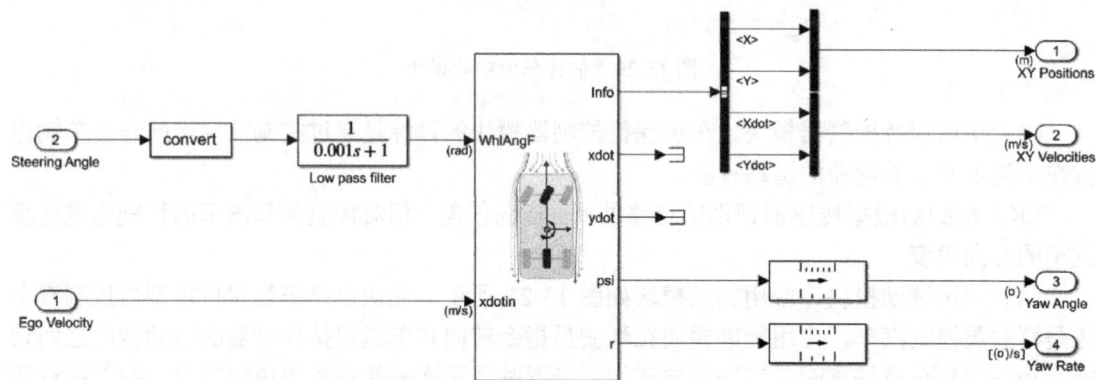

图 13-23　车辆动力学模块

（2）对象和传感器模拟模块。对象和传感器模拟模块主要包括场景读取器和视觉识别生成器。场景读取器根据车辆相对于场景的位置生成理想的左车道和右车道边界；视觉识别生成器从场景读取器中获取理想的车道边界，对单目摄像机的视场建模，确定航向角、曲率、曲率导数和每个道路边界的有效长度，并考虑任何其他障碍物。

（3）驾驶员模型模块。驾驶员模型模块如图 13-24 所示，根据创建的驾驶员路径生成驾驶转向角度。

可以根据需要修改仿真模型的参数，如果仿真满足要求，还可以自动生成控制算法的代码。

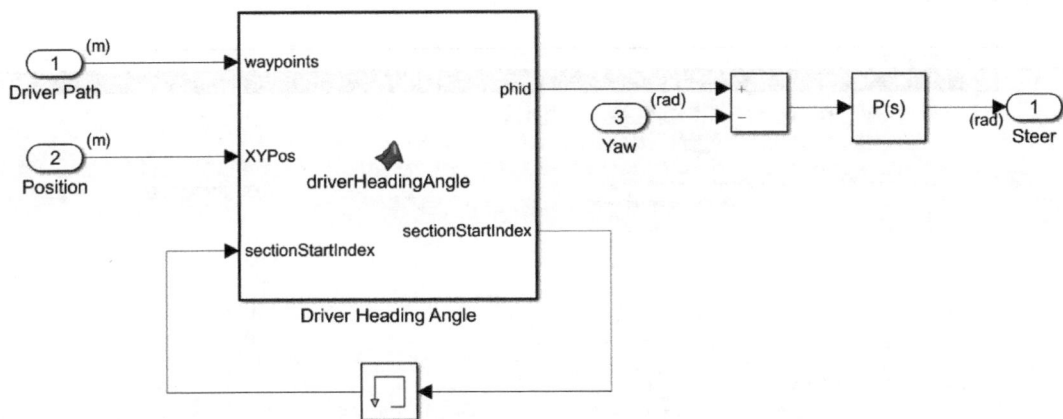

图 13-24　驾驶员模型模块

二、车道保持辅助系统仿真

可以绘制道路以及驾驶员模型将遵循的路径。

```
plotLKAInputs(scenario,driverPath)
```

输出结果如图 13-25 所示。

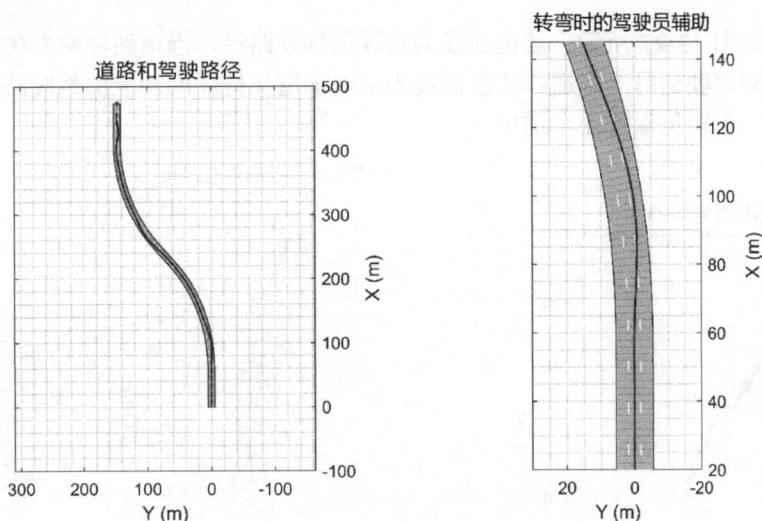

图 13-25　道路和驾驶路径

通过启用车道保持辅助和设置安全横向距离来测试其算法。在 simulink 模型的"用户控制"部分，将开关切换到"打开"，并将安全横向距离设置为 1 m。

```
1    set_param('LKATestBenchExample/Enable','Value','1')
2    set_param('LKATestBenchExample/Safe Lateral Offset','Value','1')
3    sim('LKATestBenchExample','StopTime','15')
```

利用鸟瞰图可以看到车道保持辅助系统工作过程，仿真结果如图 13-26 所示。

图 13-26 中的阴影区域为合成视觉传感器的覆盖区域，红色为识别到的左右车道边界。

用以下命令运行完整的模拟并查看结果。

```
1    sim('LKATestBenchExample')
2    plotLKAResults(scenario,logsout,driverPath)
```

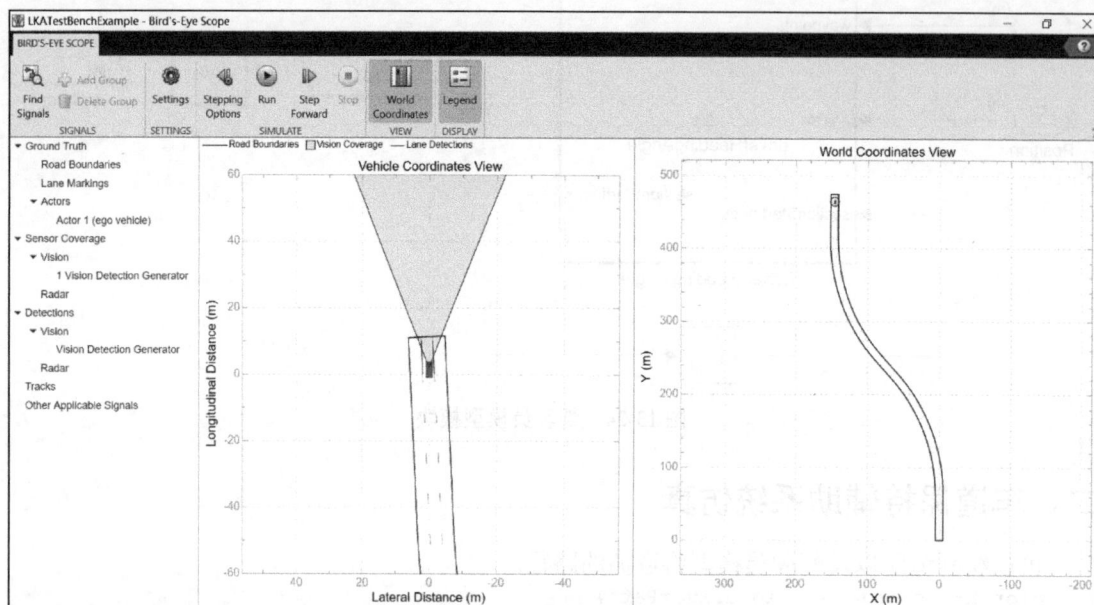

图 13-26　车道保持辅助系统动态仿真

输出结果如图 13-27 所示。蓝色曲线为驾驶员驾驶路径，当道路曲率发生变化时，驾驶员可能会将车辆驾驶到另一车道；红色曲线为带有车道保持辅助功能的驾驶路径，当道路曲率发生变化时，车辆仍保持在车道中。

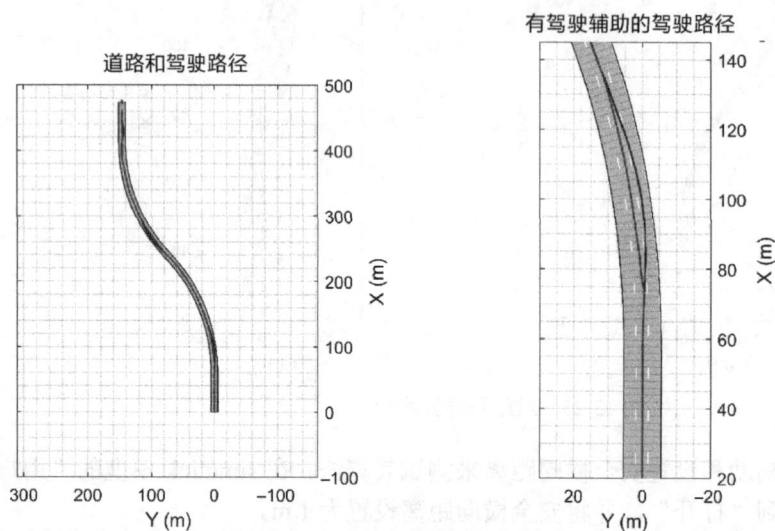

图 13-27　二种驾驶路径的比较

模拟车道跟随，可以修改 LKA 的安全横向偏移值，忽略驾驶员输入，将控制器置于纯车道跟随模式。通过增加该阈值，横向偏移总是在车道保持辅助设置的距离内。因此，车道偏离的状态为"开"，车道保持辅助始终处于控制状态。

```
1    set_param('LKATestBenchExample/Safe Lateral Offset','Value','2')
2    sim('LKATestBenchExample')
3    plotLKAResults(scenario,logsout)
```

输出结果如图 13-28 所示。红色曲线显示车道保持辅助系统本身可以保持车辆沿其车道中心线行驶。

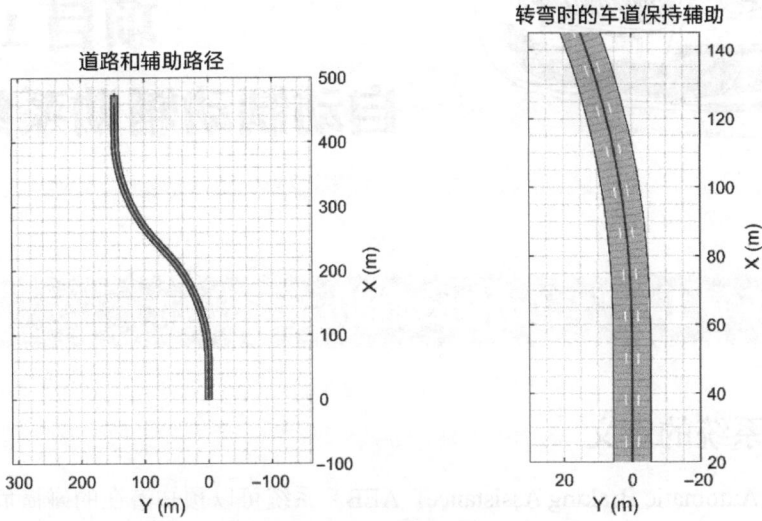

图 13-28   车道保持辅助系统仿真曲线

项目 14
自动制动辅助系统

学习任务 14.1　自动制动辅助系统认知

一、自动制动辅助系统的定义

汽车自动制动辅助（Automatic Braking Assistance，AEB）系统可以预知潜在的碰撞危险并及时通知驾驶员，而且在必要的情况下，此系统会自动控制制动踏板完成制动操作，以避免或减轻碰撞伤害，如图 14-1 所示。

图 14-1　汽车自动制动辅助系统

目前，全球主流的汽车厂商都有自己的预碰撞安全系统，不过各个厂商的叫法各不相同，功能的实现效果及技术细节也有所不同，如大众 Front Assist 预碰撞安全系统、沃尔沃 CWAB 系统、奔驰 Pre-safe 安全系统、斯巴鲁 Eye Sight 安全系统等。

二、自动制动辅助系统的组成

自动制动辅助系统主要由行车环境信息采集单元、电子控制单元和执行单元等组成，如图 14-2 所示。

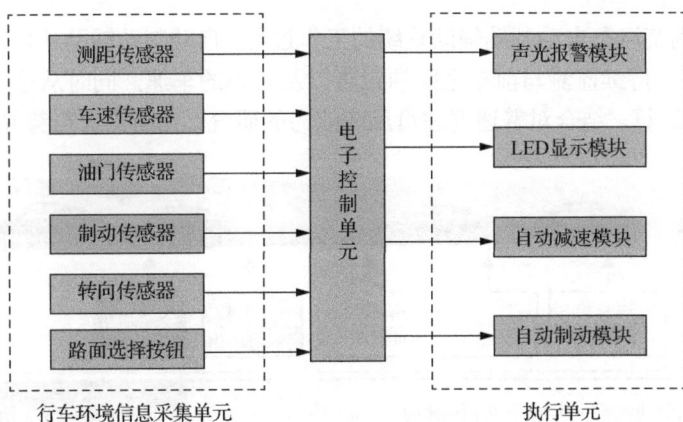

图 14-2　自动制动辅助系统的组成

1. 行车环境信息采集单元

行车环境信息采集单元由测距传感器、车速传感器、油门传感器、制动传感器、转向传感器、路面选择按钮等组成，对行车环境进行实时识别，得到相关行车信息。测距传感器用来识别本车与前方目标的相对距离以及相对速度，目前，常见的测距传感器主要使用毫米波雷达和视觉传感器；车速传感器用来识别本车的速度；油门传感器用来识别驾驶员在收到系统提醒报警后是否及时松开油门，对本车实行减速措施；制动传感器用来识别驾驶员是否踩下制动踏板，对本车实行制动措施；转向传感器用来识别车辆目前是否正处于弯道路面行驶或处于超车状态，系统凭此来判断是否需要进行报警抑制；路面选择按钮是为了方便驾驶员对路面状况信息进行选择，从而方便系统对报警距离的计算。需要采集的信息因系统不同而不同，所有采集到的信息都将被送往电子控制单元。

2. 电子控制单元

电子控制单元接收行车环境信息采集单元的识别信号后，综合收集到的数据信息，依照一定的算法程序对车辆行驶状况进行分析计算，判断车辆所适用的预警状态模型，同时对执行单元发出控制指令。

3. 执行单元

执行单元可以由多个模块组成，如声光报警模块、LED 显示模块、自动减速模块和自动制动模块等，根据系统不同而不同。它用来接收电子控制单元发出的指令，并执行相应的动作，达到预期的预警效果，实现相应的车辆制动功能。当系统识别到存在危险状况时，首先进行声光报警，提醒驾驶员；当系统发出提醒报警之后，如果驾驶员没有松开油门，则系统会发出自动减速控制指令；在减速之后，系统识别到危险仍然存在时，说明目前车辆行驶处于极度危险的状况，需要对车辆实施自动强制制动。

三、自动制动辅助系统的工作原理

汽车自动制动辅助系统采用测距传感器测出与前车或障碍物的距离，然后利用电子控制单元将测出的距离与报警距离、安全距离等进行比较，小于报警距离时就进行报警提示，而小于安全距离时，即使在驾驶员没来得及踩制动踏板的情况下，自动制动辅助系统也会启动，使汽车自动制动，从而为安全出行保驾护航。

图 14-3 所示为某汽车自动制动辅助系统的工作过程。自动制动辅助从传感器探测到前方车辆（目标车）开始，持续监测与前车之间的距离以及前车的车速，同时从总线获取本车的车速信息，通过简单的运算，结合对普通驾驶员反应能力的研究，判断当前形势并做出合适的应对。

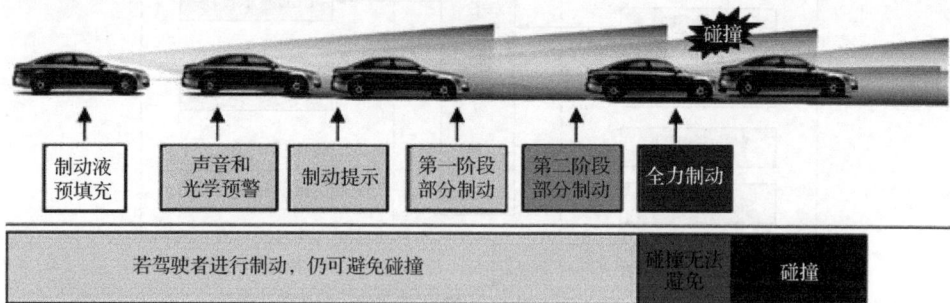

图 14-3 某汽车自动制动辅助系统的工作过程

四、自动制动辅助系统的类型

欧洲新车星级评价（E-NCAP）以多年来统计的事故数据为依据，对汽车 AEB 系统使用环境提出三种应用类型，即城市专用 AEB 系统、高速公路专用 AEB 系统和行人保护专用 AEB 系统。

1. 城市专用 AEB 系统

城市交通事故大多发生在路口等待、交通拥堵等情况下，因为驾驶员注意力分散，忽视了自身的车速和与前车的距离，所以会造成碰撞事故。城市内驾驶特点是速度慢，易发生不严重的碰撞。城市专用 AEB 系统可以监测前方路况与车辆移动情况，如果探测到潜在的风险，它将采取预制动措施，提醒驾驶员风险的存在；如果在反应时间内未接到驾驶员的指令，该系统则会自动制动来避免事故。而在任何时间点内，如果驾驶员采取了紧急制动或猛打转向盘等措施，该系统将停止。

马自达阿特兹搭载的低速刹车辅助系统（SCBS）属于城市专用 AEB 系统的一种。SCBS系统能够在车辆低速行驶时主动侦测同前方车辆的距离，当车辆在 4～30 km/h 车速时，SCBS系统会自动打开，通过判断本车与前方车辆的距离，当监测到两辆车距离过近时，该系统会自动刹车减速，避免或减轻伤害。在 20 km/h 速度以下时，会自动停车，避免追尾前车或减轻对前车的伤害。有权威数据显示，在大城市的车辆追尾、剐蹭事故中，有70%以上的事故发生在车辆中低速行驶时，特别在拥堵路况上车辆走走停停、驾驶员走神时更是追尾和剐蹭事故的主要原因。

2. 高速公路专用 AEB 系统

在高速公路上发生的事故与城市交通事故相比，其特点不同。高速公路上的驾驶员可能疲劳驾驶，当意识到危险时车速过快无法控制车辆。为了能保证这种行驶情况下的安全，AEB系统必须能用相应的控制策略来应对。系统在车辆高速行驶状态下工作，首先通过报警来提醒驾驶员潜在的危险。如果在反应时间内，驾驶员没有任何反应，第二次警示系统将启动，如突然的制动或安全带收紧，此时制动器将调至预制动状态；如果驾驶员依然没有反应，那么该系统将会自动实施制动。

3. 行人保护专用 AEB 系统

除探测道路上的车辆外，还有一类 AEB 系统是用来识别行人和其他公路上弱势群体的。

通过车上一个前置摄像头传来图像，可以辨别出行人的图形和特征，通过计算相对运动的路径，以确定是否有撞击的危险。如果有危险，系统可以发出警告，并在安全距离内，制动系统采用全制动使车辆停止行驶。实际情况下预测行人行为是比较困难的，系统控制的算法也非常复杂。该系统需要在危险发生前更迅速地做出正确判断，更有效地做出响应，防止危险事态发生，同时也需要避免系统在特定情况下发生误触发。如图 14-4 所示。

图 14-4　行人保护专用 AEB 系统

五、自动制动辅助系统的测试方法

E-NCAP 根据 AEB 系统工作形式不同，将其分为 AEB 结合碰撞预警功能（FCW）、单独 AEB 以及单独 FCW 三种情况。E-NCAP 试验评价方法中将汽车 AEB 系统测试方法分为车与车工况（CCR）、车与行人工况（CP）。

1. 车与车工况

车与车工况主要分为以下三种情况。

（1）车与车后方接近静态试验（CCRs）。前方目标车辆（EVT）静态下后方测试车辆（UVT）接近状况。根据实际调查情况，车辆事故的第一种普遍情况是前车静态下发生的。根据系统分类和工作形式分类，CCRm 试验速度参数表见表 14-1，CCRs 试验示意图如图 14-5 所示。

表 14-1　CCRs 试验速度参数表　　　　　　单位：km/h

工况	AEB+FCW		独立 AEB	独立 FCW
	AEB	FCW		
城市工况 AEB	10～50	—	10～50	—
郊区工况 AEB	—	30～80	30～80	30～80

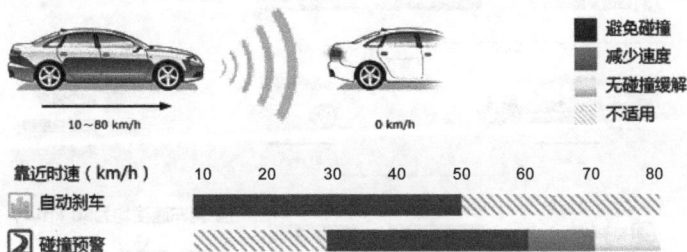

图 14-5　CCRs 试验示意图

（2）车与车后方接近移动试验（CCRm）。前方 EVT 匀速移动状态下后方 UVT 接近状况。根据实际调查情况，车辆事故的第二种情况是在前车匀速移动的状况下发生的。根据系统分类和工作形式分类，CCRm 试验速度参数表见表 14-2，CCRm 试验示意图如图 14-6 所示。

表 14-2　CCRm 试验速度参数表　　　　　　　　　　单位：km/h

AEB+FCW		独立 AEB	独立 FCW
AEB	FCW		
30～70	50～80	30～80	50～80

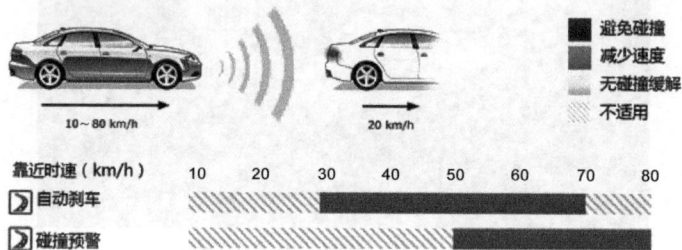

图 14-6　CCRm 试验示意图

（3）车与车后方接近制动试验（CCRb）。前方 EVT 匀速移动中突然制动状态下后方 UVT 接近状况。根据实际调查情况，车辆事故的第三种情况是在前车移动中突然制动的状况下发生的。根据系统分类和工作形式分类，CCRb 试验速度参数表见表 14-3，CCRb 试验示意图如图 14-7 所示。

表 14-3　CCRb 试验速度参数表　　　　　　　　　　单位：km/h

工况	两车间距	AEB+FCW、独立 AEB、独立 FCW	
		制动减速度 2m/s²	制动减速度 6m/s²
城市工况 AEB	12 m	10～50	10～50
郊区工况 AEB	40 m	30～80	30～80

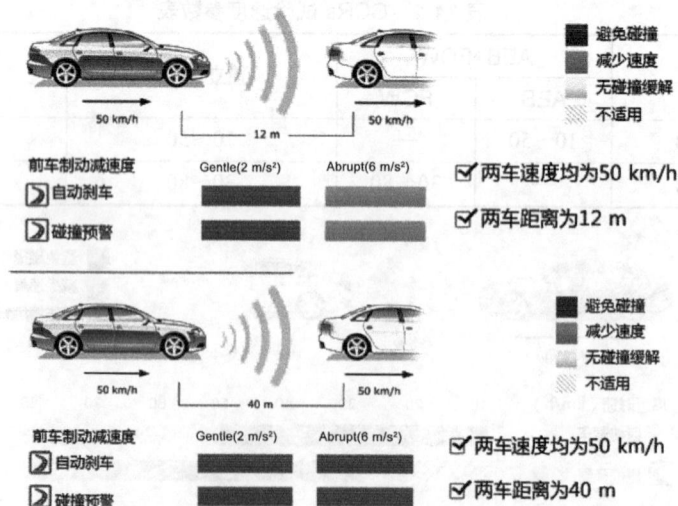

图 14-7　CCRb 试验示意图

以上三种测试方法是根据前方 EVT 的状态变化，后方 UVT 在不同车速下对 AEB 系统进行全面的性能测试。其中，CCRs 和 CCRm 试验根据表 7-1 和表 7-2 中提供的车速区间，从小到大用 5 km/h 或者 10 km/h 的车速间隔进行试验。CCRb 试验规则是在两车都以 50 km/h 速度行驶，两车间距为 12 m 和 40 m 的两种情况下，前车模拟实际情况，分别进行 2 m/s^2 和 6 m/s^2 的减速度进行制动，以此来测试系统的性能。

2. 车与行人工况（CP）

CP 工况主要分为以下三种情况。

（1）CP1。清晰状态下遇到行人从左侧人行道进入车道。

（2）CP2。隐蔽状态下遇到行人从左侧人行道进入车道。

（3）CP3。清晰状态下遇到行人从右侧人行道快步进入车道。

目前，车与行人工况还未正式加入测试规范中，试验方法和规范也正在研究过程中。

美国、日本、欧盟等国家和地区已纷纷将 AEB 纳入新车安全性评价项目中，为自动驾驶和无人驾驶打下铺垫。

六、自动制动辅助系统的应用

斯巴鲁 Eye Sight 系统主要通过前挡风玻璃的两个立体摄像头，模拟人类的立体视觉，来判断车辆前方的路口，探测范围为 79 m，可以识别汽车、行人、摩托车，如图 14-8 所示。

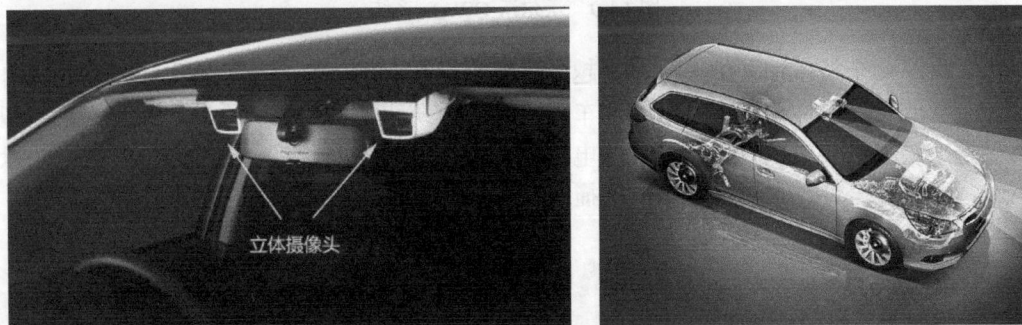

图 14-8　斯巴鲁 Eye Sight 系统

斯巴鲁 Eye Sight 系统在前后车速不同的情况下采取不一样的措施。当车速差低于 30 km/h 时，系统能识别车辆、行人的路径，当识别到危险时，驾驶员没有及时制动，系统可以自动协助制动，甚至完全把车制动停止，避免发生碰撞。而在一些越野路段，也可以将系统关闭。在车速差 30 km/h 以上时，系统不是以制动停止的方式而是适当减速，以最大限度地降低碰撞速度。

沃尔沃 CWAB 系统以摄像头、雷达同时探测，雷达负责探测车辆前方 150 m 内的范围，摄影镜头则负责前方 55 m 内的车辆动态，如图 14-9 所示。当与前车距离过近或路中间有行人时，会通过类似于制动灯的警示灯亮起，提醒驾驶员注意。如果发出警示后碰撞的风险仍然在增加，制动支持功能会被激活。制动片能缩短响应时间，预充液压增强制动压力，确保驾驶员在没用力踩制动的情况下也能实现有效制动。如果驾驶员没有实施制动而系统预见碰撞即将发生，制动器将被激活，自动采取制动措施。

除了 CWAB 系统外，沃尔沃还研发了城市安全系统与之相配合，该系统在速度 30 km/h 以下时启动，自动探测前方 10 m 内是否有静止或移动中的车辆。如果前车突然制动，而驾驶员系统发出的警告未采取任何行动，车辆就会自动制动。如果两车的相对速度差低于15 km/h，该系统启动后可以使车辆自动制动停止，避免碰撞的发生。当两车的相对速度差为15～30 km/h 时，该系统可在碰撞发生前将速度降至最低，最大限度地减少本车与前车乘员及车辆因碰撞而产生的损伤。

图 14-9　沃尔沃 CWAB 系统

随着汽车安全技术涉及的范围越来越广、越来越细，现代汽车正朝着更加智能化、自动化和信息化的机动一体化方向发展。汽车自动制动系统应和其他控制系统相结合，采用智能型传感器、快速响应的执行器、高性能电控单元、先进的控制策略、无线通信等技术，以提高汽车的主动安全性，使车辆从被动防撞减少伤害向主动避撞减少事故的方向发展。

学习任务 14.2　自动制动辅助系统仿真实例

【例 14-1】利用 MATLAB 的 AEB 系统测试平台仿真模型进行仿真。

AEB 系统主要使用毫米波雷达和视觉传感器来识别主车前方潜在的碰撞对象，准确、可靠和稳健的识别通常需要多个传感器，同时最大限度地减少误报。这就是传感器融合技术在AEB 系统中发挥重要作用的原因。

一、AEB 系统测试平台仿真模型

使用以下命令，打开 AEB 系统测试平台仿真模型。

```
1    addpath(genpath(fullfile(matlabroot,'examples','driving')))
2    open_system('AEBTestBenchExample')
```

输出结果如图 14-10 所示。

AEB 系统测试平台仿真模型由基于传感器融合的 AEB 模块、车辆和环境模块、仪表板显示和模型按钮组成。

基于传感器融合的 AEB 模块包含传感器融合算法和 AEB 控制器。

车辆和环境模块包括驾驶场景阅读器、雷达和视觉识别器，模拟汽车的运动和环境。

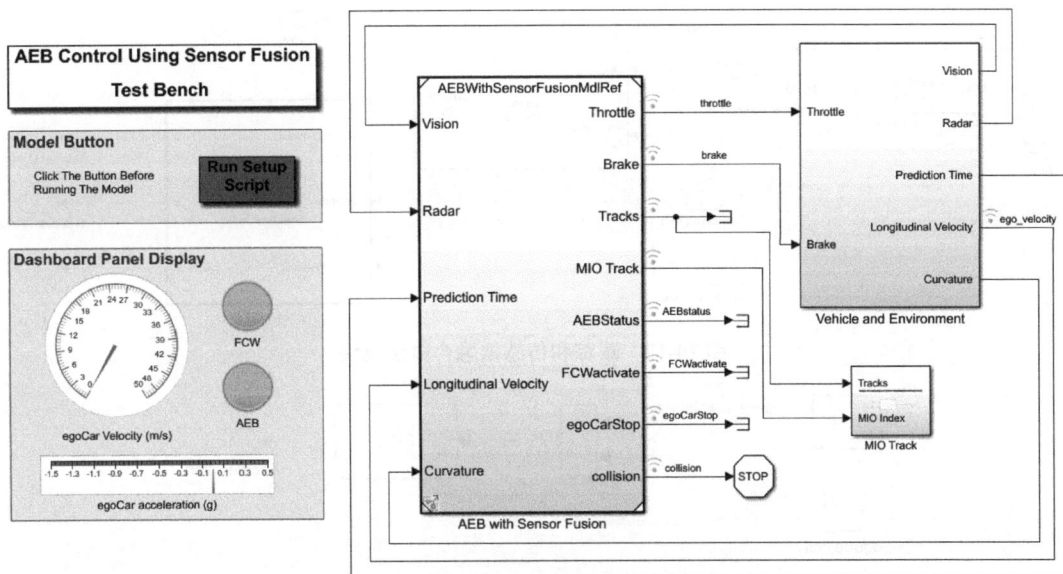

图 14-10 AEB 系统测试平台仿真模型

　　仿真模型左侧的仪表板显示主车的速度、加速度以及自动制动辅助和前向碰撞预警（FCW）控制器的状态。

　　模型按钮打开后，会显示初始化模型使用的数据脚本，该脚本加载 Simulink 模型所需的某些常量，如模型参数、驾驶场景、主车初始条件、AEB 控制参数、跟踪与传感器融合参数、主车建模参数、速度控制器参数、总线创建等。

1. 基于传感器融合的 AEB 模块

　　基于传感器融合的 AEB 模块如图 14-11 所示。

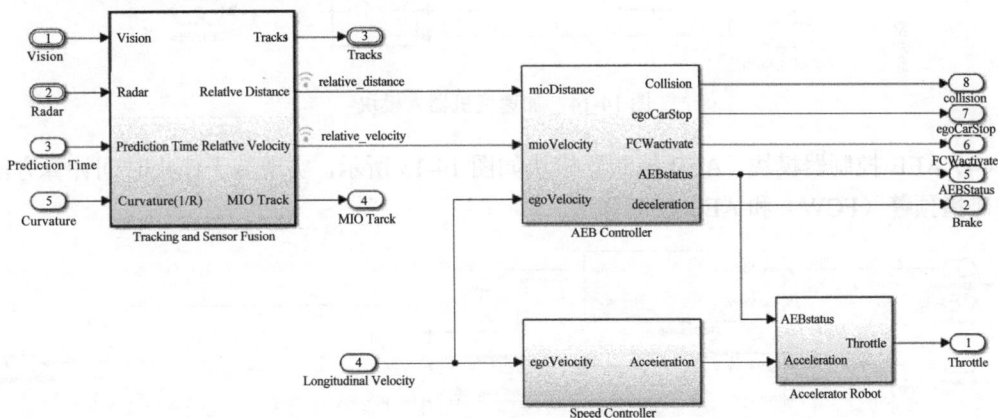

图 14-11 基于传感器融合的 AEB 模块

　　该模块包含跟踪和传感器融合算法以及速度控制器、加速度机器人和 AEB 控制器模块。

　　（1）跟踪和传感器融合算法模块。跟踪和传感器融合算法模块如图 14-12 所示，它处理来自车辆和环境子系统的视觉传感器和雷达识别，并生成目标车辆相对于主车的位置和速度。

　　（2）速度控制器模块。速度控制器模块如图 14-13 所示，它通过使用比例积分（PI）控制器使主车按驾驶员设定的速度行驶。

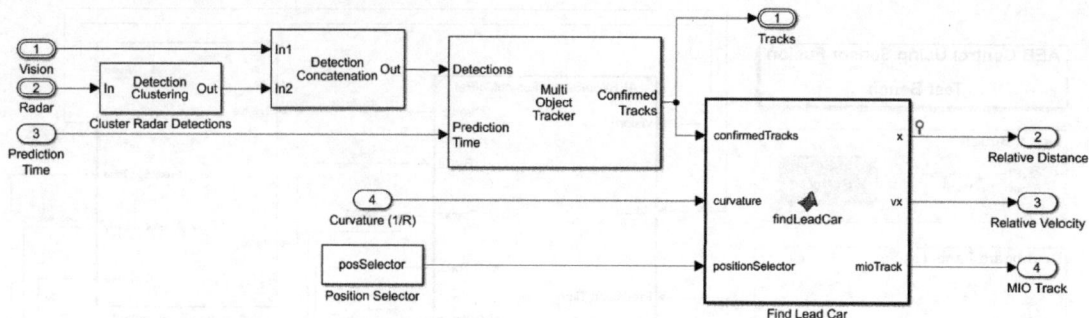

图 14-12　跟踪和传感器融合算法模块

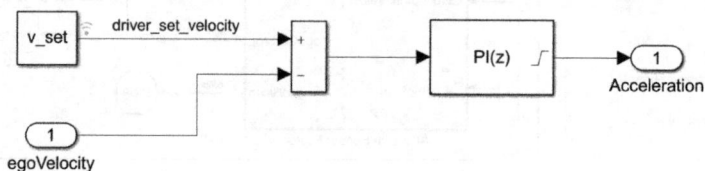

图 14-13　速度控制器模块

（3）加速度机器人模块。加速度机器人模块如图 14-14 所示，当激活 AEB 时，加速器机器人子系统释放车辆加速器。

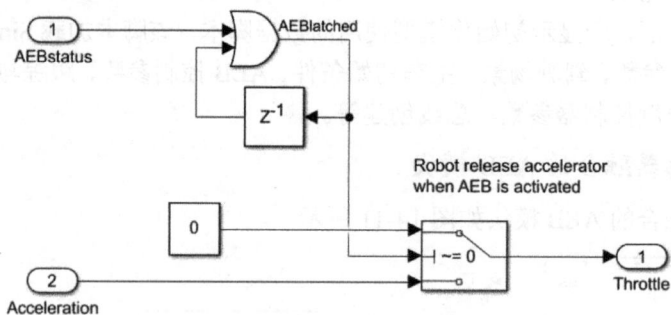

图 14-14　加速度机器人模块

（4）AEB 控制器模块。AEB 控制器模块如图 14-15 所示，实现基于停止时间计算方法的前向碰撞预警（FCW）和 AEB 控制算法。

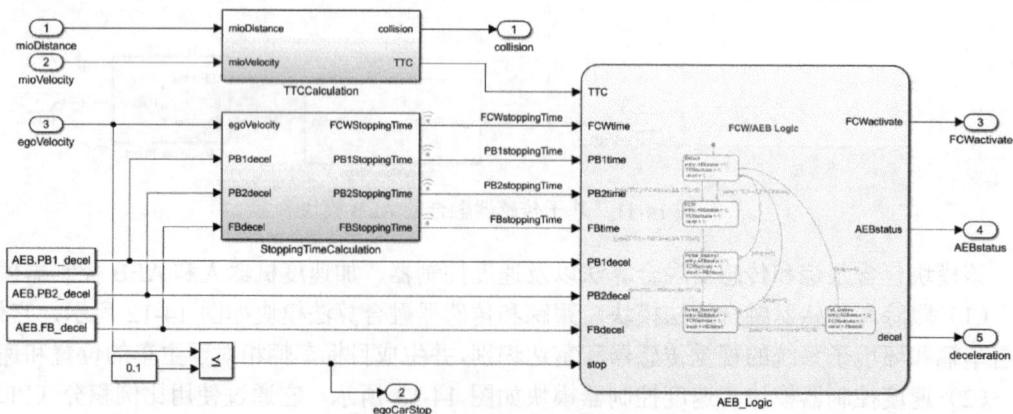

图 14-15　AEB 控制器模块

AEB 控制器子模块又由 TTC 计算模块、停止时间计算模块和 AEB_逻辑模块组成。

TTC 是指主车与前方目标车辆的碰撞时间，一般使用与前方目标车辆的相对距离和速度来计算 TTC。TTC 计算模块如图 14-16 所示。

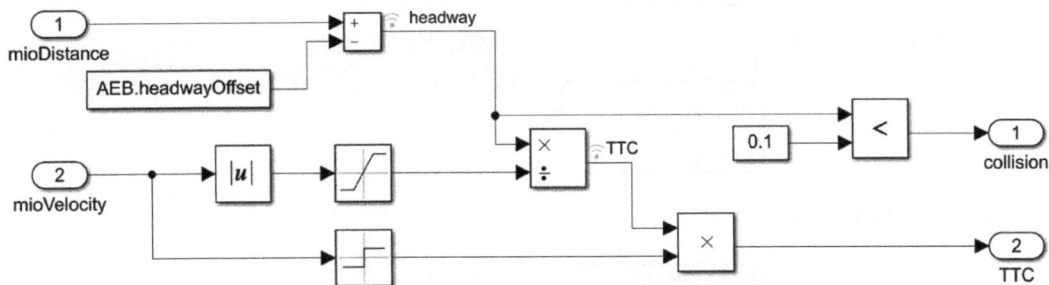

图 14-16　TTC 计算模块

停止时间计算模块如图 14-17 所示，它分别计算 FCW、一级（PB1）和二级（PB2）部分制动和完全制动（FB）的停止时间。

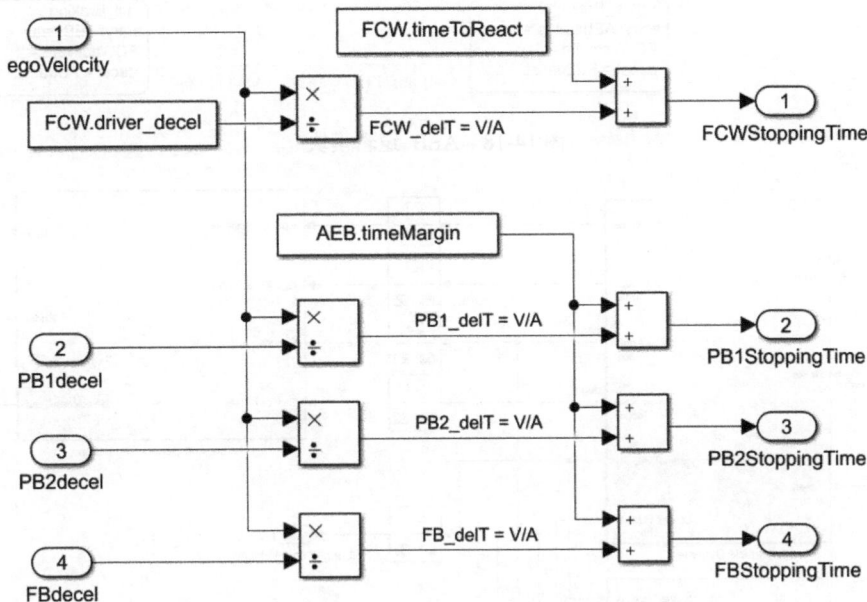

图 14-17　停止时间计算模块

AEB_逻辑模块如图 14-18 所示，它是一种状态机，将 TTC 与停止时间进行比较，以确定 FCW 和 AEB 是否激活。

2. 车辆与环境模块

车辆与环境模块如图 14-19 所示。

车辆与环境模块又包括车辆动力学模块、驾驶员转向模型模块以及对象和传感器模拟模块。

（1）车辆动力学模块。车辆动力学模块如图 14-20 所示，用车辆动力学块组中的单轨车辆模型来模拟主车动力学。

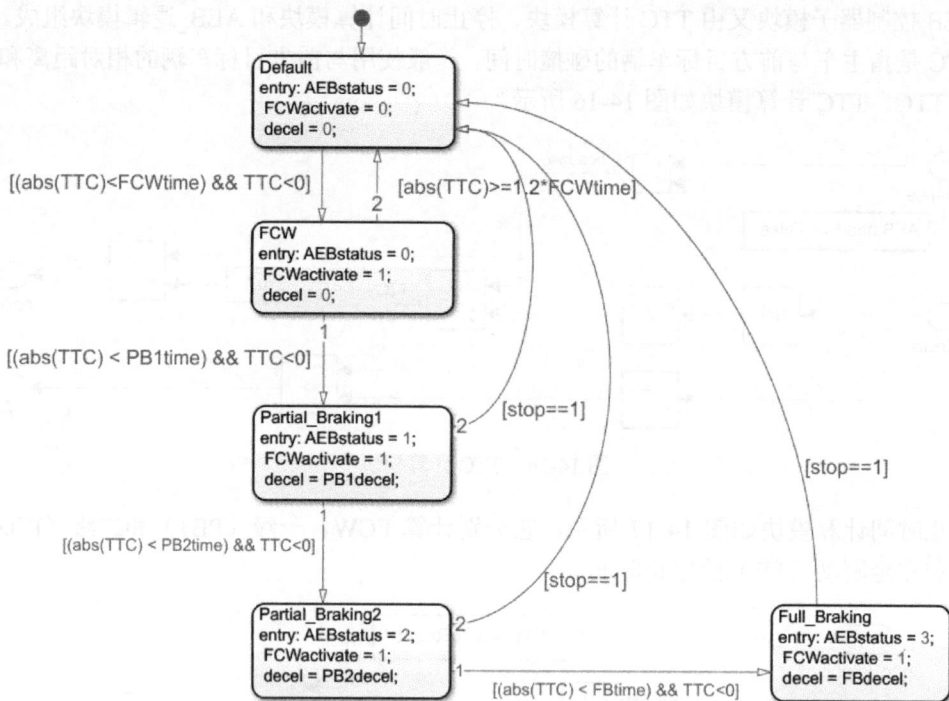

图 14-18　AEB_逻辑模块

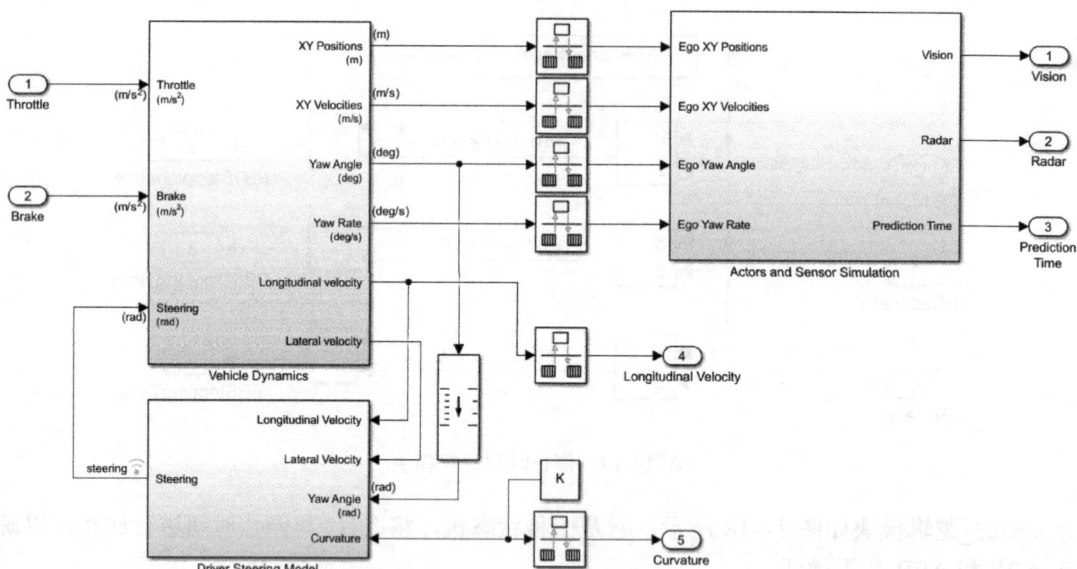

图 14-19　车辆与环境模块

（2）驾驶员转向模型模块。驾驶员转向模型模块如图 14-21 所示，它产生驾驶转向角，以保持主车在其车道上并沿着已定义曲率的弯曲道路行驶。

（3）对象和传感器模拟模块。对象和传感器模拟模块如图 14-22 所示，它生成跟踪和传感器融合所需的合成传感器数据。在加载 simulink 模型之后，执行回调函数来创建一个道路和多个交通参与者在道路上移动的模拟环境。

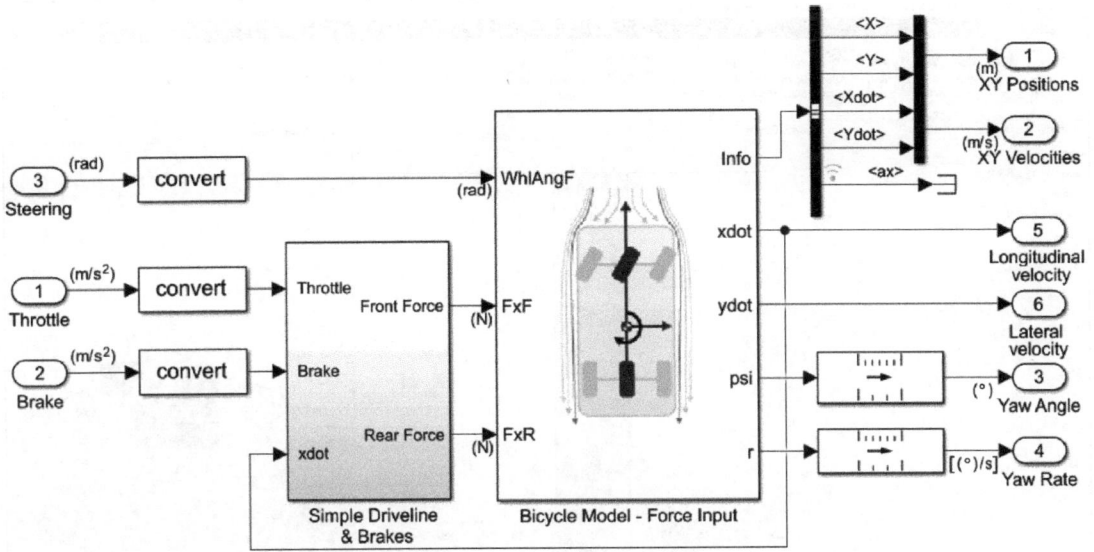

图 14-20　车辆动力学模块

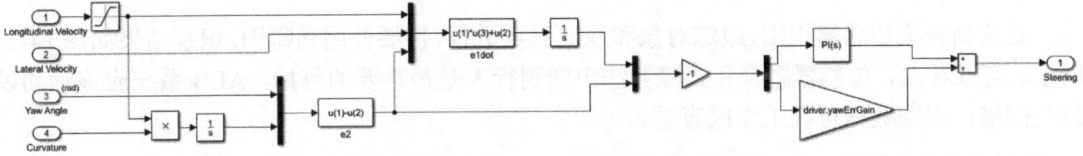

图 14-21　驾驶员转向模型模块

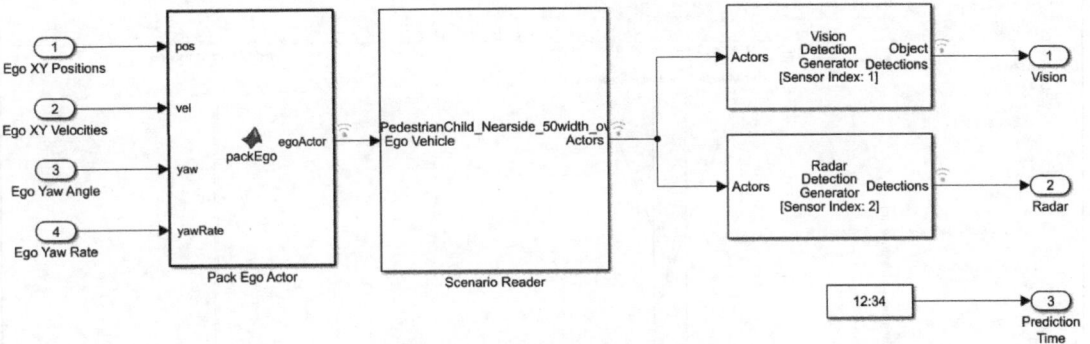

图 14-22　对象和传感器模拟模块

二、自动制动辅助系统仿真

自动驾驶工具箱根据 AEB 系统的欧洲新车安全测试协议提供了预先构建的驾驶场景,可以使用驾驶场景设计器查看预先构建的场景。

```
drivingScenarioDesigner('AEB_PedestrianChild_Nearside_50width_overrun.mat')
```

输出结果如图 14-23 所示,AEB 的测试驾驶场景中有三辆车和一行人。

AEB 的 simulink 模型读取驾驶场景文件并运行模拟,模拟时间为 3.8 s。

```
sim('AEBTestBenchExample','StopTime','3.8');
```

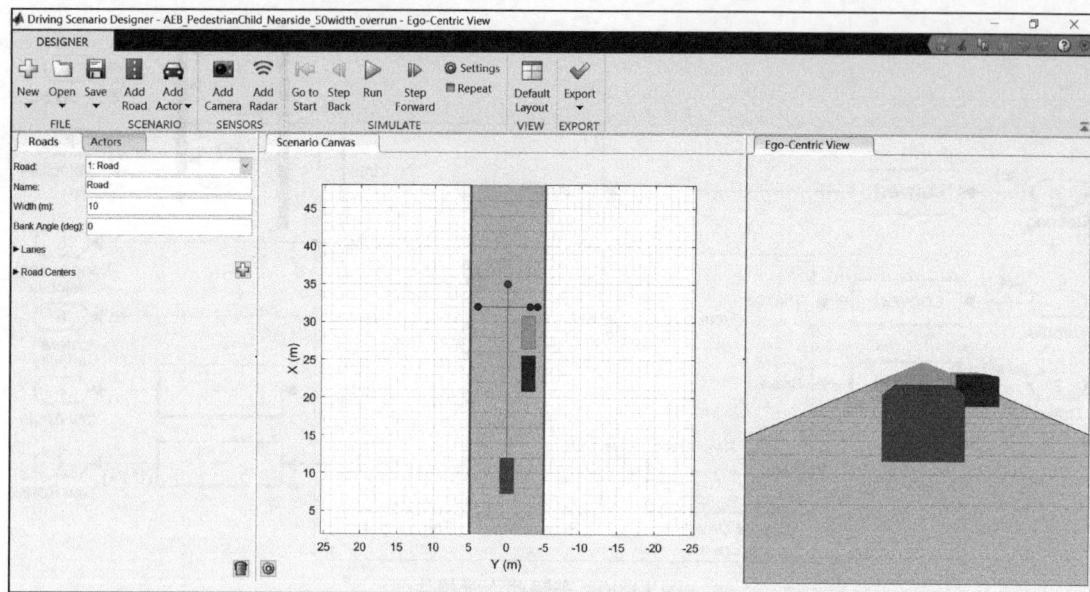

图 14-23　AEB 的测试驾驶场景

要绘制合成传感器识别、跟踪对象和地面真实数据，需要使用鸟瞰图。识别结果如图 14-24 所示。可以看出，传感器融合和跟踪算法识别到行人是最重要的目标，AEB 系统应该制动以避免碰撞，识别数据可在工作区查看。

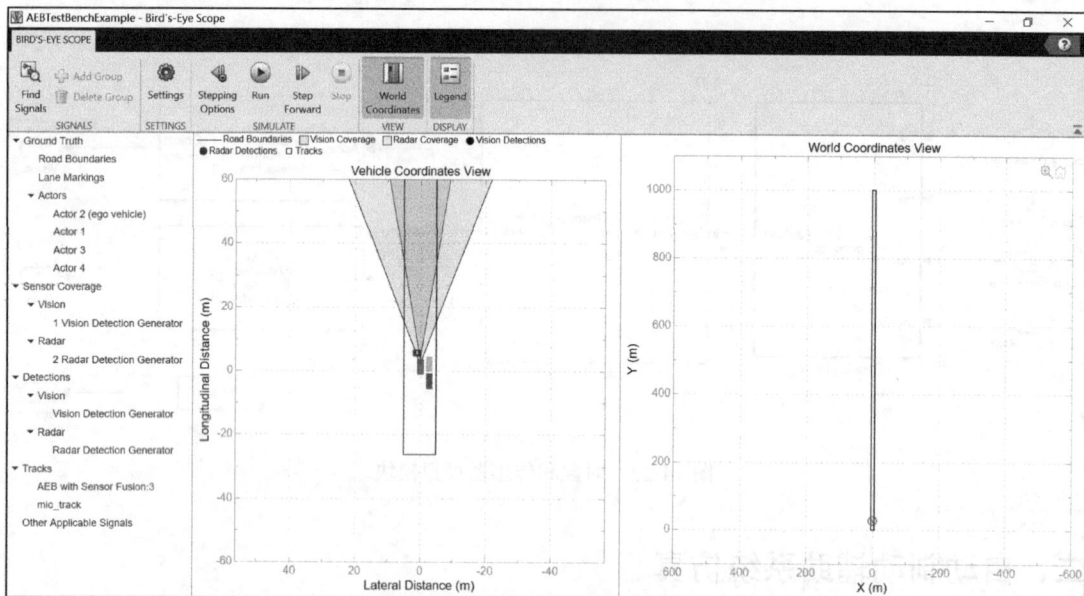

图 14-24　AEB 的模拟结果

仪表板和模拟图显示 AEB 系统应用了多级制动，主车在碰撞前立即停止，如图 14-25 所示。仪表板上 AEB 的状态颜色表示 AEB 激活水平。其中，灰色表示没有激活 AEB；黄色表示第一阶段部分制动器被激活；橙色表示第二阶段部分制动被激活；红色表示全制动被激活。

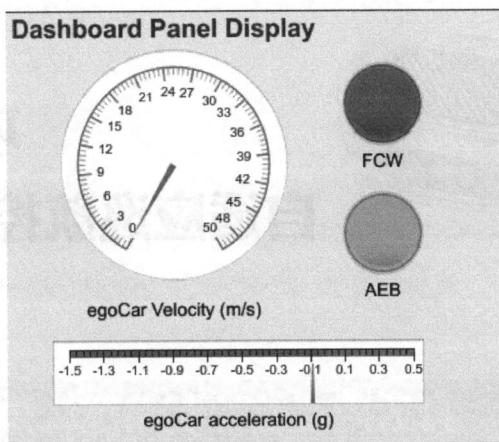

图 14-25 仪表板状态

模拟结果显示：在最初的 2 s 内，主车加速到设定速度；在 2.3 s 时，传感器融合算法开始识别行人；识别后，FCW 立即被激活；在 2.4 s 时，应用第一阶段的部分制动，主车开始减速；部分制动的第二阶段在 2.5 s 时再次施加；当主车最终停止时，主车和行人之间的间隔约为 2.4 m。AEB 系统在这种情况下完全避免了碰撞。

一、自适应巡航控制系统的定义

汽车自适应巡航控制（ACC）系统是在汽车行驶过程中，安装在汽车前部的车距传感器持续扫描汽车前方道路，同时轮速传感器采集车速信号。当前汽车（以下简称主车）与前方车辆之间的距离小于或大于安全车距时，ACC控制单元通过与制动系统、发动机控制系统协调动作，改变制动力矩和发动机输出功率，对汽车行驶速度进行控制，以使主车与前方车辆始终保持安全车距行驶，避免追尾事故发生，同时提高通行效率，如图15-1所示。如果主车前方没有车辆，则主车按设定的车速巡航行驶。

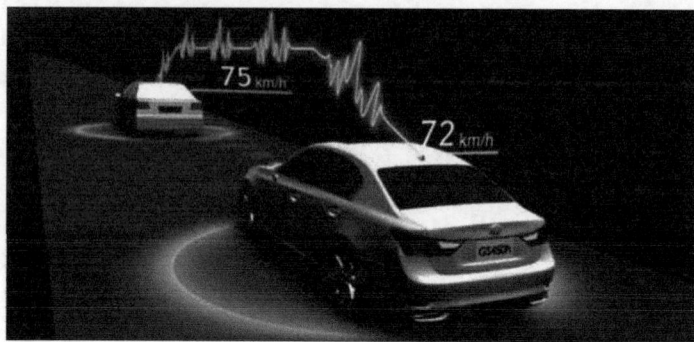

图 15-1 汽车 ACC 系统

对于电动汽车，发动机更换为驱动电机，通过改变制动力矩和驱动电机的输出功率，控制电动汽车的行驶速度。

ACC系统在控制汽车制动时，通常会将制动减速度限制在不影响舒适的程度。当需要更大的减速度时，ACC系统会发出预警信号通知驾驶员主动采取制动操作。当主车与前方车辆之间的距离增加到安全车距时，ACC系统控制汽车按照设定的车速行驶。

二、自适应巡航控制系统的组成

1. 燃油汽车 ACC 系统

燃油汽车ACC系统主要由信息感知单元、电子控制单元（ECU）、执行单元和人机交互界面等组成，如图15-2所示。

人机交互界面

| 驾驶员 | 控制开关 | 状态显示器 | 其他 |

信息感知单元

| 测距传感器 |
| 转速传感器 |
| 转向角传感器 |
| 节气门位置传感器 |
| 制动踏板传感器 |
| 其他传感器 |

电子控制单元

执行单元

| 油门控制器 |
| 制动控制器 |
| 转向控制器 |
| 挡位控制器 |
| 其他控制器 |

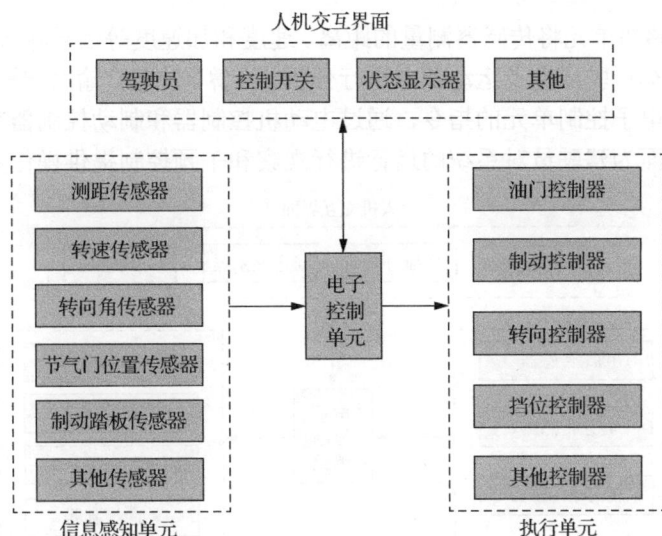

图 15-2 燃油汽车 ACC 系统的组成

（1）信息感知单元。信息感知单元主要用于向电子控制单元（ECU）提供 ACC 所需要的各种信息，主要由测距传感器、转速传感器、转向角传感器、节气门位置传感器、制动踏板传感器等组成。测距传感器用来获取主车与前方目标车辆之间的距离信号，一般使用激光雷达或毫米波雷达，也有使用视频传感器的；转速传感器用于获取实时车速信号，一般使用霍尔式转速传感器；转向角传感器用于获取汽车转向信号；节气门位置传感器用于获取节气门开度信号；制动踏板传感器用于获取制动踏板动作信号。

（2）电子控制单元。电子控制单元根据驾驶员设定的安全车距及车速，结合信息感知单元传送来的信息确定主车的行驶状态，决策出汽车的控制策略，并输出油门开度和制动压力信号给执行单元。例如，当主车与前方的目标车辆之间的距离小于设定的安全车距时，电子控制单元计算实际车距和安全车距之差及相对速度的大小，选择减速方式，或通过报警器向驾驶员发出报警，提醒驾驶员采取相应的措施。

（3）执行单元。执行单元主要执行电子控制单元发出的指令，实现主车速度和加速度的调整，它包括油门控制器、制动控制器、转向控制器和挡位控制器等。油门控制器用于调整节气门的开度，使汽车加速、减速及定速行驶；制动控制器用于控制制动力矩或紧急情况下的制动；转向控制器用于控制汽车的行驶方向；挡位控制器用于控制汽车变速器的挡位。

（4）人机交互界面。人机交互界面用于驾驶员设定系统参数及系统状态信息的显示等。驾驶员可通过设置在仪表盘或转向盘上的人机界面启动或清除 ACC 系统控制指令。启动 ACC 系统时，要设定主车与目标车辆之间的安全车距以及在巡航状态下的车速；否则，ACC 系统将自动设置为默认值，但所设定的安全车距不可小于设定车速下交通法规所规定的安全车距。

2. 电动汽车 ACC 系统

电动汽车 ACC 系统也是由信息感知单元、电子控制单元（ECU）、执行单元和人机交互界面等组成。如图 15-3 所示，电动汽车相对于燃油汽车，其 ACC 系统的信息采集单元没有节气门位置传感器，执行单元没有油门控制器和挡位控制器，相应增加电动机控制器和再生制动控制器。信息感知单元将传感器测量的距离、速度和加速度等信号输入到电子控制单元；电子控制单元对主车行驶环境及运动状态进行分析、计算、决策，输出转矩和制动压力信号；执行单元用于完成电子控制单元的指令，通过电动机控制器和制动控制器来调节主车的行驶速度；人机交互界面为驾驶员对系统的运行进行观察和干预控制提供操作界面。

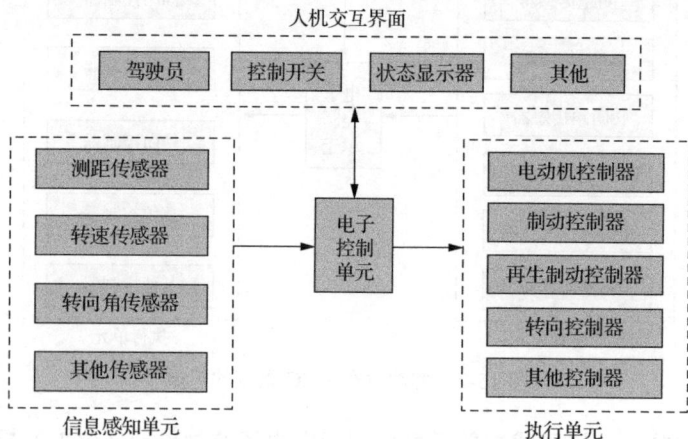

图 15-3 电动汽车 ACC 系统的组成

三、自适应巡航控制系统的工作原理

1. 燃油汽车 ACC 系统的工作原理

燃油汽车 ACC 系统的工作原理如图 15-4 所示。驾驶员启动 ACC 系统后，汽车在行驶过程中，安装在汽车前部的测距传感器持续扫描汽车前方道路，同时，转速传感器采集车速信号。如果主车前方没有车辆或与前方目标车辆距离很远且速度很快，控制模式选择模块就会激活巡航控制模式，ACC 系统将根据驾驶员设定的车速和转速传感器采集的本车速度自动调节加速踏板等，使主车达到设定的车速并巡航行驶；如果目标车辆存在且离主车较近或速度很慢，控制模式选择模块就会激活跟随控制模式，ACC 系统将根据驾驶员设定的安全车距和转速传感器采集的本车速度计算出期望车距，并与测距传感器采集的实际距离比较，自动调节制动压力和油门开度等使汽车以一个安全车距稳定地跟随前方目标车辆行驶。同时，ACC 系统会把汽车目前的一些状态参数显示在人机界面上，方便驾驶员判断，还装有紧急报警系统，在 ACC 系统无法避免碰撞时及时警告驾驶员并由驾驶员处理紧急状况。

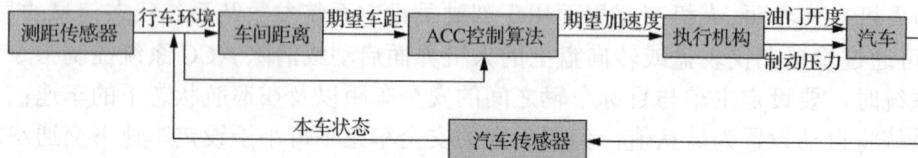

图 15-4 燃油汽车 ACC 系统的工作原理

2. 电动汽车 ACC 系统的工作原理

电动汽车 ACC 系统的工作原理如图 15-5 所示，它与燃油汽车 ACC 系统工作原理基本一样，唯一区别是：燃油汽车控制的是油门开度，调节发动机输出转矩；电动汽车控制的是电动机转矩，调节电动机的输出转矩，而且增加了再生制动控制。

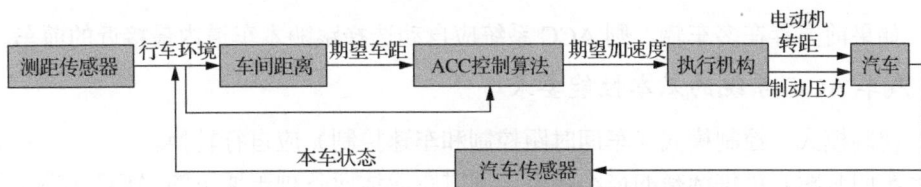

图 15-5　电动汽车 ACC 系统的工作原理

四、自适应巡航控制系统的状态

汽车 ACC 系统的状态可分为三种：ACC 关闭状态、ACC 等待状态和 ACC 工作状态。汽车 ACC 系统的状态及其转换如图 15-6 所示。

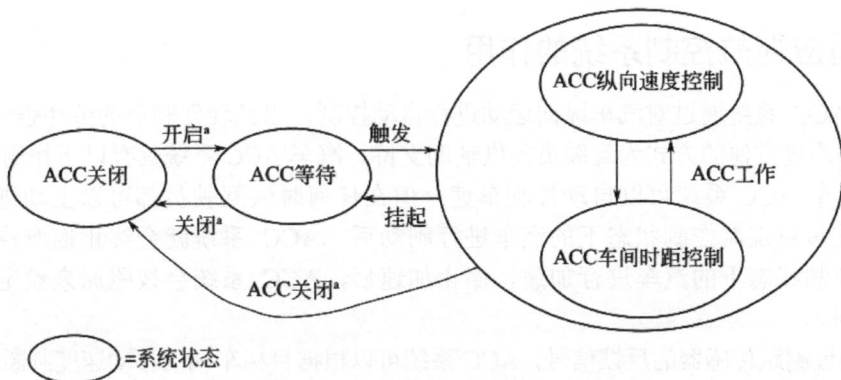

图 15-6　汽车 ACC 系统的状态及其转换

图 15-6 中，上角标 a 表示自检以后的手动和（或）自动操作。手动切换实现 ACC 的关闭与非关闭状态的转换，系统识别到错误后将自动关闭 ACC。

（1）ACC 关闭状态。直接的操作动作均不能触发 ACC 系统。

（2）ACC 等待状态。ACC 系统没有参与车辆的纵向控制，但可随时被驾驶员触发而进入工作状态。

（3）ACC 工作状态。ACC 系统控制本车的速度和（或）车间时距。车间时距是指本车驶过连续车辆的车间距所需的时间间隔，它等于车间距与车速之比。

五、自适应巡航控制系统的要求

汽车 ACC 系统要求包括基本控制策略要求和基本性能要求。

1. 汽车 ACC 系统的基本控制策略要求

（1）当汽车 ACC 系统处于工作状态时，本车通过对速度的自动控制来与前车保持一定的车间时距或预先的设定速度（以二者中速度低者为准）。这两种控制模式之间的转换可由 ACC 系统自动完成。

（2）稳定状态的车间时距可由系统自动调节或由驾驶员调节。

（3）当本车的速度低于最低工作速度时，应禁止由"ACC 等待状态"向"ACC 工作状态"的转换。此外，如果系统处于"ACC 工作状态"并且速度低于最低工作速度，自动加速功能应被禁止，此时 ACC 系统可由"ACC 工作状态"自动转换为"ACC 等待状态"。

（4）如果前方存在多车辆，则 ACC 系统应自动选择跟随本车道内最接近的前车。

2. 汽车 ACC 系统的基本性能要求

（1）控制模式。控制模式（车间时距控制和车速控制）应自行转换。

（2）车间时距。可供选择的最小稳态车间时距应适应各种车速下的 ACC 控制，应大于或等于 1 s，并且至少应提供一个在 1.5～2.2 s 区间内的车间时距。

（3）本车速度。ACC 系统可以控制本车的行驶速度。

（4）静止目标。对静止目标的响应不是 ACC 系统所具备的功能，如果 ACC 系统不能对静态目标做出响应，则应在车辆的用户使用手册中予以声明。

（5）跟踪能力。ACC 系统应具备相关标准中规定的探测距离、目标识别能力以及弯道适应能力。

六、自适应巡航控制系统的作用

汽车 ACC 系统通过对汽车纵向运动进行自动控制，以减轻驾驶员的劳动强度，保障行车安全，并通过方便的方式为驾驶员提供辅助支持。汽车 ACC 系统具有以下作用。

（1）汽车 ACC 系统可以自动控制车速，但在任何时候驾驶员都可以主动进行加速或制动。驾驶员对巡航控制状态下的汽车进行制动后，ACC 系统就会终止巡航控制；驾驶员对巡航控制状态下的汽车进行加速，停止加速后，ACC 系统会按照原来设定的车速进行巡航控制。

（2）通过测距传感器的反馈信号，ACC 系统可以根据目标车辆的移动速度判断道路情况，并控制汽车的行驶状态；通过反馈式加速踏板感知驾驶员施加在踏板上的力，ACC 系统可以决定是否执行巡航控制，以减轻驾驶员的疲劳。

（3）汽车 ACC 系统分为基本型和全速型。基本型 ACC 一般在车速大于 30 km/h 时才会起作用，而当车速降低到 30 km/h 以下时，就需要驾驶员进行人工控制。全速型 ACC 在车速低于 30 km/h 直至汽车静止时一样可以适用，在低速行驶时仍能保持与前车的距离，并能对汽车进行制动直至其处于静止状态。如果前车在几秒内再次启动，装备有停走型 ACC 的汽车将自动跟随启动。如果停留时间较长，驾驶员只需通过简单操作，如轻踩油门踏板就能再次进入 ACC 模式。通过这种方式，即使在高峰或拥堵时段，ACC 系统也能进行辅助驾驶。

（4）汽车 ACC 系统使汽车的编队行驶更加轻松。ACC 系统可以设定自动跟踪的汽车，当主车跟随前方车辆行驶时，ACC 系统可以将主车车速调整为与前方目标车辆的车速相同，同时保持稳定的安全车距，而且这个安全车距可以通过转向盘上的设置按钮进行选择。

（5）带辅助转向功能的 ACC 系统，不仅可以使汽车自动与前方目标车辆保持一定车距，而且汽车还能够自动转向，使得驾驶过程更加安全舒适。

七、自适应巡航控制系统的工作模式

汽车 ACC 系统的工作模式主要有定速巡航、减速控制、跟随控制、加速控制、停车控制和启动控制等如图 15-7 所示。图中假设主车设定车速为 100 km/h，目标车辆行驶速度为 80 km/h。

（1）定速巡航。定速巡航是汽车 ACC 系统最基本的功能。当主车前方无目标车辆行驶时，主车将处于普通的巡航行驶状态，ACC 系统按照设定的行驶车速对汽车进行定速巡航控制。

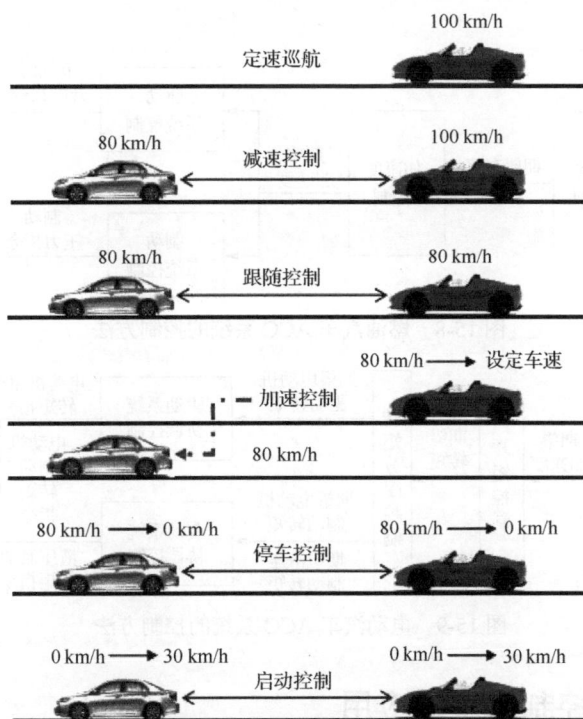

图 15-7　汽车 ACC 系统的工作模式

（2）减速控制。当主车前方有目标车辆，且目标车辆的行驶速度小于主车的行驶速度时，ACC 系统将控制主车进行减速，确保主车与前方目标车辆之间的距离为所设定的安全车距。

（3）跟随控制。当 ACC 系统将主车速度减至设定的车速值之后采用跟随控制，与前方目标车辆以相同的速度行驶。

（4）加速控制。当前方的目标车辆加速行驶或发生移线，或当主车移线行驶使得前方又无行驶车辆时，ACC 系统将对主车进行加速控制，使主车恢复到设定的车速。在恢复设定的车速后，ACC 系统又转入对主车的巡航控制。

（5）停车控制。若目标车辆减速停车，主车也减速停车。

（6）启动控制。若主车处于停车等待状态，当目标车辆突然启动，主车也将启动，与目标车辆行驶状态保持一致。

当驾驶员参与汽车驾驶后，ACC 系统自动退出对汽车的控制。

八、自适应巡航系统的控制方法

燃油汽车 ACC 系统的控制方法如图 15-8 所示，它分为双层控制：第一层根据雷达、车速和加速度传感器信号控制车速和加速度，获得期望车速和期望加速度信号；第二层接受第一层信号调节驱动系统和制动系统，输出节气门开度和制动压力指令，从而控制发动机和液压制动装置。

电动汽车 ACC 系统的控制方法如图 15-9 所示，它分为三层控制：第一层根据雷达和传感器信号控制加速度和转矩，获得期望加速度和期望转矩信号；第二层对第一层输出的期望转矩进行分配，获得期望电动机驱动转矩、期望电动机制动转矩和期望液压制动转矩；第三层接受第二层信号协调驱动系统和制动系统控制，输出电动机驱动转矩指令、电动机制动转矩指令和液压制动转矩指令，分别控制驱动电动机和液压制动装置。

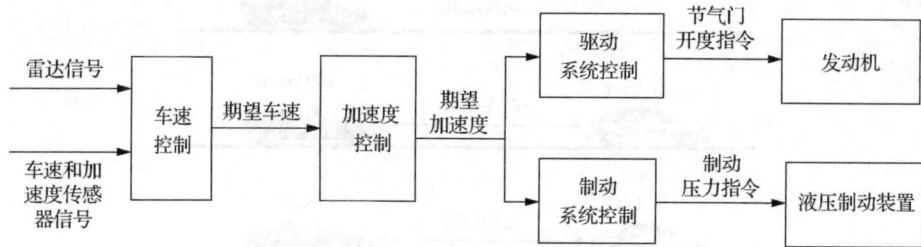

图 15-8　燃油汽车 ACC 系统的控制方法

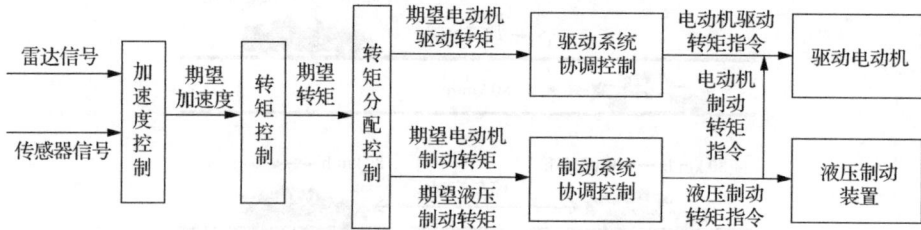

图 15-9　电动汽车 ACC 系统的控制方法

九、自适应巡航控制系统的应用

ACC 系统使汽车辅助驾驶的品质达到了新的高度，驾驶员的大量任务可由 ACC 系统自动完成，在很大程度上减轻了驾驶员的负担。目前，汽车 ACC 系统主要应用在中高级轿车上，但随着 ACC 系统的不断发展与完善，一些中低档汽车也开始装配 ACC 系统。

沃尔沃汽车 ACC 系统如图 15-10 所示，通过前挡风玻璃的摄像头以及隐藏在前格栅内的雷达来监测前方路况，在速度超过 30 km/h 时，按下转向盘上的启动键，就可以激活 ACC 系统。当前面有车辆时，自动跟着前方车辆行驶，但不会超过设定的速度；当前方没有车辆时，就按设定的速度行驶。

图 15-10　沃尔沃汽车 ACC 系统

沃尔沃汽车 ACC 系统具有以下功能。

（1）它在 0～200 km/h 的范围内都可以实现自动跟车。

（2）对前车的识别能力强。当前车转弯或超过前车时，能快速捕捉到新的前方车辆，继续自动跟车。

（3）如果有车辆插队驶入两车之间，ACC 系统会调节车速以保持之前设定的两车之间的安全车距。

（4）具有辅助超车功能。如果感觉前车较慢，当驾驶员开启转向功能进入另外一条车道，准备超车时，汽车会瞬时加速以尽快超过前车。

长安新 CS75 也装配了 ACC 系统。驾驶员只需要开启功能之后进行简单的设定，就可以在高速路上行驶车辆，甚至在堵车的时候"解放"双脚，如图 15-11 所示。长安新 CS75 的全速自适应巡航还可以通过语音进行速度限定，该车型能够根据前面车辆的速度进行自我速度的调节，始终控制与前车的安全车距，便捷而高效。

图 15-11　长安新 CS75 汽车 ACC 系统

未来汽车 ACC 系统将同其他的汽车电子电控系统相互融合，形成智能汽车电子控制系统，在卫星导航系统的指引下，利用环境感知技术和网络通信技术，实现自动驾驶功能。

学习任务 15.2　自适应巡航控制系统模块

自适应巡航控制系统模块模拟自适应巡航控制系统，该系统通过调整主车的纵向加速度来跟踪设定速度并保持与目标车辆的安全距离。在满足安全距离、速度和加速度约束的条件下，使用模型预测控制计算最优控制动作。

自适应巡航系统控制系统模块如图 15-12 所示。

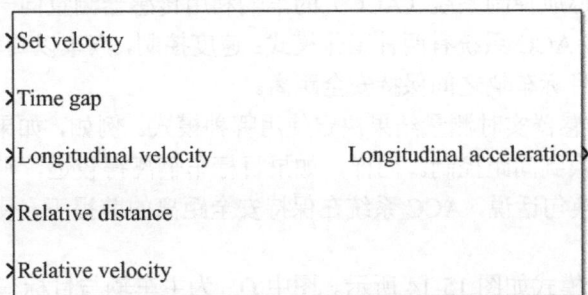

图 15-12　自适应巡航控制系统模块

自适应巡航控制系统模块的输入分别为设定车速、安全时间、主车速度、目标车辆与主车之间相对距离、目标车辆与主车之间相对速度，输出为纵向加速度。

单击自适应巡航控制系统模块，进入自适应巡航控制模块设置界面，可以对其各种参数进行设置，如图 15-13 所示。自适应巡航控制系统模块设置包括参数设置和块选项。其中，参数设置包括主车模型设置、自适应巡航控制器约束和模型预测控制器设置；块选项包括优化、数据类型、输入选择和自定义。

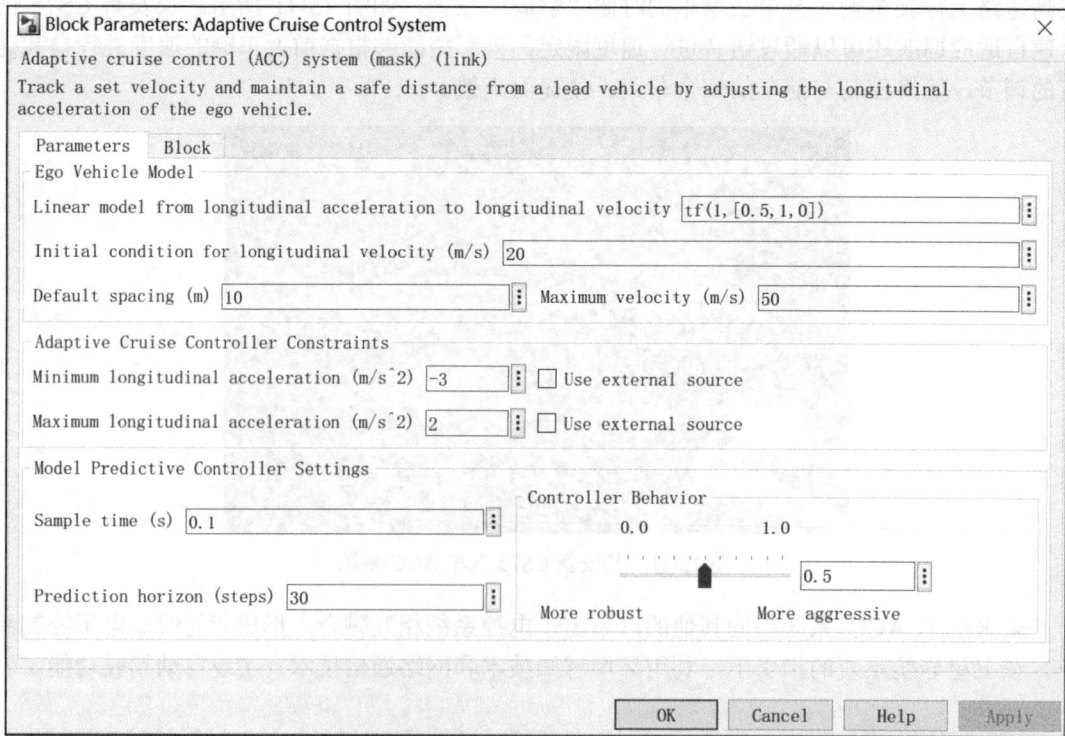

图 15-13　自适应巡航控制系统模块设置界面

学习任务 15.3　自适应巡航控制系统仿真实例

【例 15-1】基于模型预测控制的自适应巡航控制系统仿真。

解： 装有自适应巡航控制系统（ACC）的车辆利用传感器测量同一车道中的前方车辆之间的距离和相对速度。ACC 系统有两种工作模式：速度控制，汽车以驾驶员设定的速度行驶；间距控制，主车辆与目标车辆之间保持安全距离。

ACC 系统根据传感器实时测量结果决定使用哪种模式。例如，如果目标车辆太近，ACC 系统将从速度控制切换到间距控制。同样，如果目标车辆离得较远，则 ACC 系统从间距控制切换到速度控制。换句话说，ACC 系统在保持安全距离的前提下，使主车辆以驾驶员设定的速度行驶。

ACC 系统的工作模式如图 15-14 所示。图中 D_{rel} 为主车辆与目标车辆之间的距离；D_{safe} 为安全距离。

如果 $D_{rel} \geq D_{safe}$，则速度控制模式激活，控制目标是跟踪驾驶员设定的速度。

如果 $D_{rel} < D_{safe}$，则间距控制模式激活，控制目标是保持安全距离。

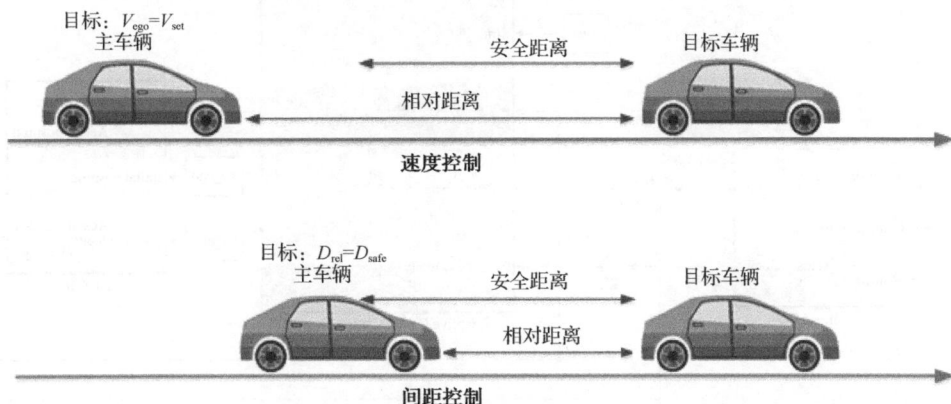

图 15-14　ACC 系统的工作模式

为了近似逼真的驾驶环境，在模拟过程中，目标车辆的加速度根据正弦波变化。自适应巡航控制系统模块为主车辆输出加速度控制信号。

主车辆和目标车辆的加速度和速度之间的动力学模型为

$$G = \frac{1}{s(0.5s + 1)}$$

目标车辆和主车辆之间的安全距离是主车辆速度的函数，即

$$D_{safe} = D_{default} + T_{gap} \times V_{ego}$$

式中，$D_{default}$ 为静止时的默认间距；T_{gap} 是车辆之间的时差；V_{ego} 为主车辆行驶速度。

在 MATLAB 命令行窗口输入以下程序。

```
1    addpath(fullfile(matlabroot,'examples','mpc','main'));    %添加路径
2    mdl = 'mpcACCsystem';                    %定义自适应巡航控制系统
3    open_system(mdl)                         %打开自适应巡航控制系统仿真模型
4    Ts=0.1;                                  %采样时间
5    T=80;                                    %仿真时间
6    G_ego=tf(1,[0.5,1,0]);                   %汽车加速度与速度之间传递函数
7    x0_lead=50;                              %目标车辆初始位置
8    v0_lead=25;                              %目标车辆初始速度
9    x0_ego=10;                               %主车辆初始位置
10   v0_ego=20;                               %主车辆初始速度
11   t_gap=1.4;                               %车辆之间的时差
12   D_default=10;                            %静止时默认间距
13   v_set=30;                                %驾驶员设置车速
14   amin_ego=-3;                             %最小减速度
15   amax_ego=2;                              %最大减速度
16   sim(mdl)                                 %开始仿真
17   mpcACCplot(logsout,D_default,t_gap,v_set) %绘制仿真结果
```

自适应巡航控制系统仿真模型由目标车辆模块（Lead Car）、主车辆模块（Ego Car）和自适应巡航控制系统模块（Adaptive Cruise Control System）组成，如图 15-15 所示。

目标车辆仿真模型如图 15-16 所示。

主车辆仿真模型如图 15-17 所示。

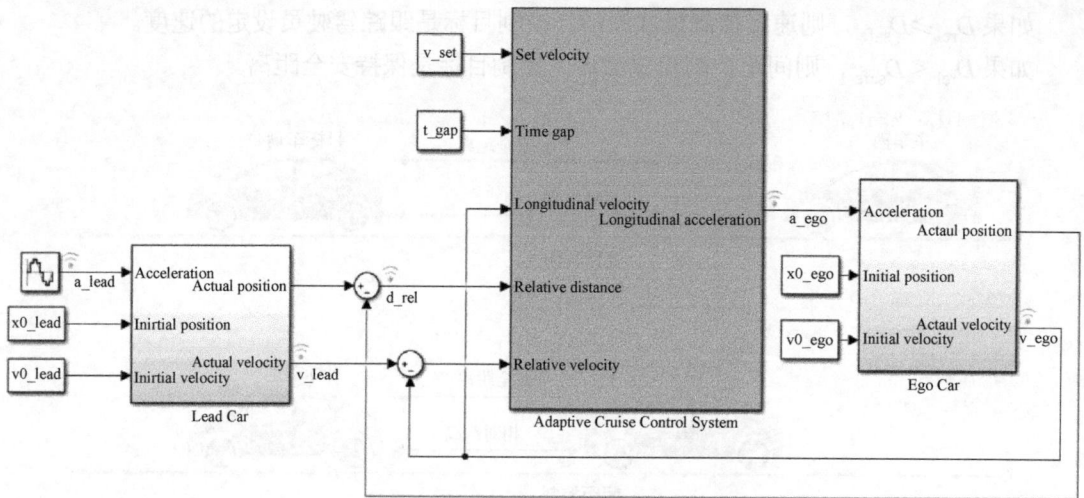

图 15-15　自适应巡航控制系统仿真模型

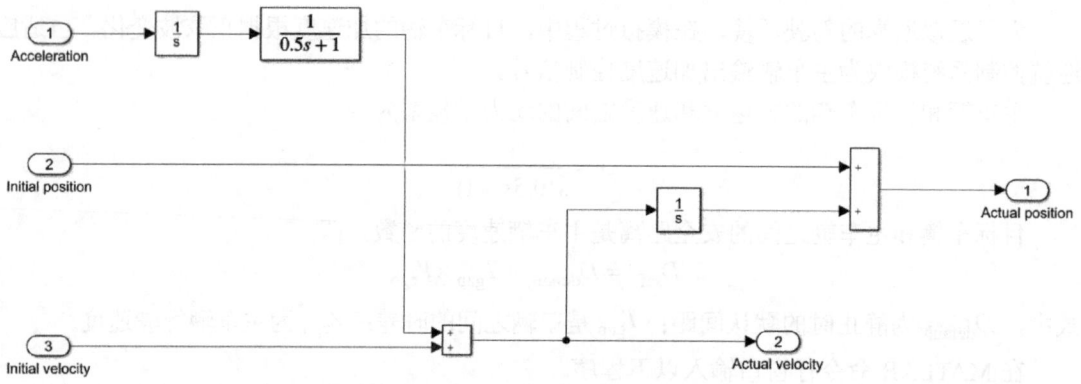

图 15-16　目标车辆仿真模型

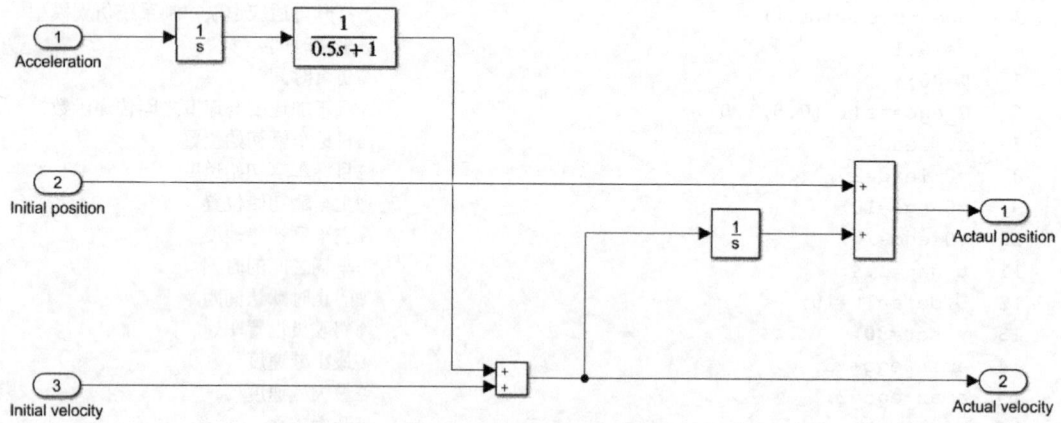

图 15-17　主车辆仿真模型

自适应巡航控制系统仿真曲线如图 15-18 所示。

可以看出，在最初的 3 s 内，为了达到驾驶员设定的速度，主车以全速加速。

3～13 s，目标车缓慢加速。因此，为了保持与目标车的安全距离，主车以较慢的速度加速。

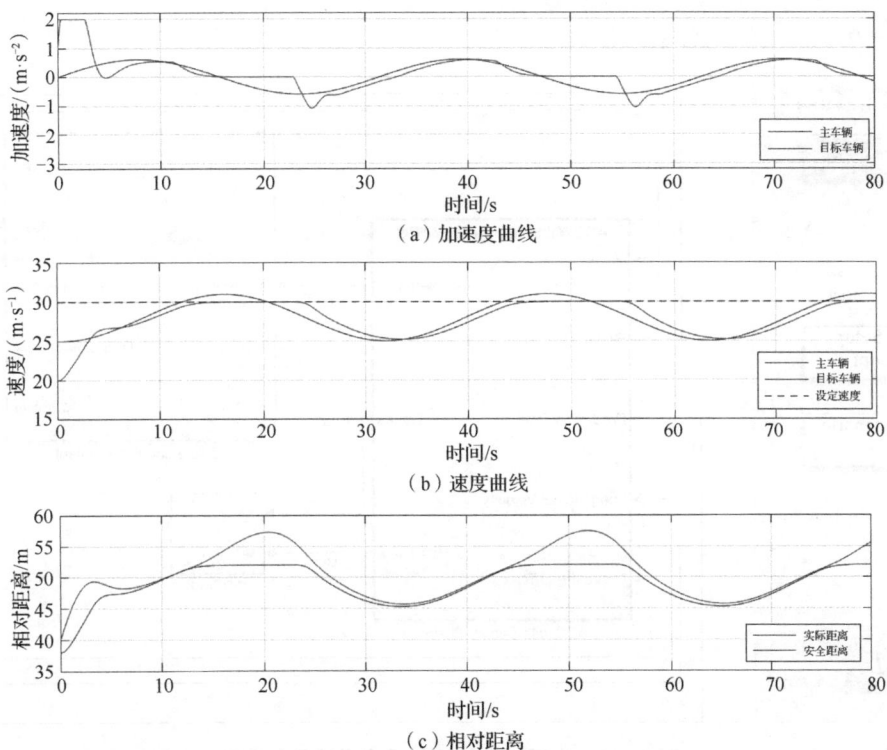

图 15-18　自适应巡航控制系统仿真曲线

13～25 s，主车保持驾驶员设定的速度。然而，随着目标车减速，间隔误差在 20 s 后开始接近 0。

25～45 s，目标车减速，然后再次加速。主车通过调整速度保持与目标车的安全距离。

45～56 s，间距误差大于 0。因此，自主车又达到了驾驶员设定的速度。

56～76 s，重复 25～45 s 的减速/加速顺序。

在整个仿真过程中，控制器确保两车之间的实际距离大于设定的安全距离。当实际距离足够大时，控制器确保主车辆遵循驾驶员设定的速度。

【例 15-2】基于传感器融合的自适应巡航控制系统仿真。

利用视觉传感器和毫米波雷达融合的自适应巡航控制系统具有以下优点。

（1）它将视觉传感器获得的位置和速度的横向测量与毫米波雷达测量的距离和速度测量结合起来。

（2）视觉传感器可以识别车道，提供车道相对于主车的横向位置估计以及场景中其他车辆相对于主车车道的位置。

例 15-2 视频

本实例介绍如何使用传感器融合和基于模型预测控制（MPC）来实现汽车自适应巡航控制系统仿真。

一、自适应巡航控制系统测试平台模型

使用以下命令，打开自适应巡航控制系统测试平台模型。

```
1    addpath(fullfile(matlabroot,'examples','mpc','main'));
2    open_system('ACCTestBenchExample')
```

输出结果如图 15-19 所示。

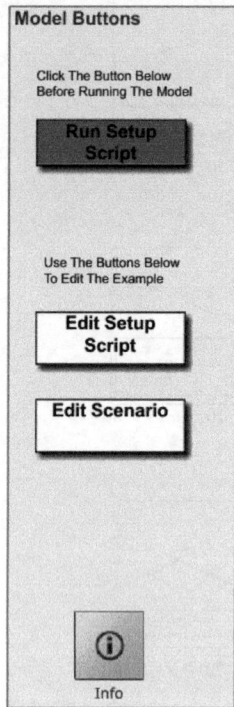

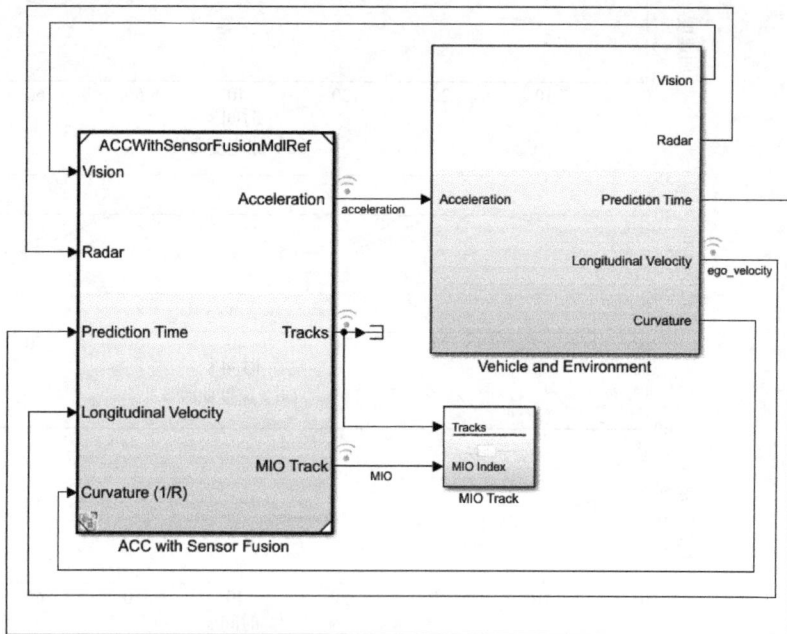

图 15-19　自适应巡航控制系统测试平台模型

自适应巡航控制系统测试平台由基于传感器融合的 ACC 模块、车辆与环境模块、模型按钮组成。

基于传感器融合的 ACC 模块模拟传感器融合并控制车辆的纵向加速度；车辆与环境模块对主车辆的运动和环境进行建模，毫米波雷达和视觉传感器为控制系统提供综合数据；模型按钮打开后，会显示初始化模型使用的数据脚本，该脚本加载 Simulink 模型所需的某些常量，如车辆模型参数、跟踪与传感器融合参数、ACC 控制器参数、驾驶员转向控制参数、道路场景等。

1. 基于传感器融合的 ACC 模块

基于传感器融合的 ACC 模块如图 15-20 所示。

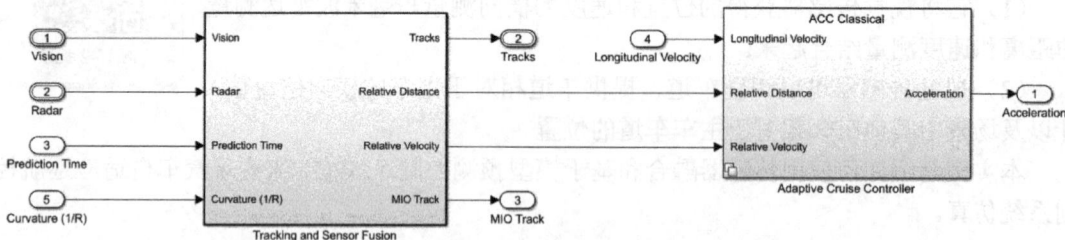

图 15-20　基于传感器融合的 ACC 模块

基于传感器融合的 ACC 模块又由跟踪与传感器融合和自适应巡航控制器模块组成。

（1）跟踪与传感器融合模块。跟踪与传感器融合模块如图 15-21 所示，它处理来自车辆与环境模块的视觉传感器和毫米波雷达的识别，生成主车周围环境的综合态势图。此外，它还向 ACC 提供主车前方车道上最近的车辆的估计值。

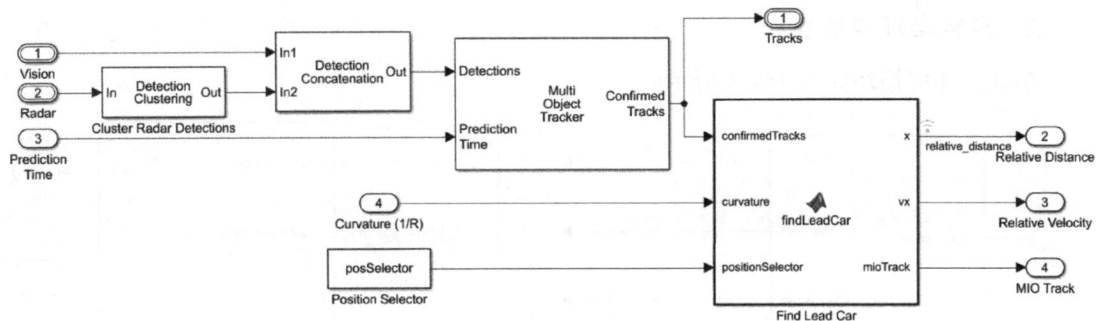

图 15-21　跟踪与传感器融合模块

　　跟踪与传感器融合模块主要由多目标跟踪模块、识别连接模块、识别聚类模块、寻找引导车辆模块组成。多目标跟踪模块的输入是所有传感器识别的组合列表和预测时间，输出是已确认轨迹的列表；识别连接模块将视觉传感器和雷达识别连接起来，预测时间由车辆和环境子系统中的时钟驱动；识别聚类模块将多个雷达识别进行聚类，跟踪器要求每个传感器对每个目标至多进行一次识别；寻找引导车辆模块使用已确认的轨道列表和道路曲率来查找哪个车辆最接近主车，并在同一车道上位于主车前面，这辆车称为引导车。当车辆驶入和驶出主车前方的车道时，引导车可能会发生变化。该模块提供了引导车相对于主车的位置和速度以及最重要物体的轨迹。

　　（2）自适应巡航控制器模块。自适应巡航控制器有两种：经典设计（默认）和基于 MPC 的设计。两种设计均采用以下设计原则。装备 ACC 的车辆（主车）使用传感器融合来估计与引导车的相对距离和相对速度。ACC 使主车以驾驶员设定的速度行驶，同时保持与引导车的安全距离。

　　ACC 基于以下输入为主车生成纵向加速度：汽车纵向速度；来自跟踪与传感器融合系统的引导车与主车的相对距离；来自跟踪与传感器融合系统的引导车与主车的相对速度。

　　在经典的 ACC 设计中，如果相对距离小于安全距离，则首要目标是减速并保持安全距离；如果相对距离大于安全距离，则主要目标是在保持安全距离的同时达到驾驶员设定的速度。这些设计原则是通过最小和开关模块实现。

　　自适应巡航控制模块如图 15-22 所示。

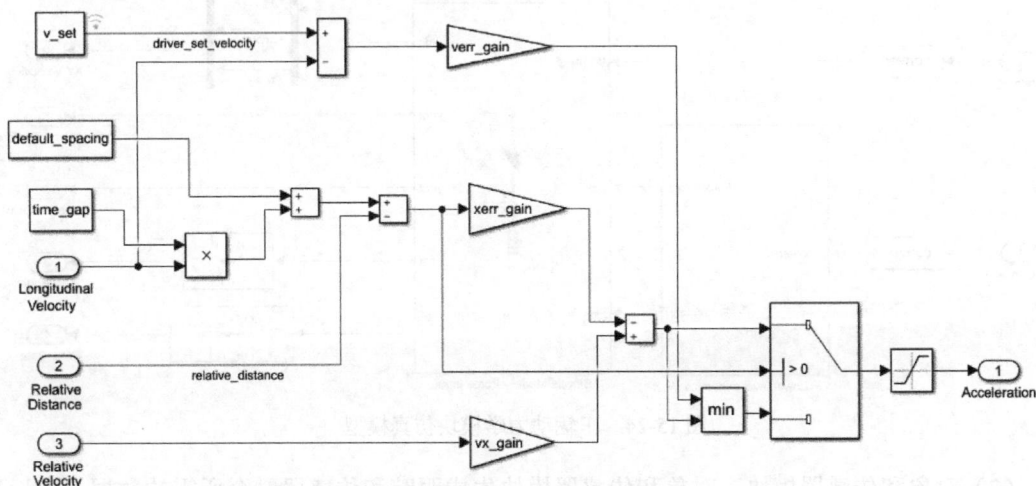

图 15-22　自适应巡航控制模块

2. 车辆与环境模块

车辆与环境模块如图 15-23 所示。

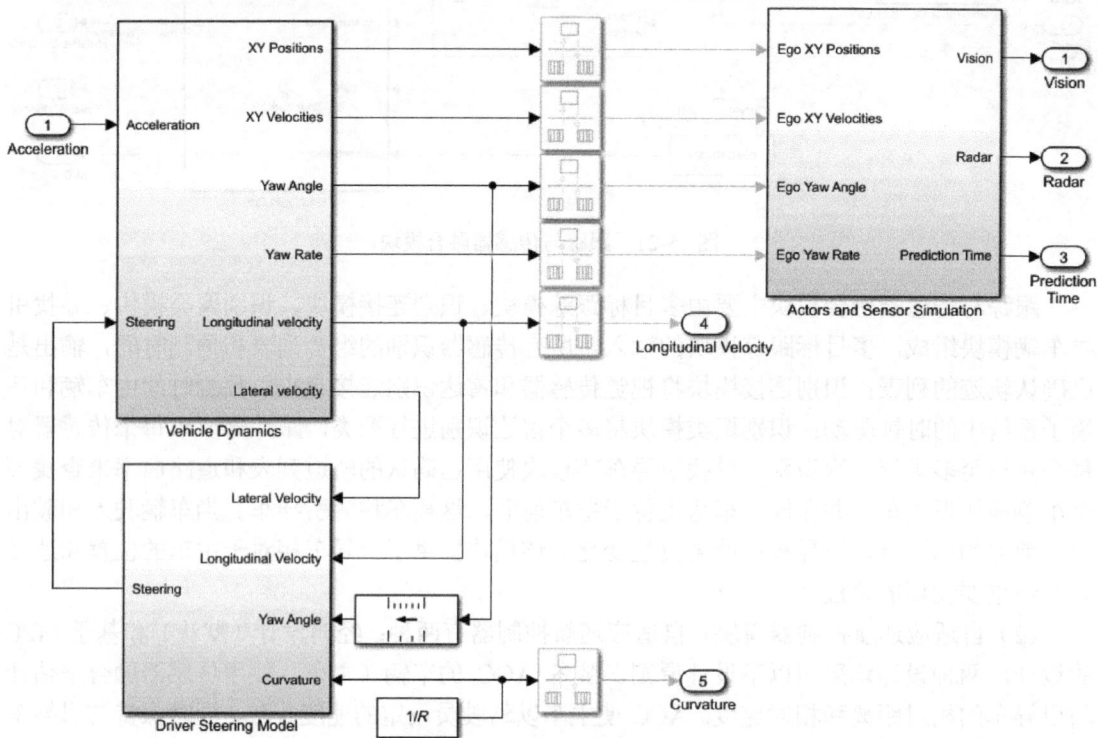

图 15-23　车辆与环境模块

车辆与环境子模块又由车辆动力学、对象和传感器模拟和驾驶员转向模块组成。

（1）车辆动力学模块。车辆动力学模块利用自动驾驶工具箱中的单轨汽车模型力输入模块对车辆动力学进行建模。车辆动力学模块仿真模型如图 15-24 所示。

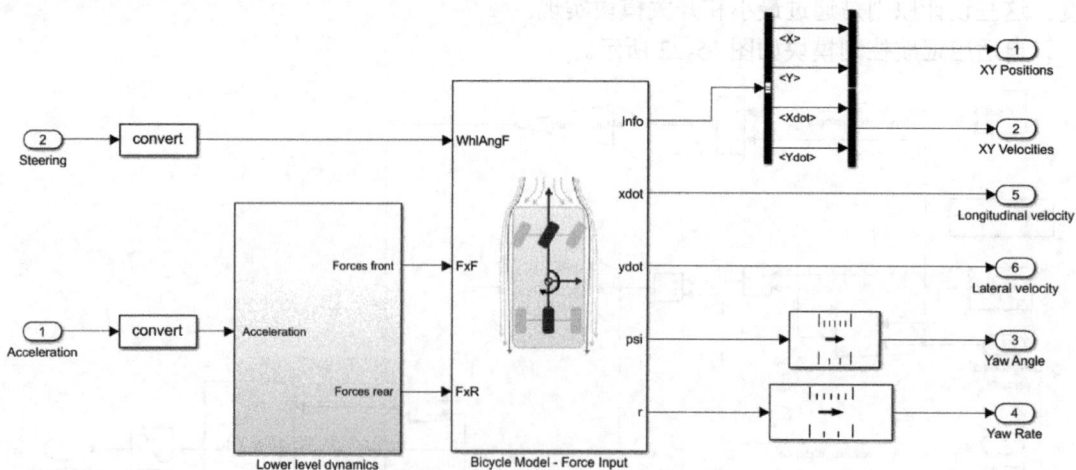

图 15-24　车辆动力学模块仿真模型

（2）对象和传感器模块。对象和传感器模块生成跟踪和传感器融合所需的数据。在运行此示例之前，驱动场景设计器应用程序用于创建一个场景，其中有一条弯曲的道路，多个对象在道路上移动。对象和传感器模块仿真模型如图 15-25 所示。

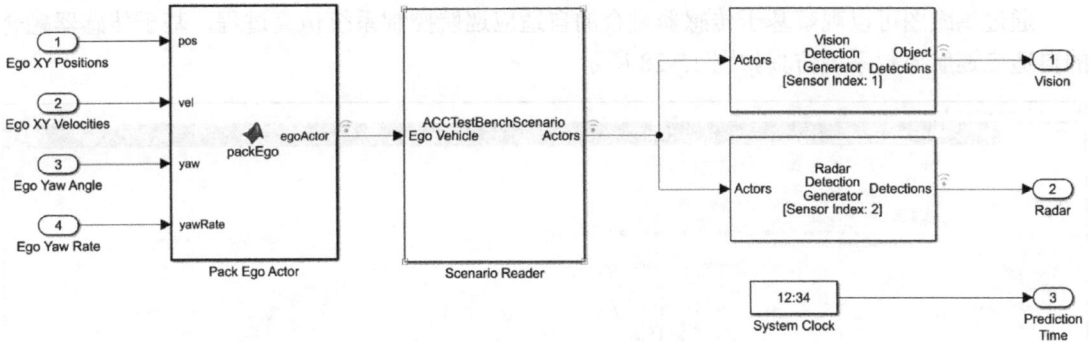

图 15-25 对象和传感器模块仿真模型

（3）驾驶员转向模块。驾驶员转向模块如图 15-26 所示。

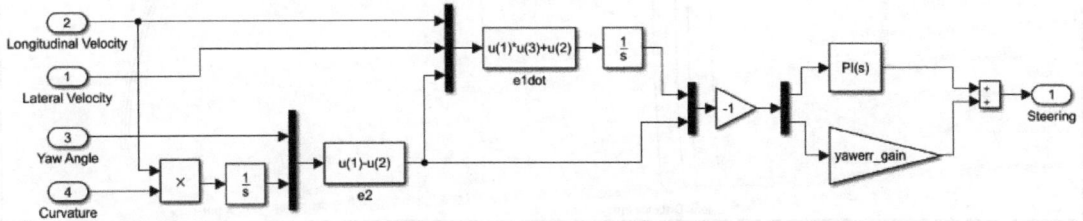

图 15-26 驾驶员转向模块

二、自适应巡航控制系统仿真

本实例驾驶场景是两条具有恒定曲率的平行道路，车道上有四辆车：一辆在左边车道上的快车；一辆在右边车道上的慢车；一辆在道路对面驶来的车；一辆在右边车道上起步，然后向左边车道行驶的车，以通过慢车。

可以绘制 ACC 驾驶场景。

```
plotACCScenario
```

ACC 驾驶场景如图 15-27 所示。

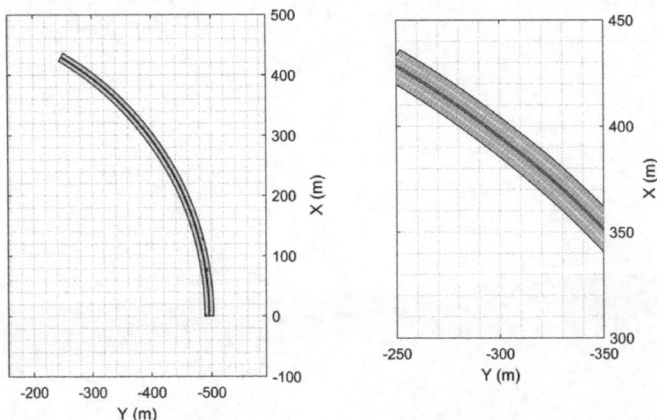

图 15-27 ACC 驾驶场景

设置仿真时间为 15 s 或者仿真道路结束。

```
1    sim('ACCTestBenchExample','StopTime','15')
2    sim('ACCTestBenchExample')
```

通过鸟瞰图可以观察基于传感器融合的自适应巡航控制系统仿真过程，基于传感器融合的自适应巡航控制系统仿真如图 15-28 所示。

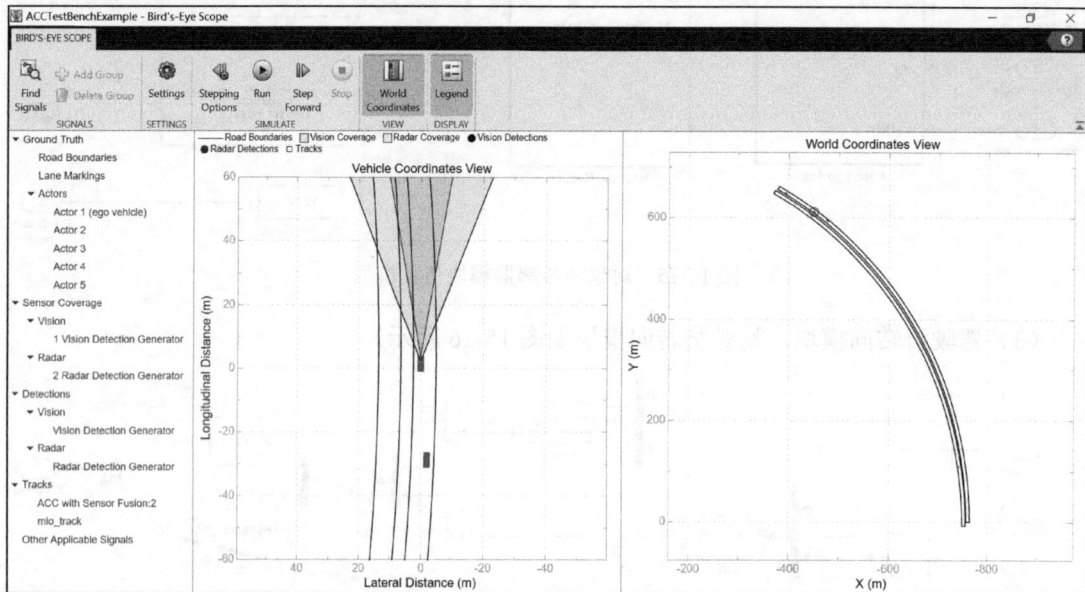

图 15-28　基于传感器融合的自适应巡航控制系统仿真

一、路径跟踪系统的定义

路径跟踪系统是一种控制系统，它使车辆按照设定速度沿参考路径行驶，参考路径与时间无关，只需要在一定误差范围内跟踪参考路径。图 16-1 所示为路径跟踪场景。

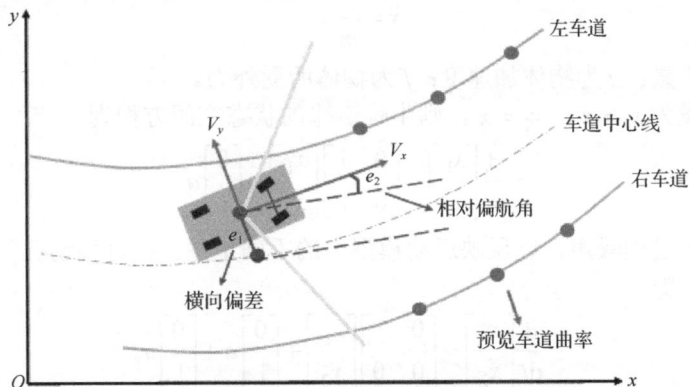

图 16-1　路径跟踪场景

路径跟踪与轨迹跟踪不同。轨迹跟踪时，参考路径曲线与时间和空间均相关，并要求车辆在规定的时间内到达某一预设好的参考路径点；路径跟踪时，参考路径曲线与时间和空间均无关，只要求车辆的行驶路径趋近于参考路径。

路径跟踪系统是属于 L2 级的先进驾驶辅助系统，它使车辆在高速公路车道内行驶，同时保持驾驶员设定的速度或与前一辆车保持安全距离。路径跟踪系统包括主车的纵向和横向组合控制：纵向控制是通过调整主车的加速度，保持驾驶员设定的速度，并与车道上的前一辆车保持安全距离；横向控制是通过调整主车的转向，使主车沿着其车道路径行驶。

组合式车道跟踪控制系统可以实现车辆的纵向和横向控制。当两个目标不能同时满足时，车道跟踪控制系统可以调整它们的优先级。

二、卡尔曼滤波技术

卡尔曼滤波是一种利用线性系统状态方程，通过系统输入输出观测数据，对系统状态进行最优估计的算法。由于观测数据中包括系统中的噪声和干扰的影响，因此最优估计也可看作是滤波过程。数据滤波是去除噪声还原真实数据的一种数据处理技术，卡尔曼滤波在测量方差已知的情况下能够从一系列存在测量噪声的数据中，估计动态系统的状态。

例如，在雷达测量中，人们感兴趣的是跟踪目标，但目标的位置、速度、加速度的测量值往往在任何时候都有噪声。卡尔曼滤波利用目标的动态信息，设法去掉噪声的影响，得到一个关于目标位置的好的估计。这个估计可以是对当前目标位置的估计，也可以是对于将来位置的估计，还可以是对过去位置的估计。智能网联汽车的路径跟踪主要采用卡尔曼滤波技术。

1. 线性卡尔曼滤波

线性卡尔曼滤波包括状态方程、测量方程、线性卡尔曼滤波器方程和滤波器循环。

（1）状态方程。对于自动驾驶工具箱中的大多数物体的跟踪，状态向量由一维、二维或三维位置和速度组成。

对于一个沿着 x 轴方向运动并保持恒定加速度的物体，可以将其牛顿方程转化为空间状态方程。

牛顿方程为

$$
\begin{aligned}
m\ddot{x} &= f \\
\ddot{x} &= \frac{f}{m} = a
\end{aligned}
\tag{16-1}
$$

式中，m 为物体质量；a 为物体加速度；f 为物体所受外力。

定义状态变量为 $x_1 = x$，$x_2 = \dot{x}$，则牛顿定律的状态空间方程为

$$
\frac{\mathrm{d}}{\mathrm{d}t}\begin{bmatrix} x_1 \\ x_2 \end{bmatrix} = \begin{bmatrix} 0 & 1 \\ 0 & 0 \end{bmatrix}\begin{bmatrix} x_1 \\ x_2 \end{bmatrix} + \begin{bmatrix} 0 \\ 1 \end{bmatrix}a
\tag{16-2}
$$

有时模型包含过程噪声，以反映运动模型中的不确定性。在这种情况下，牛顿方程需要增加一个附加项，即

$$
\frac{\mathrm{d}}{\mathrm{d}t}\begin{bmatrix} x_1 \\ x_2 \end{bmatrix} = \begin{bmatrix} 0 & 1 \\ 0 & 0 \end{bmatrix}\begin{bmatrix} x_1 \\ x_2 \end{bmatrix} + \begin{bmatrix} 0 \\ 1 \end{bmatrix}a + \begin{bmatrix} 0 \\ 1 \end{bmatrix}u_k
\tag{16-3}
$$

式中，u_k 为加速度的扰动噪声，假设它是均值为零的高斯白噪声。

将一维方程扩展为二维方程，即

$$
\frac{\mathrm{d}}{\mathrm{d}t}\begin{bmatrix} x_1 \\ x_2 \\ y_1 \\ y_2 \end{bmatrix} = \begin{bmatrix} 0 & 1 & 0 & 0 \\ 0 & 0 & 0 & 0 \\ 0 & 0 & 0 & 1 \\ 0 & 0 & 0 & 0 \end{bmatrix}\begin{bmatrix} x_1 \\ x_2 \\ y_1 \\ y_2 \end{bmatrix} + \begin{bmatrix} 0 \\ a_x \\ 0 \\ a_y \end{bmatrix} + \begin{bmatrix} 0 \\ v_x \\ 0 \\ v_y \end{bmatrix}
\tag{16-4}
$$

对于离散形式，牛顿定律的状态空间方程变为

$$
\begin{bmatrix} x_{1,k+1} \\ x_{2,k+1} \end{bmatrix} = \begin{bmatrix} 1 & T \\ 0 & 1 \end{bmatrix}\begin{bmatrix} x_{1,k} \\ x_{2,k} \end{bmatrix} + \begin{bmatrix} 0 \\ T \end{bmatrix}a + \begin{bmatrix} 0 \\ 1 \end{bmatrix}\tilde{v}
\tag{16-5}
$$

式中，T 为采样周期；$x_{1,k}$ 和 $x_{2,k}$ 分别为 x_1 和 x_2 在离散时刻 k 对应的状态；$x_{1,k+1}$ 和 $x_{2,k+2}$ 分别为 x_1 和 x_2 在离散时刻 $k+1$ 对应的状态。

离散状态方程可表示为

$$
x_{k+1} = F_k x_k + G_k u_k + v_k
\tag{16-6}
$$

式中，x_{k+1} 为 $k+1$ 时刻系统特征的状态变量；x_k 为 k 时刻系统特征的状态变量；F_k 为状态 k

时刻到 $k+1$ 时刻的转移矩阵；G_k 为状态 k 时刻到 $k+1$ 时刻的控制矩阵；v_k 为状态 k 时刻随机噪声扰动矩阵。

（2）测量方程。测量依赖于持续变化的状态向量。例如，在雷达测量系统中，测量可以为球面坐标（范围、方位和高度），状态向量为笛卡儿位置和速度。对于线性卡尔曼滤波器，测量值一直为状态向量的线性函数，排除球面坐标。如果要用球面坐标，需要用扩展卡尔曼滤波器。

测量方程为

$$z_k = H_k x_k + \omega_k \tag{16-7}$$

式中，z_k 为测量变量；H_k 为状态向量对测量向量的增益；ω_k 为测量噪声向量，测量噪声是均值为零的高斯白噪声。

（3）线性卡尔曼滤波器方程。如果不考虑噪声，则状态方程和测量方程分别为

$$\begin{aligned} x_{k+1} &= F_k x_k + G_k u_k \\ z_k &= H_k x_k \end{aligned} \tag{16-8}$$

（4）滤波器循环。滤波器循环工作过程如下。

① 初始化。设置状态变量初值为 $x_{0|0}$，协方差矩阵初值为 $P_{0|0}$。

② 用运动方程将状态转移到下一时刻。$k+1$ 时刻状态变量的估计值为

$$x_{k+1|k} = F_k x_{k|k} + G_k u_k \tag{16-9}$$

协方差矩阵的先验值为

$$P_{k+1|k} = F_k P_{k|k} F_k^{\mathrm{T}} + Q_k \tag{16-10}$$

$k+1$ 时刻测量变量的估计值为

$$z_{k+1|k} = H_{k+1} x_{k+1|K} \tag{16-11}$$

③ 用实际测量值与预测测量值之间的偏差修正更新时刻的状态。修正需要计算卡尔曼增益。

测量值的预测协方差为

$$S_{k+1} = H_{k+1} P_{k+1|k} H_{k+1}^{\mathrm{T}} + R_{k+1} \tag{16-12}$$

卡尔曼增益为

$$K_{k+1} = P_{k+1|k} H_{k+1}^{\mathrm{T}} S_{k+1}^{-1} \tag{16-13}$$

④ 用测量值修正预测估计。假设估计为预测状态和测量之间的线性组合，修正后估计值为

$$x_{k+1|k+1} = P_{k+1|k} - K_{k+1} S_{k+1} K'_{K+1} \tag{16-14}$$

修正协方差矩阵为

$$P_{k+1|k+1} = P_{k+1|k} - K_{k+1} S_{k+1} K'_{k+1} \tag{16-15}$$

通过比较测量估计值与实际测量值，可以估计滤波器的性能。

2. 扩展卡尔曼滤波

当物体运动遵循非线性状态方程或测量为状态的非线性函数时，采用扩展卡尔曼滤波器，如当状态或测量值通过球面坐标系得到的方位角、高度值等。

（1）状态更新模型。扩展卡尔曼滤波器线性化状态方程。更新后的状态和协方差矩阵与前一时刻的状态和协方差矩阵保持线性关系。但是，线性卡尔曼滤波器的状态转移矩阵用状态方程的雅克比矩阵替代。雅克比矩阵不是恒定的，而是依赖于状态自身及时间。为了利用

扩展卡尔曼滤波器，需要确定状态转移函数及其雅克比矩阵。

假设预测状态与先前状况、控制、噪声和时间的函数关系可以用解析表达式表示为

$$x_{k+1} = f(x_k, u_k, \omega_k, t) \tag{16-16}$$

预测状态关于先前状态的雅可比为

$$\boldsymbol{F}^{(x)} = \frac{\partial f}{\partial x} \tag{16-17}$$

预测状态关于噪声的雅可比为

$$\boldsymbol{F}^{(\omega)} = \frac{\partial f}{\partial \omega_i} \tag{16-18}$$

当输入噪声在状态更新方程中为线性时，该函数可以简化为

$$x_{k+1} = f(x_k, u_k, t) + \boldsymbol{\omega}_k \tag{16-19}$$

（2）测量模型。在扩展卡尔曼滤波器中，测量可以为状态和测量噪声的非线性函数，即

$$z_k = h(x_k, u_k, t) \tag{16-20}$$

测量关于状态的雅可比为

$$\boldsymbol{H}^{(x)} = \frac{\partial h}{\partial x} \tag{16-21}$$

测量关于噪声的雅可比矩阵为

$$\boldsymbol{H}^{(u)} = \frac{\partial h}{\partial u} \tag{16-22}$$

当噪声在测量方程中为线性时，测量函数可以简化为

$$z_k = h(x_k, t) + u_k \tag{16-23}$$

（3）扩展卡尔曼滤波器循环。扩展卡尔曼滤波器循环与线性卡尔曼滤波器循环基本相同，只是状态转移矩阵用状态雅可比矩阵替代，测量矩阵用适当的雅可比矩阵替代。

学习任务 16.2 路径跟踪系统模块

路径跟踪系统模块模拟路径跟踪控制系统，该系统使汽车沿着车道的中心行驶，同时跟踪设定速度并保持与目标车辆的安全距离。为此，控制器调整汽车的纵向加速度和前轮转向角。该模块在满足安全距离、速度、加速度和转向角约束的条件下，使用自适应模型预测控制计算最优控制动作。

路径跟踪系统模块如图 16-2 所示。

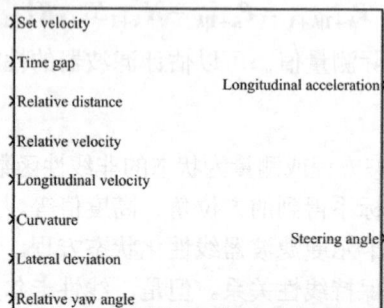

图 16-2 路径跟踪系统模块

路径跟踪系统模块的输入分别是主车设定速度（Set velocity）、目标车辆与主车之间的安全时间（Time gap）、目标车辆与主车之间的相对距离（Relative distance）、目标车辆与主车之间的相对速度（Relative velocity）、主车行驶速度（Longitudinal velocity）、道路曲率（Curvature）、主车横向偏离车道中心的距离（Lateral deviation）、主车偏航角（Relative yaw angle），输出分别是主车的纵向加速度（Longitudinal acceleration）和前轮转向角（Steering angle）。

单击路径跟踪系统模块，进入路径跟踪系统模块设置界面，可以对其各种参数进行设置，如图 16-3 所示。路径跟踪系统模块设置包括参数设置、控制器和块选项。参数设置有车辆参数、车辆模型和初始车速的设置以及模型输入和输出之间的传输延迟设置、间距控制；控制器设置包括路径跟踪控制器设置、模型预测控制器约束设置和控制器行为设置；块选项包括优化、数据类型、输入选择和自定义。

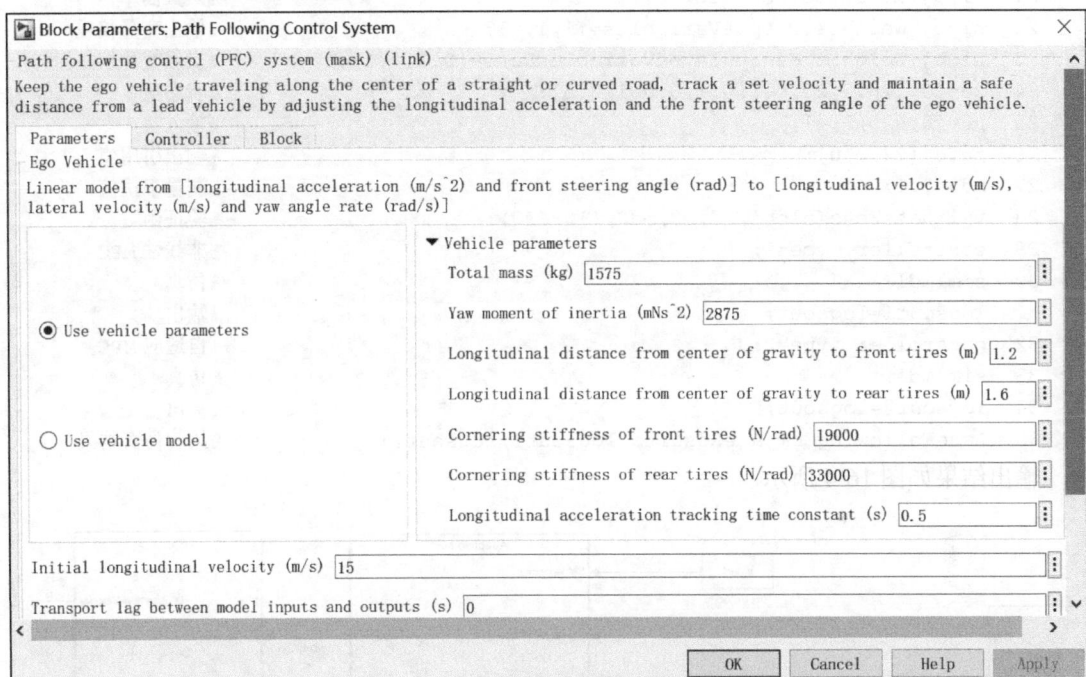

图 16-3 路径跟踪系统模块设置界面

学习任务 16.3 路径跟踪系统仿真实例

【例 16-1】基于非线性模型预测控制的车道跟踪系统仿真。

解：在 MATLAB 命令行窗口输入以下程序。

```
1  addpath(fullfile(matlabroot,'examples','mpc','main'));    %添加路径
2  mdl='LaneFollowingNMPC';                                  %定义模型名称
3  open_system(mdl)                                          %打开仿真模型
4  nlobj=nlmpc(7,3,'MV',[1,2],'MD',3,'UD',4);                %白噪声
5  nlobj.Ts=Ts;                                              %采样时间
6  nlobj.PredictionHorizon=10;                               %预测范围
7  nlobj.ControlHorizon=2;                                   %控制范围
```

```
8    nlobj.Model.StateFcn=@(x,u)LaneFollowingStateFcn(x,u);          %模型状态函数
9    nlobj.Jacobian.StateFcn=@(x,u)LaneFollowingStateJacFcn(x,u);    %雅可比状态函数
10   nlobj.Model.OutputFcn=@(x,u)[x(3);x(5);x(6)+x(7)];              %模型输出函数
11 nlobj.Jacobian.OutputFcn=@(x,u)[0,0,1,0,0,0,0;0,0,0,0,1,0,0;0,0,0,0,0,1,1];
                                                                     %雅可比输出函数
12   nlobj.MV(1).Min=-3;                                             %最大加速度
13   nlobj.MV(1).Max=3;                                              %最小加速度
14   nlobj.MV(2).Min=-1.13;                                          %最小转向角
15   nlobj.MV(2).Max=1.13;                                           %最大转向角
16   nlobj.OV(1).ScaleFactor=15;                                     %纵向速度典型值
17   nlobj.OV(2).ScaleFactor=0.5;                                    %最大横向偏差
18   nlobj.OV(3).ScaleFactor=0.5;                                    %最大相对偏航角
19   nlobj.MV(1).ScaleFactor=6;                                      %最大转向角
20   nlobj.MV(2).ScaleFactor=2.26;                                   %最大加速度
21   nlobj.MD(1).ScaleFactor=0.2;                                    %最大曲率
22   nlobj.Weights.OutputVariables=[1,1,0];                          %输出变量权重
23   nlobj.Weights.ManipulatedVariablesRate=[0.3,0.1];              %操纵变化权重
24   x0=[0.1,0.5,25,0.1,0.1,0.001,0.5];                             %状态值
25   u0=[0.125,0.4];                                                 %输入值
26   ref0=[22,0,0];                                                  %输出引用值
27   md0=0.1;                                                        %测量干扰值
28   validateFcns(nlobj,x0,u0,md0,{},ref0);                         %验证函数
29   controller_type=1;                                             %非线性MPC
30   sim(mdl)                                                        %仿真
31   logsout1=logsout;                                               %输出
32   controller_type=2;                                             %自适应MPC
33   sim(mdl)                                                        %仿真
34   logsout2=logsout;                                               %输出
35   LaneFollowingCompareResults(logsout1,logsout2)                 %绘制仿真结果
```

输出结果如图 16-4 所示。

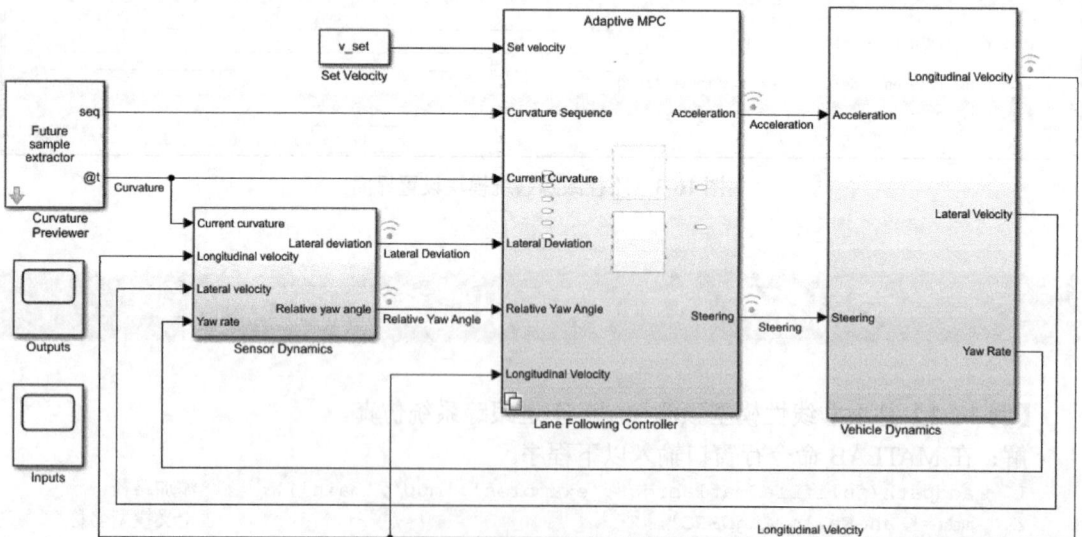

图 16-4　车道跟踪系统仿真模型

车道跟踪系统仿真模型包含车辆动力学模块（Vehicle Dynamics）、传感器动力学模块

（Sensor Dynamics）、车道跟踪控制器（Lane Following Controller）和曲率预测器（Curvature Previewer）。

车辆动力学模块如图 16-5 所示。

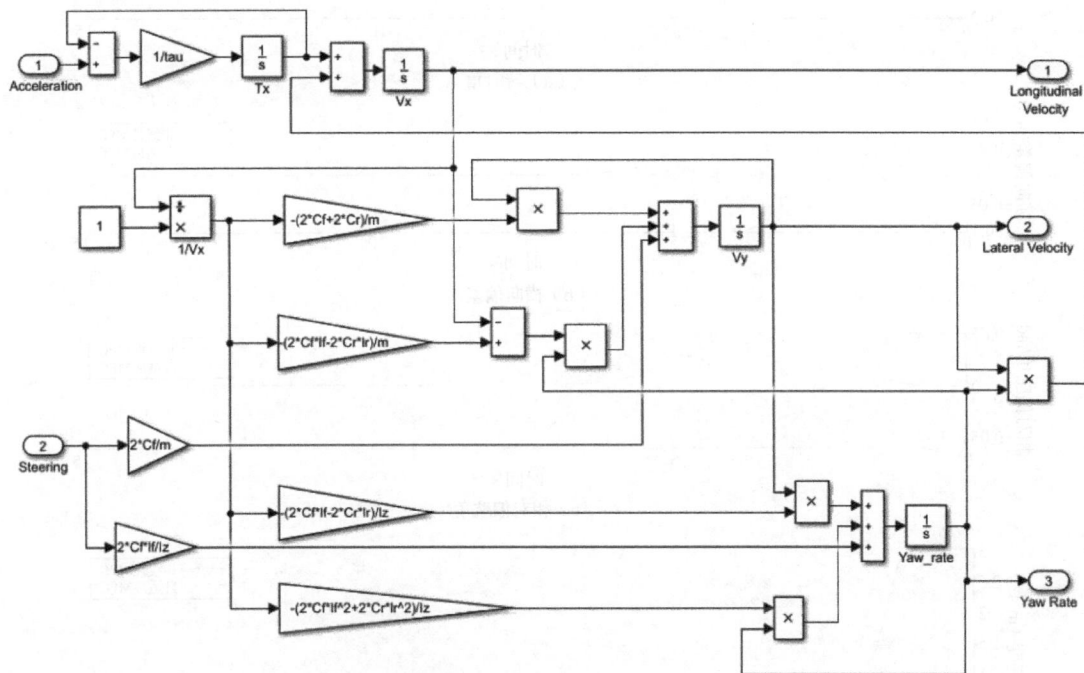

图 16-5 车辆动力学模块

传感器动力学模块如图 16-6 所示。

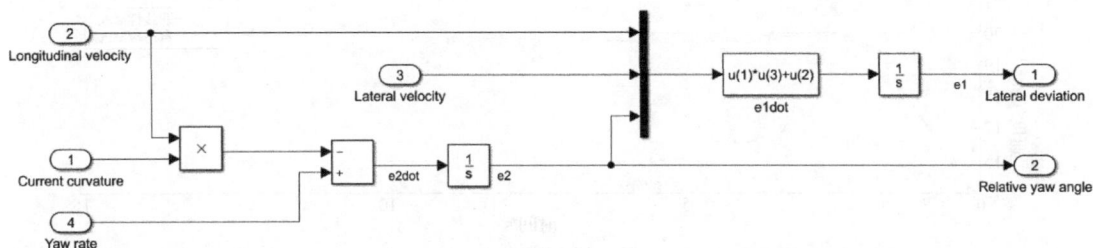

图 16-6 传感器动力学模块

车道跟踪控制器可以选择非线性 MPC 控制器，也可以选择自适应 MPC 控制器。

仿真曲线如图 16-7 所示。

自适应 MPC（AMPC）控制器采用线性车辆动力学模型，计算效率更高。

【例 16-2】基于毫米波雷达和视觉传感器融合的车道跟踪仿真。

解：MATLAB 提供了车道跟踪系统测试平台模型，利用该模型可以仿真车道跟踪。

车道跟踪系统测试平台采用视觉传感器和毫米波雷达相融合，估计车道中心和前方目标车辆的距离，计算主车辆的纵向加速度和转向角。

例 16-2 视频

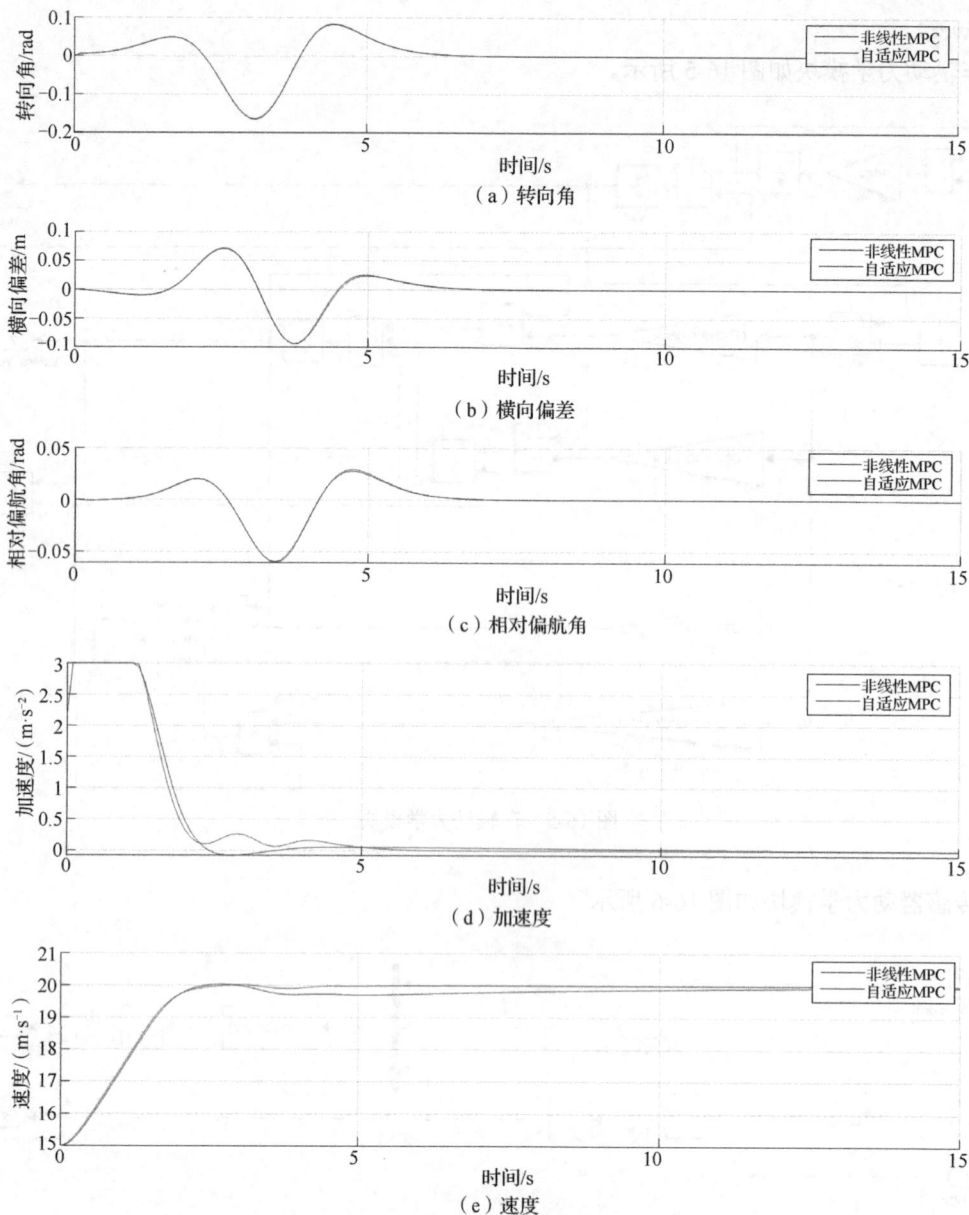

（a）转向角

（b）横向偏差

（c）相对偏航角

（d）加速度

（e）速度

图16-7 路径跟踪仿真曲线

一、车道跟踪系统测试平台模型

使用以下命令，打开车道跟踪系统测试平台模型。

```
1    addpath(fullfile(matlabroot,'examples','mpc','main'));
2    open_system('LaneFollowingTestBenchExample')
```

输出结果如图16-8所示。

该模型主要由车道跟踪控制器模块（Lane Following Controller）、车辆与环境模块（Vehicle and Environment）、碰撞识别模块（Collision Detection）、最重要对象轨迹模块（MIO Track）和模型按钮组成。

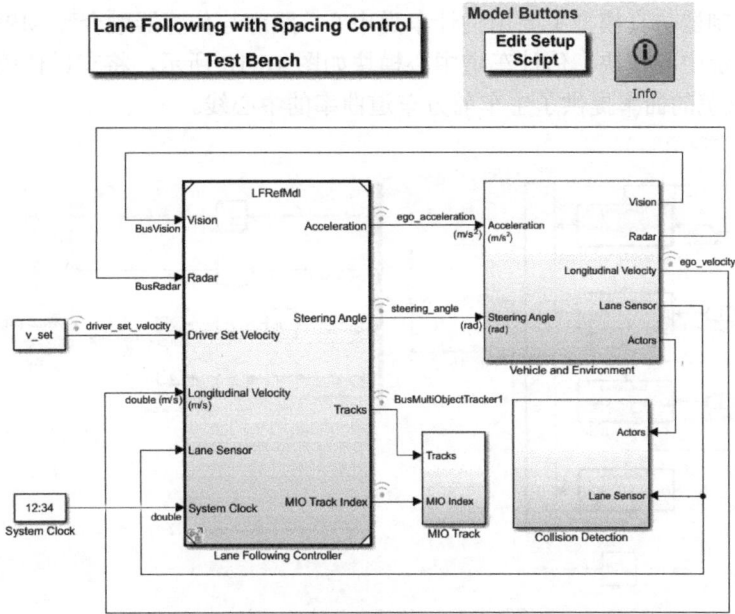

图 16-8　车道跟踪系统测试平台模型

车道跟踪控制器模块控制主车的纵向加速度和前轮转向角；车辆与环境模块模拟主车的运动并模拟驾驶环境；碰撞识别模块在识别到主车和前方目标车辆碰撞时停止模拟；最重要对象轨迹模块使 MIO 轨迹在鸟瞰范围内显示；模型按钮打开后，会显示初始化模型使用的数据脚本，该脚本加载 Simulink 模型所需的某些常量，如车辆模型参数、控制器设计参数、道路场景和周围车。

1.　车道跟踪控制器

车道跟踪控制器模块如图 16-9 所示。

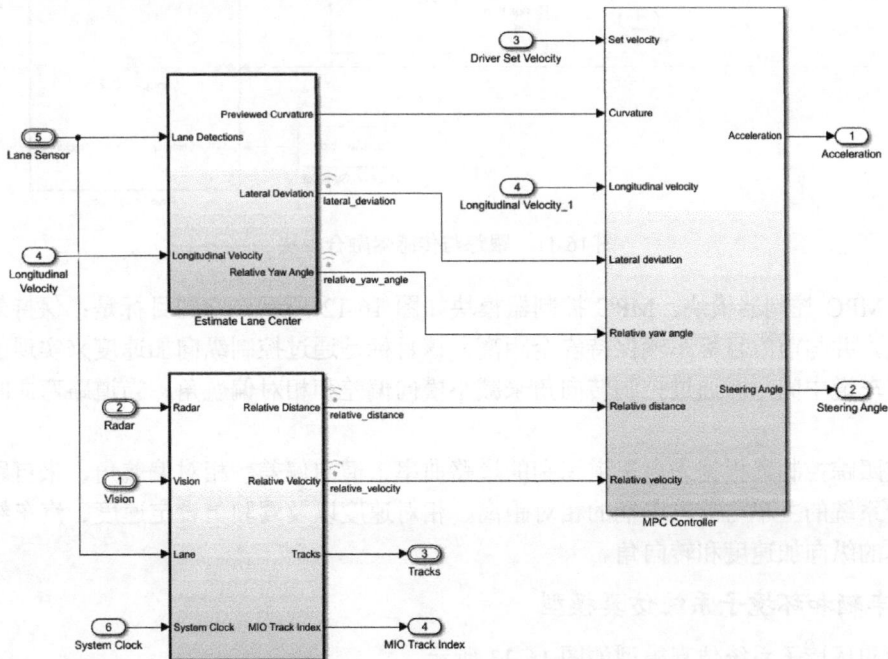

图 16-9　车道跟踪控制器模块

车道跟踪控制器仿真模型主要由估计车道中心、跟踪与传感器融合和 MPC 控制器组成。

（1）估计车道中心模块。估计车道中心模块如图 16-10 所示，将车道传感器数据输出到 MPC 控制器，预览的曲率提供了主车前方车道曲率的中心线。

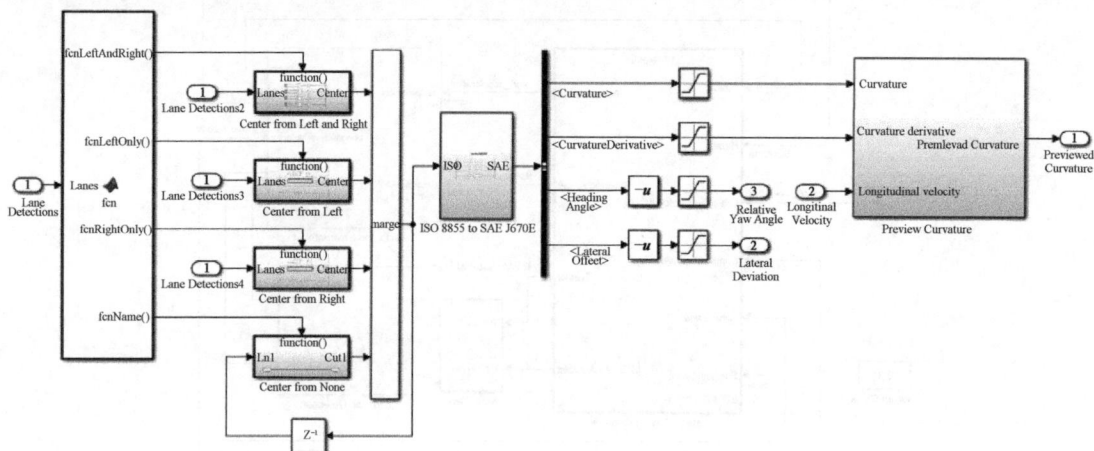

图 16-10　估计车道中心模块

（2）跟踪与传感器融合模块。跟踪与传感器融合模块如图 16-11 所示，它处理来自车辆与环境子系统的视觉传感器和雷达的识别，生成主车周围环境的综合态势图。此外，它还向车道跟踪控制器提供主车前面车道中最近车辆的估计。

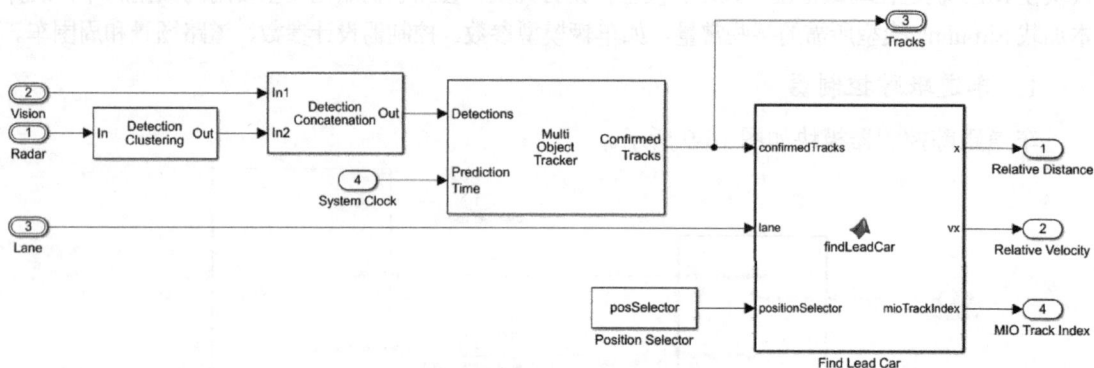

图 16-11　跟踪与传感器融合模块

（3）MPC 控制器模块。MPC 控制器模块如图 16-12 所示，它的目标是：保持驾驶员设定的车速，并与前方目标车辆保持安全距离，该目标是通过控制纵向加速度来实现的；将主车保持在车道中间，即通过控制转向角来减小横向偏差和相对偏航角；当道路弯曲时，减速行驶。

车道跟踪控制器根据来自车道识别的道路曲率、横向偏差、相对偏航角，来自跟踪与传感器融合系统的主车与前方车辆的相对距离、相对速度以及驾驶员设定速度、汽车纵向速度计算主车的纵向加速度和转向角。

2. 车辆和环境子系统仿真模型

车辆和环境子系统仿真模型如图 16-13 所示。

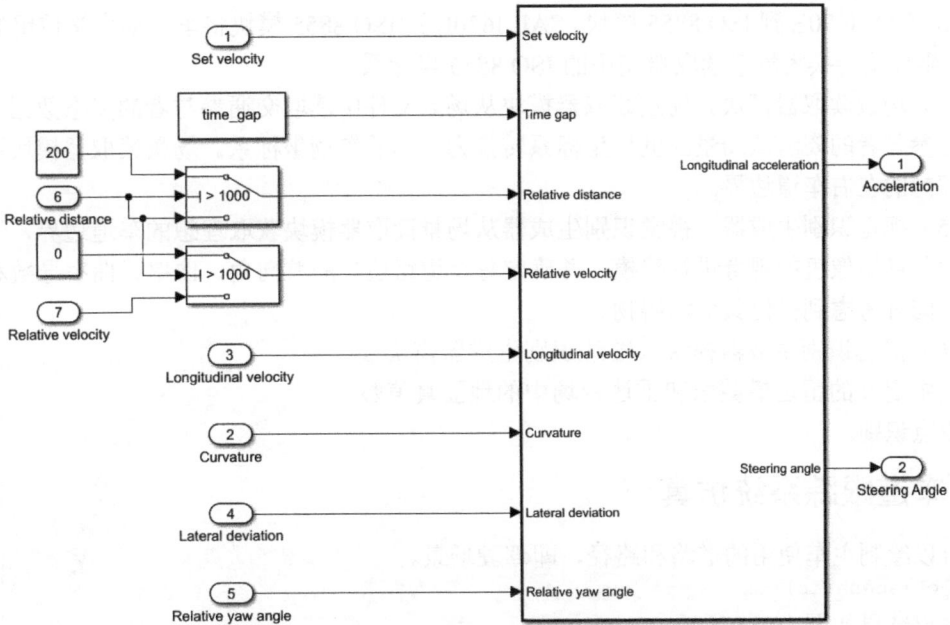

图 16-12 MPC 控制器模块

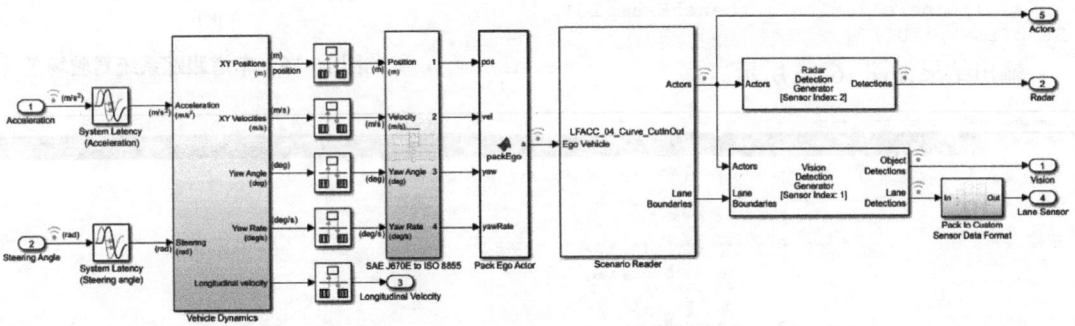

图 16-13 车辆和环境子系统仿真模型

车辆和环境子系统仿真模型主要由系统延迟模块、车辆动力学模块、SAE J670E 到 ISO8855 模块、场景读取器模块、视觉识别生成器、雷达识别生成器模块组成。

（1）系统延迟模块。系统延迟模块对系统中模型输入和输出之间的延迟进行建模。这种延迟可能由传感器延迟或通信延迟引起。在这个示例中，延迟由一个采样时间来近似。

（2）车辆动力学模块。车辆动力学模块如图 16-14 所示，使用单轨汽车的力输入模型。

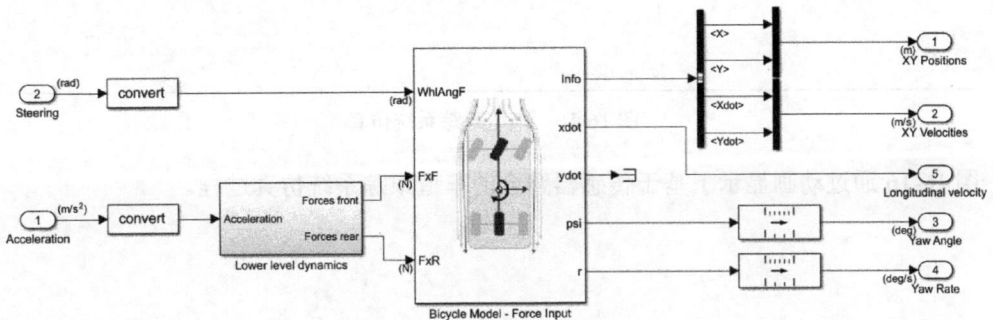

图 16-14 车辆动力学模块

（3）SAE J670E 到 ISO 8855 模块。SAE J670E 到 ISO 8855 模块将车辆动力学使用的 SAE J670E 坐标系转换为场景读取器使用的 ISO 8855 坐标系。

（4）场景读取器模块。场景读取器模块从场景文件中读取交通参与者的姿态数据，并且把交通参与者的姿势从场景的世界坐标系转换为主车的车辆坐标系。场景读取器模块还可以生成理想的左右车道边界。

（5）视觉识别生成器。视觉识别生成器从场景读取器模块获取理想的车道边界，识别生成器对单目摄像机的视野进行建模，并确定每个道路边界的航向角、曲率、曲率导数和有效长度，同时考虑到任何其他障碍物。

（6）雷达识别生成器模块。雷达识别生成器模块根据场景中定义的雷达横截面和雷达视场中的地面真值数据生成点识别。

二、车道跟踪系统仿真

可以绘制主车使用的道路和路径，即驾驶场景。

```
plot(scenario)
```

输出结果如图 16-15 所示。

对车道跟踪系统仿真 10 s。

```
sim('LaneFollowingTestBenchExample',
'StopTime','10')
```

输出结果如图 16-16 所示。

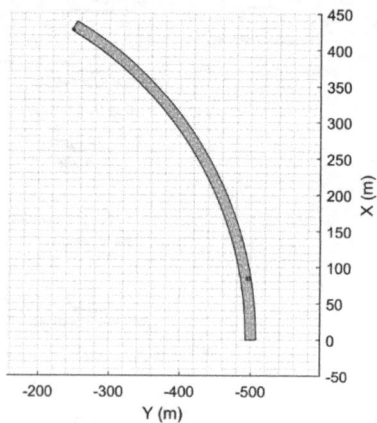

图 16-15　车道跟踪系统驾驶场景

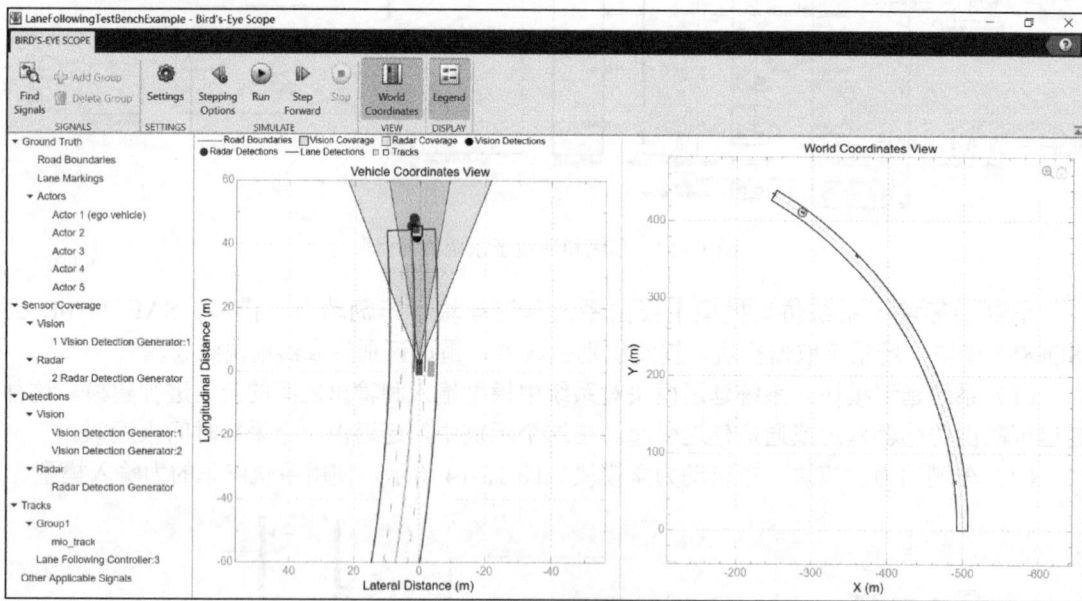

图 16-16　车道跟踪系统仿真

图 16-16 通过动画显示了基于传感器融合的车道跟踪系统仿真过程。

参考文献

[1] 崔胜民. 智能网联汽车概论[M]. 北京：人民邮电出版社，2019.

[2] 崔胜民. 智能网联汽车新技术[M]. 北京：化学工业出版社，2016.

[3] 崔胜民，俞天一，王赵辉. 智能网联汽车先进驾驶辅助系统关键技术[M]. 北京：化学工业出版社，2019.

[4] 宋珂，魏斌，朱田. ADAS 及自动驾驶虚拟测试仿真技术[M]. 北京：化学工业出版社，2020.

参考文献

[1] ...
[2] ...
[3] ...
[4] ...